南北アメリカの日系文化

山本岩夫／ウェルズ恵子／赤木妙子 編

人文書院

はしがき

南北アメリカの国々へ日本人の移住が始まってから一四〇年近くになる。一八六八年（明治元年）、後に「元年者」と呼ばれるようになった一四八人がプランテーションの契約労働者としてハワイへ渡り、一八六九年、ドイツ人商人に連れられてカリフォルニアへ渡った若松藩の人たちが若松コロニーを建設し、一八七七年、長野万蔵がカナダに到着して鮭漁をはじめている。南米では一八八六年、牧野欽三がアルゼンチンにおける最初の日本人定住者となり、一八九九年、ペルーへやってきた日本人集団が渓谷地帯の農園で働き、一九〇八年、ブラジルに到着した日本人たちはコーヒー園で働いている。その後、日本からの新たな移民も加わり、それぞれの移民地で新しい生活を起こし、日系社会を創り、それを展開してきた。

しかしよく知られているように、海外日系人の今日までの歴史は決して平坦ではなかった。とりわけ太平洋戦争による影響は、アルゼンチンの場合は例外的だったとしても、極めて深刻であり、それに続く戦後の苦境も厳しいものであった。日系人の戦時強制収容に対する賠償法がアメリカ合衆国とカナダでようやく成立したのは、一九八八年である。またアルゼンチンとペルーでは一九八〇年代以降、ブラジルでは一九九〇年代以降、経済は厳しい状況に置かれている。

このような歴史的経過を持つ海外日系社会において、一世がそれぞれの国や地域に持ち込んだ日本文化が、その後どのような展開を見せ、今日、どのような到達点に達しているのだろうか。このような疑問にできるだけ答えたいというのが本書の願いであり、その試みである。換言すれば、日系社会の文化的状況を、その特徴的なテーマを取り上げて、歴史的経過を追いながらもその今日的姿に焦点を当てることによって明らかにしたい、ということである。

「文化」について語るとき必ず問題になるのは「文化」の概念である。この用語は極めて多様な解釈がなされてきたが、本書は「人間諸集団の間にある文化的相違が人種的民族的関係と対立の核心にある」という前提で提示されている「文化」の定義、すなわち「一つの人間集団によって共有されている価値観、理解、象徴、実践」(フィージン)を受け入れたい。そして、その具体的分野としては、政治、経済、技術などと対比される狭義の「文化」である芸術、宗教、道徳、教育などを取り上げ、衣食住の問題も加えたい。ただ、対比される「文化」といっても、それらがお互いに排除し合っているわけではない。例えば、「芸術」と「政治」である。少数民族集団にとって、伝統文化としての「芸術」が民族的アイデンティティと誇りを育み、その民族集団の正当な政治的社会的権利・評価の要求運動において積極的に貢献するという意味では、「芸術」と「政治」は互いに対比的位置にあるといっても、本質的には不分離な関係にあるからである。

本書の構成は地理的区分に基づく四章から成り、それぞれの章に収録されている論文・コラムはあわせて一八編である。これらが提示する日系文化の特徴を概観しておきたい。第一部ではカナダの日系文化を取り上げている。まず論じられるのは、日系社会における非営利社会福祉団体の活動と日系人が持っている伝統的な倫理観、共同意識との強い関係であり、この伝統的精神文化が日系社会に大きく貢献した「隣組」の活動を支えていたと指摘する(山城)。またここでは、日系社会における新移民と従来の日系人との関係も論じられていて、言語や倫理観、世界観などの相違から生じやすい二つの文化の間の溝について、戦後移民者たちがカナダ日系社会の連帯意識の強化と活性化に果たした役割を積極的に評価する(山城、柴田)。二つの文化の相違を乗り越えようとする試みも報告されている(田中)。音楽活動を自己の民族的アイデンティティの模索と重ね合わせる試みもまた、若い世代の自分史として語られる(ワタダ)。日系カナダ人の戦時強制収容体験やアジア系カナダ人への人種的偏見の不当性を訴え、日系/アジア系ミュージックの創造に熱中する姿に芸術と政治の融合を見ることは容易である。

第二部は合衆国本土における日系文化を取り上げ、宗教、食、文学、教育という多様な分野からその実情に迫るとともに、それぞれの分野にみられる特徴が明らかにされる。情報の少ない中西部にも目を向けている。まず、アメリカにおける仏教について、そのあるべき姿を模索する浄土真宗本願寺派の姿を表現する讃仏歌に注目し、その分析を通して各時代の日系アメリカ人の理想と感性の特徴が、現代との関連で具体的に論じられる(ウェルズ)。次に、アメリカ社会への文化的貢献の観点から日本食を取り上げ、その普及・発展の要因として、すぐれた食材の生産者とともに、日本食に纏わる日本文化の理解をも求めた流通関連企業家たちの存在が指摘される(山本剛郎)。日本語文学については、日系日本語文学の多彩な歴史を通覧し、カリフォルニアの日系文学の将来に対して悲観的な見解が述べられる(野本)。シカゴ日系社会における文化活動では、社会福祉団体の活動や音楽運動などにおいてカナダの場合との共通点が、日本語文学ではカリフォルニアの場合との共通点が明らかにされている(山本岩夫)。二つの言語と文化を巡ってなされる新移民の家庭教育論は、その立場にない者にとって貴重な情報である（平井）。

第三部はハワイにみられる日系文化を取り上げる。ハワイ日系文化の特徴は多様な他民族文化との融合から生まれたハワイ独特のローカル文化化している姿であり、そこへ至るまでの日系文化の変容過程の重要さが強調される。例えば、現在、ハワイで人気を博している米料理や生魚料理は今日の日本では見られない姿をなしており、そのローカル・フードの姿こそが多様な他民族の食文化との融合の成果であることが具体的に示される（篠田）。また、日本人移民によって持ち込まれた超自然信仰と迷信が変容の繰り返しを経るなかで、今なお二世、三世にとって大きな意味を持ち、他民族にも共有されて現代の民話となっていることが多くの具体的な事例で示されている（オガワ）。ハワイ日系社会にみられる特徴的な文化活動も論じられ、盛んであった民間宗教歌の創作とハワイでの生活や日本の民間宗教歌との関連、そしてその創作にみられる価値観の今日的意味が明らかにされ（ウェルズ）、プランテーション・タウンに開設された日本映画館の歴史が示す日系文化の変容が辿られる（権藤）。

第四部は南米のブラジル、ペルー、アルゼンチンにおける日系文化を論じている。ここで示されている特徴は、民族的アイデンティティの多様化・流動化と日系社会における「行事」の意味の変化である。アルゼンチンと日本を循環する日系移民家族が増加するなかで、日系アルゼンチン人のアイデンティティを規定する従来の概念が説得力を失いつつあることが明らかにされ（比嘉）、日本滞在の日系ペルー人家族の生活分析によって、生活戦略と文化戦略に基づくアイデンティティ生成の多様なベクトルが存在することが指摘される（柳田）。日本滞在の出稼ぎ者たちが、南米日系人の重要な研究対象になりつつあることがここで示されているといえよう。ブラジル日系社会においては、民俗芸能を披露するマツリの狙いの変化とともに、新しいアイデンティティの生成が見られるという（小嶋）。日系社会の

「行事」の意味の変化として、ペルーでの例が示され、「先没者慰霊」等の行事は「歴史の継承」の場であり（赤木）、「運動会」は「日秘友好の記念の日」の場となっている（柳田）と指摘されている。

以上のように、本書に収録されている論文・コラムから浮かび上がってくる日系文化の姿はかなり明確であり、それぞれの国や地域に存在する日系社会の現実を文化的側面から理解する上で、多くの有益な情報を提供してくれていると確信している。しかしまた、残された課題も少なくなく、日系社会の連帯感の希薄化がしばしば話題となる現在、その要因とされる若い世代の動向や増加する異人種・異民族間結婚などに関する文化的視点からの分析・考察もその一つであろう。本書を出版するに当たり、心に留めておきたい点である。

山本岩夫

（参考文献）

ピーター・ブルッカー『文化理論用語集』新曜社、二〇〇三

アケミ・キクムラ＝ヤノ編『アメリカ大陸日系人百科事典』明石書店、二〇〇二

梅棹忠夫監修、松原正毅・NIRA編『世界民族問題事典』平凡社、一九九五

Feagin, Joe R., and Clairece Booter Feagin. *Racial and Ethnic Relations.* 5th ed. Prentice-Hall, 1996.

Bolaffi, Guido, et al. eds. *Dictionary of Race, Ethnicity & Culture.* Saga Publications, 2003.

〔目　次〕

II　合衆国本土

南北アメリカの日系文化

I

カナダ

隣組

――その倫理観とカナダ日系社会の今後――

山城猛夫

一　はじめに

カナダの日系人は第二次世界大戦中及び戦後における自国の不当な人種差別政策によって、ブリティッシュ・コロンビア州の西岸から追放された。日系社会が完全に消滅したバンクーバー地域に帰還を許されたのは、一九四九年四月のことである。

全国に散在していた日系社会は、一九七七年、相互間のネットワークを確立し、移住百年を記念して盛り沢山の祝祭事業を実施した。当時の全国日系カナダ市民協会（ＮＪＣＣＡ）が初めて、公式に「補償問題調査委員会」を発足させたのも同年一〇月だった。これを起点として国中の日系社会が組織化、統一され、総力を結集してリドレス（補償）運動が展開された。日系人及び日系社会の補償が成立したのは一九八八年で、その背景には運動とともに再興・成長を遂げていく各地のコミュニティがあった。

百年祭は、失われたはずの日系社会と豊富な文化の蘇生を顕示し、パイオニア一世の社会貢献、伝統的な民族文化や倫理的価値観を再認識した日系カナダ人にとっては、「誇り」と「自信」を取り戻す機会となった。

隣組は一九七四年、バンクーバー市の旧日本人街でパイオニア一世の高齢者を支援する非営利団体（NPO）として発足、翌年にはシニアの憩いの場としてドロップ・イン・センターを開設した。隣組の活動はシニアと若者達との接触や相互作用を助長した。共同作業や相互支援活動を体験してポジティブに転換された若者達の新しい日系意識は、他の日系人の参加や日系社会の組織化を助長した。センターは活動ベースとして広く利用され、コミュニティ復興の共同作業現場になった。隣組のコミュニティ起こしと発展は、バンクーバー日系社会が復活する過程の中で生まれ成長を遂げたコミュニティ・グループの典型例と言えよう。

このように、戦後の日系カナダ人社会が成した二つの代表的な事業を通して成長を遂げた隣組は、世代や個人的背景の違いを越えて活動に参加した融合エネルギーのベースだった。このエネルギーはバンクーバーをはじめ、ブリティッシュ・コロンビア（BC）州各地の日系社会の成長と相乗効果を重ね、全国のリドレス運動に合流・融合していった。筆者はこの期間、隣組のエクゼキュティブ・ディレクターとして活動した。隣組独自のコミュニティ起こしが日系の価値や意識の再認識に始まり、その活動は皆で助け合う共同作業の実践であり、律義で辛棒強い一世達が培ってきた伝統的価値が今日の日系社会に伝承され生き続けていることを、本論は事例や個人的体験をもとに省察する。

二　若者の活動とボランティア精神

二〇〇四年で二八回目を迎えたパウエル祭は、隣組の日系コミュニティ開発プロジェクトとして始まり、今日ではカナダの民族文化祭のモデルとして高い評価と称賛を得ている。今も隣組は日本食、工芸品等を出店し、沢山のボランティアが動員されている。夏祭りは毎年八月の第一週末に開催されており、この年は七月三一日〜八月一日に挙行された。

パウエル祭の翌日、隣組センターは三人のボランティアを送別するポットラック夕食会で賑わった。このように飲食の機会を兼ねて行われる社交・親睦の会やイベントは、職員とボランティアとの協力で頻繁に企画される。一緒に隣組の活動に参加し、みんなで飲んで、食べて、唄って、気持ちを分かち合い、意見を交わし、隣組家族の一員であることを体験する。パーティはいつでも友人や新顔の参加を歓迎し、多くのボランティアにとっては事実上、隣組共同体の出入り口とも言えよう。このような催物は個々の人間関係・友好を深めるだけに止まらず、気持ちのふれあい、価値観の共有、共生感を助長することから最重要な人間開発の場と考えられている。今日の日常社会、特に日系カナダ人社会では稀となっているこのような催事は、職員達の明確な意識と目的そして努力があって継続されている。

送別会は前夜のパウエル祭打ち上げパーティからの余勢を持ち込んだかの如く、活気にあふれていた。主賓の三人は日本から来た若者達で、ワーキング・ホリデイ査証（若者労働ヴィザ）を利用してカナダに滞在し、隣組のボランティア・プログラムに積極的に参加した。そのうちの二人は、一年半近くもプログラム開発を推進してきた若者グループの指導者格だった。三人がお別れの言葉で申し合わせたように述懐したことは、隣組のボランティア活動を通して社会参加の機会を与えられた幸運、しかも貴重な体験に恵まれたことへの感謝だった。一人の人間として公平・平等な待遇を受けたという実感を謙虚に喜び、改めて皆に向かって深々と頭を下げ、謝礼の言葉を繰り返した。三人の感動は会場の同志や職員達の心を触発し、皆の気持ちが一つになった。ちょうどその時、このパウエル祭を最後に三〇年七ヵ月勤続した隣組から引退したばかりの筆者（山城）は、群衆の中で三人と全く同じ気持ちで同じことを考えていた。長年にわたりコミュニティ・ワークの機会を与えられ、計り知れない支援と協力をコミュニティ全体から得た幸運を心から喜び、皆に支えられてきたことに感謝していた。そして同時に、若者達がしっかりと隣組伝統の倫理観とボランティア精神を習得していたことにみたされていた。

隣組のボランティアの多くは、現在、高齢者のプログラムや、新しい世代を迎えたコミュニティのニーズに応えて、近年始められた幼児と家族のためのプログラム等に参加する。日常のプログラム運営を手伝いながら、隣組家族の一員となり、自分が社会に参加していることや、貴重な役割を果たしていることを自覚する。高齢者とのお付き合いは教材の宝庫であり、人間を謙虚にさせ、素直にさせる。苦難を乗り越えたシニアの豊富な経験と温かい人間性は若者の「心の働き」を誘発して、人間づくりに貢献する。実行主義型のグラスルーツ・グループとして知られてきた隣組パワーは、こうしてボランティア同志のこころが触れ合い、相互援助・助け合いの気持ちが生まれて、共同体意識を育み、その気持ちが一つになって威力を発揮するようである。

今、隣組に若いエネルギーが生まれ自分達で独自のコミュニティ活動を行っている。若者グループは日常のプログラムやサービス運営を手伝いながら、率先してワークショップやプログラムを企画したり、ピア・サポート・サービス機能まで持つようになり、独創的な若者軍団に成長した。先述の送別会の三人のように、軍団はワーキング・ホリディ査証《ビザ》でカナダに滞在している若者や、英語学校や各種学校に通う若者、留学中の大学生・大学院生、日系カナダ人の若者、及びこれらの若者の配偶者や友人が構成員である。グループとして際立ち始めたのはこの数年ほどであるが、隣組のコミュニティ・サービス活動に参加し、社会問題や状況に自らの手で直接対応する活動集団に成長したのである。

若者軍団が単独、又は職員と共同で企画するプログラムやイベントは多彩であるが、特に、同じように不慣れな社会や異文化への適応や、暮らし（日常生活）の情報を求めている一時滞在の若者を対象として、生活安全（含防犯）、日常のトラブル回避・住居探し、雇用、カナダ文化への適応、英語の上達法等をテーマにしたワークショップを定期的に行っており、今やコミュニティの人気プログラムとして定着している。この創造的な活動は講座や情報提供のプログラムに止まらず、実際にトラブルに巻き込まれやすい（日本からの）若者達の相談に応じたり、具体的な支援をするサービスにまで発展した。自分達でデザインし、同僚のボランティアを教育、訓練した上で実現した月例の「コーヒー・アンド・トーク」は、運営方法やガイドラインまでつくり、情報交換、社交、助け合いをする場として、月二回、第一と第三火曜日の昼間に開催されており、今では総合的なピア・サポート・サービスに成長したのである。

バンクーバーは北米のなかでも日本からの若者に人気があり、毎年五万人に近い留学生が世界各地からやって来ると言われている。特に、日本を含むアジア諸国から沢山の語学留学生が一時滞在しているが、近年東アジアからの若者を狙った性犯罪、詐欺、窃盗等の事件が急増しているのが現状である。これに対応するため、バンクーバー市社会計画部、ブリティッシュ・コロンビア州法務次官室、警察当局をはじめ、隣組を含むサービス組織七団体が協力して、約一年前からサービス・ネットワークの確立、安全情報ガイドの作成、国際留学生の安全状況リサーチの三点を主眼に活動を開始している。それでも事態は悪化する一方で、重大な社会問題に発展しており、被害者を直接支援するサービスがすぐにでも必要な状況である。隣組若者軍団が創り出したピア・サポート・サービス及びプログラムは、自分達が直面している問題に対処するだけでなく、同じような状況にいる孤立無援の若者達を沢山助けている。国際留学生や一時滞在の若者達の安全や犯罪予防・被害対策が社会問題となっている今日、この若者達が日系コミュニティをベースに確立した活動は隣組コミュニティ・モデルの思想を受け継いだ独創的なもので、将来、他のコミュニティでモデルとして採用されて効果をあげることも充分考えられる。

三　一世プロジェクト——ドロップ・イン・センターの誕生

カナダは移民や難民・亡命者を受け入れる寛大な国で、多民族が共存していることで知られており、一九七〇年代のはじめより多文化主義を導入した。多様な民族や個々人の文化背景を認識・尊重そして奨励し、お互いを受け入れる思想である。これはカナダ式モザイク社会と呼ばれ、アメリカ合衆国が持つメルティング・ポットの概念との違いが顕著である。人種差別と迫害の被害者としての歴史を持つ日系カナダ人にとってみれば皮肉であるが、カナダは世界にさきがけて多民族、多文化国家として共存・共生を模索し、早くも三五年になろうとしている。

隣組は一九七四年、個人の人権や自由を擁護する福祉国家、新しいカナダの社会に生まれ育った、一民族社会のグラスルーツ運動とみてよかろう。第二次大戦で自国の政府から「敵国人」として差別と迫害を受け、自分達で築いたコミュニティの崩壊、内陸及び外国（日本）への追放、財産没収、家族の離散、強制収容及び抑留等の処遇を通して全てを失ったパイオニア一世が、大事に守り続けてきた日系コミュニティ意識と生活文化の伝統及びその価値が誘因となり、それに出会った新世代の若者は、自己の文化的原点と人間の模範を見出して感動した。

若者達は、スラムと化した旧日本人街地区を拠点に、高齢者の憩いの場を設けてシニアの支援活動を手がけた。この地域は正式にはオッペンハイマー地区と呼ばれ、ダウンタウン・イーストの通称で知られている。今日では麻薬と売春の巣窟として北米随一の汚名もあり、現在、麻薬常用者や中毒患者に安全で衛生的な環境を提供するプログラムを実施中で、サービス対象者に薬物や注射針セットとスペースを与える「安全注射サイト」の提供やその他の中毒患者サービスが行われている。ここは日系コミュニティの発祥地であるが、現在ではバンクーバー日本語学校及び日系人会館（アレキサンダー通り四八七番地）とバンクーバー仏教会（ジャクソン通り二三〇番地、浄土真宗本願寺派）が活動しているだけである。日系の住民は旧日系高齢者住宅（パウエル通り三七六番地、元「さくら荘」）に五〜六人、かつて隣組が沢山の日系シニアを送り込んだ市営三住宅に数名住んでいるのが現状である。恒例のパウエル祭は、今でも日系ゆかりのパウエル・グラウンド（正式名はオッペンハイマー公園）で開催している。

パウエル祭の生みの親である隣組は、パウエル街の裏小路で活動を開始したが、半年後にはダウンタウン東部住民協会（DERA、東カドバ通り六一六番地）の一室に寄生し、一九七五年八月、最初のドロップ・イン・センター（東ヘスティングス通り五七三番地）を開設した。一九八六年夏、当時の「桜荘」の階下を大改装し、同住宅協会との協力によるサービスの充実・向上を目指して移転した。現在の隣組センター（東ブロードウェイ五一一番地）に引越したのは二〇〇〇年一〇月のことである。センターは治安も交通の便もはるかに良くなり、連日賑わっている。

旧日本街にお目見えした隣組ドロップ・イン・センター（1975年6月。写真・大草憲子）

腎不全となり余命十数年と宣告された浜田淳（二世、サミュエル）が一世シニアの苦境を支援する日系ボランティア会を結成し、四人の若い移住者と一世訪問プロジェクトを始めたのは一九七四年一月だった。五カ月間の活動から継続の意義と一世支援サービスの必要性をはっきりと認識した浜田は、活動員の居残り山城猛夫（筆者）と共に、地域住民活動の指導者、ダウンタウン東部住民協会のブルース・エリクソン（後に地域住民の代弁者として市議を長期歴任）を訪れた。エリクソンは鶴の一声で支援を宣言、DERA事務所の一室に隣組の机と椅子を設置してくれた。そして半月後には、山城をDERAの職員として採用し、旧日本人街に日系コミュニティ・ワーカーの誕生を見た。この寛大な支援は、翌年のドロップ・イン・センター開設を可能にし、日系パイオニア・シニアの憩いの場が「隣組」の看板を揚げて登場することになった。それは日系シニアが失っていたコミュニティ・ライフを回復する第一歩であり画期的な出来事だった。

当時、バンクーバーには日系カナダ市民協会（JC

CA）の傘下でシニア・シチズンズ協会が活動していた。しかし高齢者が日常生活の中で好きな時間に立ち寄り、居心地の良い自分達のコミュニティ・ベースを持っていた訳ではなかった。そのほか教会や文化団体等の活動の中でシニアのプログラムや催し物が行われていたが、隣組の出現は宗教や組織的な境界を超越した、シニアのためのセンターだった。隣組はガリ版刷りで手造りの月刊ニュースレター『隣組』を刊行していた。『隣組』は一九七五年六月号でドロップ・イン・センターを「憩いの場」として紹介し、日系シニアの集会所・娯楽所としてだけでなく広く様々な日系人グループの活動（文化・スポーツ・総合援助等）にも利用される公民館的な概念を持つ、カナダ流に言えば多目的利用センターとして位置づけている。そして「互いに学び合い、伸びて行く場所」、日系コミュニティの共同作業場となるよう示唆している。センターの行事やプログラムはシニアとの対話や要望を聞きながら次々と自然発生的に生まれ、日常の相談や問題を担当する職員によるソーシャル・サービスと共に、やがてコミュニティ活動の二本柱となった。

四　DERAの住民運動とジャパン・タウン再興の夢

一世の歴史的貢献と社会的背景は、地域社会が隣組のコミュニティ活動を支持することを容易にした。隣組ドロップ・イン・センターの開館式ではハリー・ランキン市議（当時）が「日系社会の再誕生」といって祝福し、地域社会に歓迎された。DERA（ダウンタウン東部住民協会）のリーダーシップのもとに展開したダウンタウン東部地域のグラスルーツの住民運動と共に、地域改善に同乗してリトル・トーキョウの復活を夢みたシニアと若者の隣組は、その後二五年間、活発な日系団体として地域社会で活躍することになった。この地域は「どや街」の蔑称で知られ、今日でもバンクーバーのスラム街とされており、特に当時は市政の届きにくい、荒廃したコミュニティとして悪名が高かった。DERAはその中で住民運動を展開し、自分達の力で生活向上、環境改善を実現したNGOである。彼等は政治的で、歴代の指導者の中から三人が市議に選出されている。その内の一人、リビー・ディビスは下院議員に三選（現役）されているほどである。このDERAに同居を許されたことと日系コミュニティ・ワーカーとして山城が公式な職員として迎えられたことから、隣組は地域内の住民やコミュニティ団体と共に地域社会の住民運動に積極的に参加し、共に行動することになった。この頃の住民運動と隣組の関わりについては、『ダウンタウン・イースト』紙（DERAの月刊ニュース・レター、英語が主、日本語一ページ付）及び『隣組』が詳しく報じている。『隣組』はスラムの烙印を押された住民達が、地区内のコミュニティ団体と団結・協力して、自分達の社会を住み良い環境に改善して行く経緯を記している。勿論、『ダウンタウン・イースト』紙が情報発信の本部だったが、『隣組』は日系社会へ情報を提供する唯一の媒体として貴重な橋渡しの役割を果たした。日本語が主である月報は、市役所から払い下げの手動タイプライターを使って英語一ページを含んでいた。いずれにせよこの住民運動と共にジャパン・タウン再興の夢は膨らんで行った。

ダウンタウン・イーストの街起こしは、リゾーニングによって地域社会に商業や住宅用の土地を増やし、高齢者や低所得者のための公営住宅の建築、そして自分達の手で生活環境を改善することを直接目標としていた。市当局も当時のスラム地区の状況を認識しつつ、住民運動に押され、独身の中・高齢者用の市営住宅の建築を計画した。隣組が生まれて間もない一九七四年九月にパウエル・グランド（オッペンハイマー・パーク）の向かいに「オッペンハイマー・ロッジ」が新築されたのを皮切りに、一九七六年一二月に「アントネット・ロッジ」、さらに一九七七年九月には「ロダン・ロッジ」が建てられた。それに加えて一九七六年七月、日系高齢者の為に初めて「さくら荘」が改装オープンした。

隣組はこれらの住宅へ出来るだけ多くの日系シニアの希望者が入居出来るよう積極的に運動し、実際に地域社会で編成した入居者選考委員会に参加していた。このような事情で、百年祭のパウエル祭（当時はパウエル街祭と呼んだ）が開催された一九七七年六月までには、一〇〇人を越える数の一世及び二世高齢者やその他の日系人が、地区内とそれに近接する地域に居住していた。その頃隣組に出入りしていた者であれば、老若男女を問わず、何らかの形でこの運動に手を貸したことになろう。隣組の参加は一九七四年の住民署名運動の頃から始まり、翌年にはリゾーニングが実現して連邦政府の地域社会環境改善プログラムの指定を受けることになった。この近隣改善プログラムは、地域社会の公共設備の取得や改善、街灯つきの階段や公園の改良などのほか、バンクーバー仏教会の体育館、建物修復維持に一〇万ドル、日本語学校の建物修復維持に五万ドルの資金を下付し、合計約六〇万ドルの資金を地域改善に充当した。さらにプログラムは住宅修復補助資金を設けて、住宅や店舗の改装を可能にする補助金やローンの提供に乗り出した。お陰で日系移民百年祭行事の記念植樹やパウエル祭の舞台となったオッペンハイマー公園は、絶妙のタイミングで改良・整備された。

この頃の公聴会や市議会には、頻繁に日系シニアの一団が隣組スタッフやボランティアの通訳付きで足を運んでいた。運動の過程は日系社会再興の夢を育てて行った。パウエル通りの周辺も活気づき、日本食レストラン、食料品・雑貨店、豆腐屋、魚屋、本屋、花屋、理容店、魚網店、その他家電、陶器等の小売店や日系商店が目立ってきた。市政プランの中にジャパン・タウンの構想があり、パウエル通り美化計画まで生まれた事実を考えてみても、この地域社会の要素として日系が明確に復活したと言える。

約八〇〇〇〇の人口を抱える地域社会の住民運動の中で僅か数十人の日系シニアが積極的に参加していたが、しっかりとその存在を印象づけた。

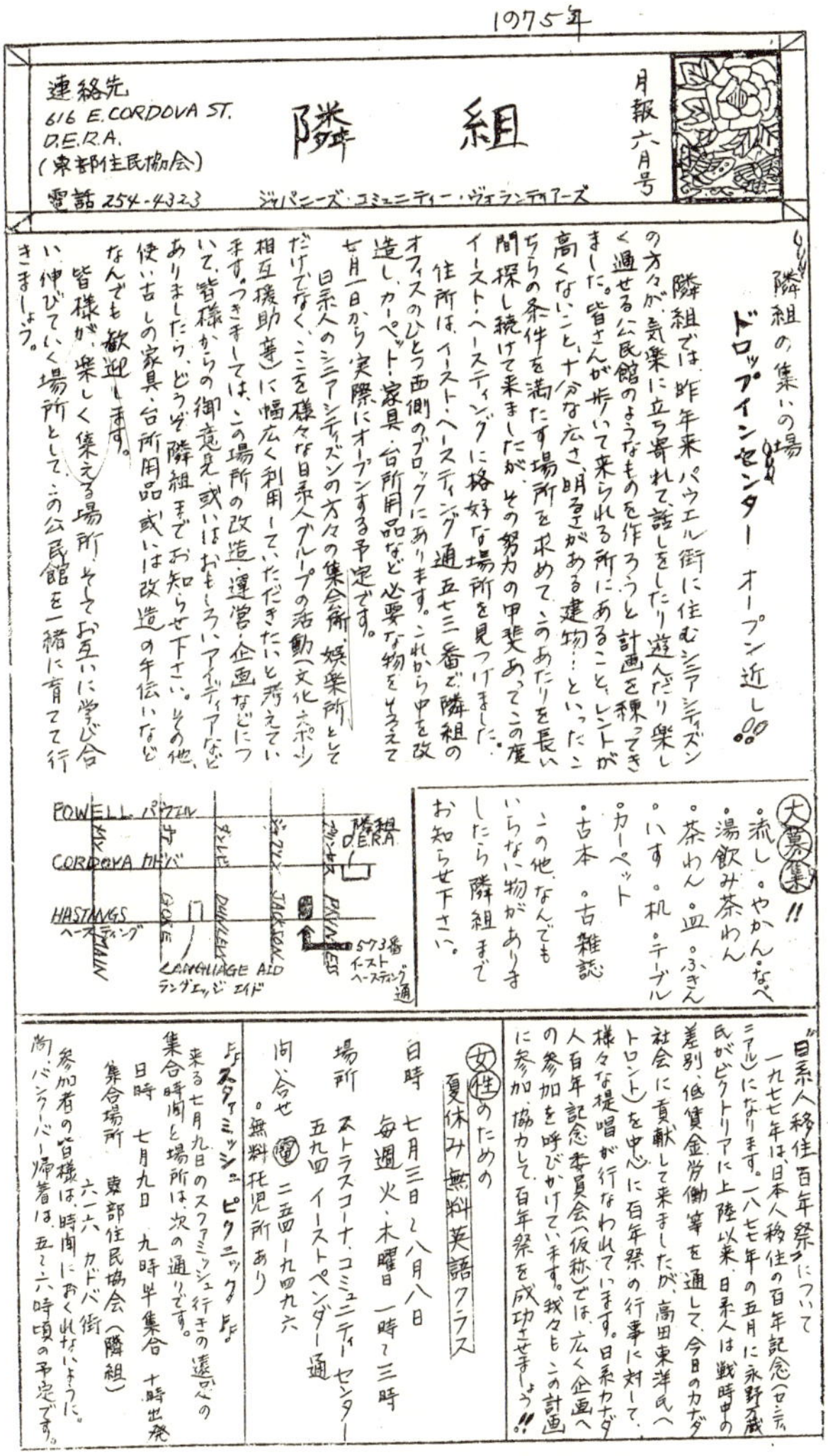

1975年

連絡先
616 E. CORDOVA ST.
D.E.R.A.
(東部住民協会)
電話 254-4323

隣組

月報 六月号

ジャパニーズ・コミュニティー・ヴォランティアーズ

隣組の集いの場
ドロップインセンター オープン近し!!

隣組では、昨年来パウエル街に住むシニアシティズンの方々が、気楽に立ち寄れて、話しをしたり遊んだり楽しく過せる公民館のようなものを作ろうと計画を練ってきました。皆さんが歩いて来られる所にあること、レントが高くないこと、十分な広さ、明るさがある建物…といったこちらの条件を満たす場所を求めて、このあたりを長い間探し続けて来ましたが、その努力の甲斐あってこの度イースト・ヘースティングに格好な場所を見つけました。

住所は、イースト・ヘースティング通五七三番で隣組のオフィスのひとつ西側のブロックにあります。これから中を改造し、カーペット・家具・台所用品など必要な物をそろえて七月一日から実際にオープンする予定です。

日系人のシニアシティズンの方々の集会所、娯楽所としてだけでなく、ここを様々な日系人グループの活動(文化、スポーツ相互援助等)に幅広く利用していただきたいと考えています。つきましては、この場所の改造・運営・企画などについて、皆様からの御意見、或いはおもしろいアイディアなどありましたら、どうぞ隣組までお知らせ下さい。その他、使い古しの家具・台所用品或いは改造の手伝いなどなんでも歓迎します。

皆様が、楽しく集える場所、そしてお互いに学び合い伸びていく場所として、この公民館を一緒に育てて行きましょう。

POWELL パウエル
CORDOVA カドバ
HASTINGS ヘースティング
MAIN
GORE
DUNLEVY
JACKSON
PRINCESS
隣組 D.E.R.A
573番 イースト ヘースティング通
LANGUAGE AID ランゲエッジ エイド

大募集!!
。流し 。やかん 。なべ
。湯飲み茶わん
。茶わん 。皿 。ふきん
。いす 。机 。テーブル
。カーペット
。古本 。古雑誌
この他、なんでもいらない物がありましたら隣組までお知らせ下さい。

"日系人移住百年祭"について
一九七七年は、日本人移住の百年記念(センテニアル)になります。一八七七年の五月に永野万蔵氏がビクトリアに上陸以来、日系人は戦時中の差別、低賃金労働等を通して、今日のカナダ社会に貢献して来ましたが、高田東洋氏(トロント)を中心に百年祭の行事に対して様々な提唱が行なわれています。日系カナダ人百年記念委員会(仮称)では、広く企画への参加を呼びかけています。我々も、この計画に参加、協力して、百年祭を成功させましょう!!

女性のための
夏休み無料英語クラス
日時　七月三日～八月八日
　毎週火、木曜日 一時～三時
場所　ストラスコーナ、コミュニティーセンター
　五九四 イーストペンダー通
問い合せ　電 二五四－九四九六
。無料託児所あり

♪スクァミッシュ ピクニック♪
来る七月九日のスクァミッシュ行きの遠足の集合時間と場所は、次の通りです。
日時　七月九日　九時半集合　十時出発
集合場所　東部住民協会(隣組)
　六一六 カドバ街
参加者の皆様は、時間におくれないように。
尚、バンクーバー帰着は、五～六時頃の予定です。

ニュースレター『隣組』(1975年6月)

五　日系伝統の価値と誇り

東ヘスティングス通りに架けられた看板「隣組」は、地域や付近の住民だけでなく、多くの日系人がたちどころに知ることとなった。多くのパイオニア一世が、温存していた伝統的なコミュニティ意識と、パウエル街に対する懐古とノスタルジアを喚起したに違いない。高齢者の来訪は日毎に増え、センターは毎日数十人のシニアが集うようになった。彼等は若者達に協力して準備を手伝ったり、懐かしい昔話に花を咲かせたり、囲碁・将棋・花札等の伝統的なゲームを楽しんだりして賑わっていた。一世のコミュニティ・ライフと謙虚な生きざまは、自己のアイデンティティや文化的ルーツを求めて活動の場を模索していた三世や、異文化の環境で社会参加を志していた若い移住者や滞在者の心をしっかり捕らえたのである。

多くの若者にとって、センターに一歩足を踏み入れると、歓迎してくれるシニアの笑顔が待っている。暖かい雰囲気が伝わり、まず緊張がほぐれて安心している自分を体験する。コーナーのソファを指差して案内してくれたり、飾り気のない方言でお茶を勧めてくれるシニア達には、素朴で口数は少ないが素振りに他人への思いやりと親切な気配りが感じられる。そこには失われていく価値と日本人の伝統的な倫理観が力強く生き続けていた。若者達は一世の日常生活と付き合いながらコミュニティ・ライフを学び、隣組プログラム開発に活用して行った。

改装・準備に二カ月近くを要したが、その間に一世シニアと若者達のあいだに不思議な人間関係が生まれていた。キッチンの据付、床張替え、ペンキ塗り、大工仕事、家具類の搬入等の準備期間を通して、シニアとの接触及び共同・協力作業を体験した若者達にコミュニティ意識が生まれた。両世代の関係は師弟のそれに近いこともあれば、まるでギャップも距離もない友達同士のようだったりしたが、尊敬と信頼の絆でしっかりと結ばれていた。一世の体験談は若者にとって、聞けば聞くほど厳しい苦難の連続だったが、これを黙って甘受し、淡々と余生を送ってきたように写る彼らに対する尊敬の念は増すばかりだった。このような相互作用がお互いの心を触発し、人は人を呼び、活動は次の活動を呼び起こすという連鎖反応が起こったのである。若者にとって、日系シニアとの出遭いは素直な人間性を取り戻してくれ、誇りと信頼を授けてくれた。そして、コミュニティでの活動体験は失いかけていた自信を取り戻し、社会参加を実感させてくれた。このようにして、自分が小さな社会の片端で、微力ながら人の役に立つことに価値を見出すようになった。若者に対していつも公平で謙虚で控え目な日系シニアと一緒に働くことは、人間としての自分を知る絶好のプログラムだった。シニアの生き様は自分達の誇りそのものとなっていった。

六　助成金と活動の拡充・安定化

パウエル地区のコミュニティ改善運動に相乗りした格好で急速に展開された隣組の活動が、コミュニティだけでなく政府や団体の資金援助に支えられてきた事実も重要である。隣組センターの賃借契約に際しては、隔日血液の人工透析を続けていた浜田を筆頭に、五人の発起人が、最悪の事態が来れば家賃を分担する覚悟でいた。そのセンターに、二年後の一九七七年、日系移民百年祭の行事までに三〇〇人を超える会員、職員、ボランティアが出入りするようになっていた。隣組が正式に非営利社会福祉団体として、ブリティッシュ・コロンビア州政府に登録・認可を済ませたのは一九七五年八月のことで、正式名称は日系社会ボランティア協会とした。

予算もなく開館した「隣組センター」を最初に援助してくれたのは、勿論シニアであり、その次は連邦保健福祉省とユナイテッド・ウエイだった。連邦政府はシニアの工芸クラスその他の活動助成、ユナイテッド・ウエイは当面六カ月の家賃を支払ってくれた。それだけの資金で始動した年の一二月、連邦雇用省の雇用創出プログラムによる六カ月の活動助成を確保し、四人の活動員をセンターに配置した。そして、全国各地の日系人が百年祭の準備を本格化する一九七六年には、バンクーバー市社会計画部と州福祉省から、シニアのドロップ・イン・センターを運営し、コミュニティ・サービスを提供するための基幹職員を維持する助成金が認められていた。さらに、一一月には百年祭行事に備えて、連邦雇用省の雇用創出プログラムとして二つのプロジェクト・グループが認められ、隣組をベースにして百年祭事業に関わっていくことになる。

その内の一つがブリティッシュ・コロンビア・センテニアル・アーツ・ワークショップで、この若者集団は百年祭記念催事として、舞台芸術コンサート、シニアによる記念植樹、芸能団の内陸訪問ツアー、そしてパウエル祭等を企画・実行した。この頃までに山城は公式にDERAから隣組職員に転じ、コーディネーターとして運営を担当していた。

ワークショップの責任者は山城で、コーディネーターの塩見リック及びアーティスティック・ディレクターの広田憲子を軸に四人の職員で活動を開始したが、隣組にとって百年祭のテーマは「一世シニア」だった。百年祭記念植樹は一世の手で行われ、パウエル・グランドに二一本とスタンレー・パーク内の日系軍人慰霊塔の周辺に三本が植えられた。特に、慰霊塔の植樹式には、第一次大戦のベテラン、飯塚喜代治、小林亮一が参加した。パウエル祭ではシニアの作品を集めてアート、工芸の展示会を催した。アーツ・ワークショップは幸運にも翌年になって連邦政府の追加予算調整にめぐまれ、日系移民写真史プロジェクト「千金の夢」を直接援助することをも可能にした。百年祭の年、センターのサービス及びプログラムを支えていた五人の職員（移住者三人、三世二人）の活動は、連邦雇用省より一年の助成金延長を得て継続が決まった。この頃までにはシニア、移住者、三世の三世代を中心に、融和、一体化したユニークな実行主義グループが始動していた。センターのランチ・プログラムは週四日（水曜以外）になり、隣組のネットワークは日系コミュニティの内外に広がって行き、ジャパン・タウン再興の夢はさらに大きく膨らんでいった。

隣組が活動を開始した頃、偶然にも幸運な社会背景があったことも忘れてはなるまい。ブリティッシュ・コロンビア州は名前通り、元来英領の歴史を持ち、一貫して保守政治がまかり通ってきた。ところが一九七二年から四年近くにわたり、初めて新民主党（NDP）が州政を担当した。新民主党の前身は共同共和連合（CCF）と呼ばれ、一九三三年世界大恐慌からの経済改革を目指して農業組合と労働組合が意気投合、革新政治家達と統合して生まれた政党だった。共同共和連合は一九六一年新民主党となるが、戦中戦後を通して政府の日系人迫害措置に反対、抗議し、日系の立場を援護してくれた唯一の政党だった。義理堅い一世文化は「平和で平等な時代になってもCCFの恩を忘れた者は日系人ではない！」と言い切り、多くの一世が政治論争もなく新民主党支持を一生貫き通した。その律義な姿は、若者達の心を日本の伝統文化と道徳の原点に呼び戻す導師のそれに見えた。

デイブ・バレット政府は一九七五年、社会福祉行政の地域社会分権・自治化を導入し、政権交代の一九七五年一二月までにはバンクーバー市を一四地区に分けて、各地区にコミュニティ・リゾーセス・ボードを設置した。地域社会の特徴に合う効果的な福祉サービスを実施することを目指し、地域住民による意志決定を重視して、地域内の福祉活動団体への助成金の予算管理をも個々のコミュニティ・リゾーセス・ボードに委ねたのである。

ちょうどその頃、隣組はダウンタウン・イーストで一世シニア達と共に日系の存在を知らしめていた。こうして、一九七六年度の福祉サービス活動助成の予算割当ては、それぞれの地区が決定した。この新しい制度のお陰で、隣組への活動助成が実現する可能性は予想出来たし、多くの人達には日系人への処遇に対して倫理的責任感や同情もあったであろう。州政府の助成は、それから一九八四年の三月まで続いた。政治的、宗教的或いは組織的偏見を持たないコミュニティ集団のはずの隣組であるが、この初期の成長過程に於いては、住民運動のなかで新民主党のコミュニティ・リゾーセス・ボード制度の導入を支持していた事実からみても、政治的に革新路線を支持していたことは否めない。

七　隣組の共同作業

日系社会の共同作業場と一世シニア・サポートを頂点に掲げて出現した隣組は、バンクーバーが関係した百年祭プロジェクトの多くに積極的に関与し、スタッフやボランティアの若者にとっては共に活動する日夜の連続だった。日系バンド「国宝ローズ」が隣組コーヒー・ハウスで生まれたのもこの頃だった。一九七九年に小冊子『不可譲の米』を出版したパウエル・ストリート・レビューの構成メンバーもそうである通り、この頃の日系三世の活動は日系だけでなくアジア・カナディアン——特に中国系三世——の若者との混成だった。仲間の多くは中華文化センターの建設運動をした若者達で、彼らの多くは

鼓童の藤本吉利・容子デュオ「二人行脚」が隣組シニアに日本の伝統芸能を披露（1997年。写真・田坂喜久子）

初期のパウエル祭のボランティアだった。のちに北米でブームとなった太鼓は日系コミュニティ・ベースで生まれ成長したものが多いが、バンクーバーのカタリ太鼓も当時の同じコミュニティ・ベースで生まれたグループである。隣組との友好・互助関係は今も続いている。

隣組が「お互いに学び合い、伸びて行く場所」として役立った好例は、日系移民百年写真史誌『千金の夢』を製作した日系カナダ人百年祭プロジェクトグループとの協力活動があげられる。このプロジェクトは一九七六年六月一三日にバンクーバー市で開催した写真展を皮切りに、カナダ全国、米国、日本縦断を果たしたうえ、写真史誌として編纂・出版され、百年祭の全国プロジェクトの代表的な事業の一つとなった。プロジェクトの始まりは、若い移住者や三世達が一世の話や思い出の写真など歴史的資料の提供を求めて開いた茶菓パーティだった。センターは思い出話で大賑わいとなった。隣組で生まれ、隣組ベースで進められたこのプロジェクトのコーディネーター若山多美男は隣組センターをいち早く訪れた戦中生まれの二世青年で、以後、隣組の成長・発展期を通してリーダーの一人として活躍した。

プロジェクトには人材提供を含む隣組の支援・協力があったのは前述の通りである。名誉ある一世へのはなむけでもあった写真史誌は一九七八年五月に出版された。こうして正義感あふれたグループのコミュニティ活動は百年祭を越えて継続した。グループの機動力はリドレス（補償）運動に転換され、一九八一年、全国にさきがけて単独でリドレス研究会を設置した。『千金の夢』の販売利益を活動資金に充ててリドレス運動をいち早く展開し、新たな運動の原動力となった。グループは「補償問題のために」と題するパンフレットを作成し、グラスルーツのシンポジウムや公聴会を開き、問題意識を啓発して行った。グループの活躍はリドレス運動の民主化とコミュニティ・プロセスを取り戻す過程で重要な役割りを果たした。この運動がブリティッシュ・コロンビア補償連合を生み、バンクーバーの補償要求（リドレス）運動の民主化と日系カナダ市民協会（ＪＣＣＡ）の人事交代（一九八四年）をもたらしたと言えよう。

これを契機にバンクーバーのリドレス運動は民主的に統合され、日系カナダ人協会（ＮＡＪＣ）の組織的統一・強化と重なり、初めて全国的に一本化された。隣組の一世シニアは運動のシンボルとなった。理事長を歴任した岩中基は、特に「明治・大正グループ」の動きの中で微妙な一世の心情と、運動の民主化をリードして指導力を発揮した。リドレス運動の中で日系カナダ人協会は一九八四年一一月、カナダ政府に対して初めての意見書「裏切られた民主主義――補償問題のために」を提出した。意見書に使われている副題は「日系カナダ人百年祭プロジェクト」のシンポジウムのタイトルを継承、借用したものだったし、編集を担当した委員会の半数近くはバンクーバーの活動員だった。

隣組と共に育ち、協力活動を続けて来た組織にグレーター・バンクーバー移住者の会がある。戦後の技術移住が許されて日本から新移住者が来はじめたのは一九六五年とされているが、彼らはブリティッシュ・コロンビア州新移住者の会をつくり、一九七〇年代の初めまでは定期的に情報提供の集会を持っていた。一九七六年、事実上自然解散となったグループの代表（平野雷秀）が隣組に後見を依頼したことが縁となり、山城がこれを預かることになった。その後、コミュニティの会合を経て、翌年三月に日系移住者の会（仮称）が発会、今日の「移住者の会」に成長したわけである。育ての親となった鹿毛達雄は長年カナダの移住者にサービスを提供するNPO「モザイク」の職員として、移住者の問題やケースを扱いながら、他の移住者仲間と力を合わせ会を育てた。隣組と移住者の会は、パウエル祭をはじめ沢山の協力事業を行ってきたが、特に日本からの精神科医、野田文隆（現在大正大学教授）が二〇年近く尽力してきた日本語による精神保健サービスの定着は、協力者の貢献もさることながら、組織的には移住者の会との共同作業の賜物である。お陰で、今日バンクーバーは日本人にとって日本語による精神医療サービスが受けられる（バンクーバー・ジェネラル病院）数少ない外国都市の一つとなり、隣組はカウンセリング・サービスの提供を担当している。

隣組センターに持ち込まれる事柄や問題は当初より多岐にわたる。福祉活動やシニアの日常生活では全く関係のないことでも、大きな意義を持つようになることがある。一九七六年に関わりを持った水俣グループはその好例である。日本の水俣病患者グループが六月にバンクーバー国連生活環境会議（ハビタット）を訪問し、カナダのオンタリオ及びケベック両州のインディアン患者の代表達と交流を深めた。これに関連して、半年以上も前から水俣病のドキュメンタリー映画を作った土本典昭監督らが、上映や講演活動を続けていた。隣組のスタッフやボランティアはその活動を支援した。ハビタットは一九八六年六月一一日に閉会したが、六月三日、水俣から川本輝夫患者代表のほか三名、インディアンの患者代表、トム・キージック元酋長ら七名、土本監督等を含む十数人のグループが、数十人の日本メディア関係者を率いて隣組を訪問している。当時、やっと環境汚染が取沙汰され、問題や被害がクローズ・アップされはじめた頃だった。地元で生まれ今では環境保護運動の伝説となっているグリーンピースの活動員が隣組に出入りしていたのもこの頃で、この事例は隣組に、否、バンクーバーの日系社会に、環境問題意識を始めて持ち込んだ出来事だった。水俣プロジェクトで園田和子及び三輪妙子と支援活動をしていた三世の塩見リックが、のちの百年祭アーツ・ワークショップのコーディネーターとなり、パウエル祭を組織することになる。

八　百年祭から補償要求へ

バンクーバー日系社会の将来をパウエル街（ダウンタウン・イースト地区）の再興にたくした隣組ベースの共同体志向は、百年祭を過ぎてますます弾みがついてきた。ポジティブな「誇り」と「自信」を植えつけられた若者達の運動には、初めから隣組の支持と協力があった。これに二世グループが参加してブリティッシュ・コロンビア・リドレス連合が生まれたのは一九八三年のことだった。

その頃の日系カナダ市民協会は、翌年六月一七日に強制解散した日系カナダ人協会・リドレス委員会の委員長及び一部の指導者や一握りの一世指導者に同調していた。彼らは立場を利用して、当時のトルードゥ政府と単独交渉をしていた。その背後にトロント及びバンクーバーの一世有志から成る「明治・大正グループ」の支持があった。日系カナダ人協会はリドレス委員会の解散を政府に通告し、近々発表が伝えられていた政府の提案を拒否するとの意志表示をした。その三日後の六月二〇日、デビッド・コールネット多文化相は、一部の日系指導者や数人の一世を従えて報道会見、日系カナダ人の処遇に遺憾の意を表明し、人種主義をなくす為の基金の設置を提案した。ただし、「カナダ政府の合法的な行為を昔に遡って非難する」ことはしないと述べ、謝罪を拒否した。この政府の軽率な茶番劇はメディアを含むカナダ社会全体から非難され、逆に日系カナダ人協会の個人補償を含むリドレス要求運動に拍車がかかる結果となったのである。

こうして懸案の意見書提出へとつながった。まさにそのお膳立てでもするかのように、一九八四年三月、連邦下院の有色少数民族に関する特別調査委員会が「今こそ平等を」と題する報告書を提出した。その中で戦中・戦後の日系人に対する処遇が不当であったとし、不正を正すよう勧告していた（勧告第三三項）。次に、この不当な政府の措置の法的根拠となった「戦時特別措置法」を再吟味して、二度と日系カナダ人のような被害が繰り返されることのないよう、改正を連邦法務省に勧告していた。

リドレス運動は結局、金銭の賠償だけでなく、全カナダの日系人及び日系社会が民主的なプロセスを通して誇りと名誉を取り戻すダイナミックな人権回復運動であり、それ自体が癒しのプロセスでもあった。一九八八年九月二二日、ブライアン・マルーニイ連邦政府は全日系カナダ人を代表する日系カナダ人協会と補償に合意し、約二万二〇〇〇人の日系人（そのうち約一万七〇〇〇人はカナダ市民）に対する措置が不当であったことを認める「公式承認」証を含む補償パッケージを発表した。その結果、（1）補償対象者への個人賠償金二万一〇〇〇ドルの支払い（非課税）、（2）戦時措置法の適用で犯罪者にされた日系人該当者の犯罪記録を正し、カナダ市民権の申請を受理する、（3）日系社会の教育的・社会的・文化的活動を助長する目的で、日系カナダ人協会を通じて一二〇〇万ドルのコミュニティ開発助成金の支払い、(4)日系人処遇を教訓として「カナダ人種関係基金」に一二〇〇万ドルを記念拠出、さらに連邦資金一二〇〇万ドルを加えた合計二四〇〇万ドルをもって基金を設置する、(5)補償の実施のために日系カナダ人協会に最高三〇〇万ドルまでの範囲で支払う、ことが決まった。

隣組は補償プログラムの実施に当たり、主にバンクーバーの高齢者の個人申請を手伝った。最終的には一万八〇〇〇人前後の被害者が個人補償を受けた。申請プログラムが進んで行くと、個人申請を拒否されたり未処理のまま問題化したケースが増え、特に戦時中日本で立往生してカナダに帰れなかった一世や帰化二世、同じ理由で日本で生まれた日系人の中に多くの賠償拒否があった。また、未処理の申請が七〇〇件以上はあると推定されていた。このグループを支援するコミュニティ集会が、一九九二年一〇月一日、隣組で開かれ、「補償の実施を考える会」が発足した。支援活動グループはバンクーバー・リドレス・アクション委員会と呼ばれ、後に地元の日系カナダ市民協会や日系カナダ人協会を通して、再審理を求めたり、アピールや追加情報提供等、申請者を支援した。結局、一九九四年一〇月に行われた最終審査でリドレス助言委員会(連邦政府と日系代表で構成)は四六三申請を認めた。この運動でも、隣組の共同作業場が役目を果たしたことはいうまでもない。

隣組の共同・協調の実践哲学が挫折したプロジェクトがある。それは今日そして将来のグレイター・バンクーバー地域の日系社会の運命を握っている日系ヘリティジ・センター(バーナビイ市)中心の日系複合センターの共同開発計画だった。日系カナダ市民協会及び日系のビジネス・コミュニティに日系文化センターを建てる構想があり、高齢者の施設や住宅のニーズと統合されて、一九八九年頃までにはナショナル日系ヘリティジ・センター開発計画が打ち出された。さらに、日系文化センター協会、日系ヘルスケア協会に既在のグレイター・バンクーバー日系カナダ市民協会、日系カナダ高齢者住宅協会、隣組の三組織を加えた五団体による共同開発プロジェクトとなっていた。共同作業がモットーの隣組は自分達だけのセンターよりも、あえて共同プロジェクトに参入した。結局、バーナビイ市南部に完成した日系複合センターには「日系ホーム」及び「新さくら荘」の二住宅と「日系プレース」と呼ばれる文化センターが新築され、ナショナル日系博物館が統合運営されている。日系カナダ市民協会、移住者の会そしてグラッドストーン日本語学園がテナントとして同居している。

隣組は一九九四年七月、特別総会で会員の総意を確認した上でこの共同プロジェクトから脱退した。勿論、重大な結論に至るまでのプロセスは民主的且つ公平なもので、理事会が特別に設置した調査委員会の勧告を特別総会を開催して説明した上での会員全体の意志決定だった。バンクーバー市の活動助成を受けていた隣組にしてみると、予定地の場所とプロジェクトの経済的生存能力や運営・維持資金の問題等が再検討の要点だった。バンクーバー市を活動ベースにしてきた隣組にとっては地理的な障害があったのである。

運営・維持の経済的不安とともに、隣組が持ち出した問題は電磁波と健康障害の関係だった。将来のコミュニティの運命を左右するこの潜在的な重大事を広く日系社会が認識し、検討する必要があると考えた隣組は、特別調査委「ナショナル日系ヘリティジ・センター再検討委員会」を設置したのである。この小委員会は一九九四年五月、六ページの調査報告書及び勧告を理事会に提出し、懸念されている問題が改善されるまではヘリティジ・センター・プロジェクトから一時脱退するように勧告した。報告書には七ページに及ぶ電磁波に関する情報と勧告の添付書類が加えられていた。

今日になっても電磁波が人体に与える悪影響は解明されていない。当時の状況では用地がブリティッシュ・コロンビア電力公社の隣接地だったことと、優先すると考えられていた養護施設を建てる見込みがなく、高齢者住宅開発の可能性が薄いという調査結果の判断もあった。隣組は、日系高齢者が一番困るのは自立性・独立性を失い、文化的・言語的に孤立して、無援の状態に陥り易い養護施設であることを熟知していた。隣組の良心がプロジェクトの進行を遅らせたことは残念であるが、隣組からみると電磁波問題は時間がかかっても不可避のコミュニティ・プロセスだったし、今もなお新天地の環境問題を心配している。いずれにせよ、開発地の選定が隣組の共同開発の継続を不可能にしたことは間違いない。

九　新しい日系社会と新しいニーズ

カナダの国勢調査は五年毎に行われている。二〇〇一年五月に行われた最近の調査結果によれば、日系カナダ人の所得水準はカナダの水準よりは高く、ヨーロッパ系民族以外では唯一の民族グループである（『ザ・プロビンス』二〇〇四年八月一日付）。ケイト・ジェイメット記者は、同じことが日系アメリカ人にもあてはまり、長年の差別と迫害や第二次大戦での大打撃にも拘らず、北米の日系人は成功移民の模範像であると讃えている。その要因が日系人の持っている伝統的な文化や思想であり、社会生活上の道徳観や倫理観であることに言及している。その背景に、日系人が継承・維持してきた独特のコミュニティ・ライフがあり、相互援助や共同作業を通して共存・共生の思想を培ってきたことを指摘していた。

隣組の過去三〇年の歴史は、コミュニティ作りのプロセスの中で一世及び二世シニアと出会い、伝統的文化を再確認し、今日忘れられていく伝統的な倫理観や共同体意識、そして共同・協力作業等の伝統を継承し、あらゆる世代や年代のボランティアを結集した独創的な機動部隊の活動の軌跡である。第二次大戦中の抑留キャンプで共同生活の機能として重要な役割りを果たした隣組の精神を受け継いだバンクーバーの隣組は、ユニークな一民族社会の多機能コミュニティ・センターとして活躍している。一世サポート・サービスから始まったコミュニティ起こしは、多くのグループやボランティアの活動参加を助長し、多くの日系コミュニティ・ワーカーを育てた。助け合い、分かち合って共に歩み、共にパウエル街地区のジャパン・タウンを再興するグラスルーツ運動でもあった。事業活動を通して日系社会の成長を指向するもので、和を尊重し、平等や公平に気を配り、民主的で開放的な組織としてコミュニティからの支援を受けてきた。リドレス運動と共に成長を遂げた日系社会の活動は益々活発であり、日本、日系文化に造詣の深い非日系人も増えて、日系プレースも隣組も沢山のコミュニティ・プログラムを提供している。

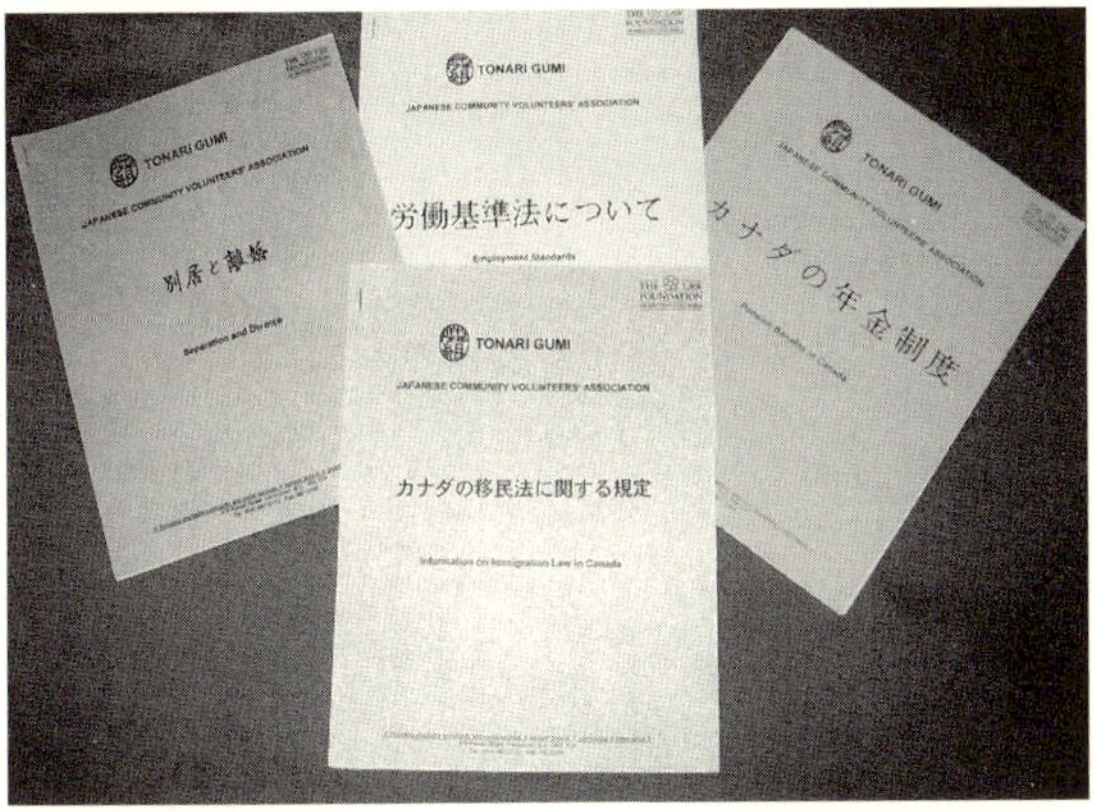

隣組が作成した日本語小冊子「生活に役立つ法的知識シリーズ」（1994〜1995）

　バンクーバーにとどまった隣組は、今でも唯一の日系コミュニティ総合サービス機関として、そしてボランティア・プログラム・センターとして親しまれている。日常活動の基本かつ重要な機能である情報提供、専門家の紹介、多文化交流的なプログラムや行事は、日系社会とカナダ社会を繋ぐ架け橋的な役割りを果たしている。全世代の日系人や移住者の生活向上、自立、自己啓発、友好、親睦等を目的とした隣組コミュニティ・ライフの開発は、これからも様々な活動形態をとって継続するだろう。

グレイター・バンクーバーの日系社会は成長し、世代の交代が進行している。人口構成のバランスが大きく変わり、新しい局面を迎えていることは明らかである。ヘリティジ・センターは昨年五月、経営上の問題から博物館を併合した。共同作業の一例、一世と移住者の協力から生まれた環太平洋国際文化交流協会（ICAS、一九八四年）の経営困難が続いている。交流協会は日系コミュニティのメディアとしてテレビ放送、ローカル番組製作その他の文化事業に携わっている。四階建て新館ビルが落成して間もないバンクーバー日本語学校並びに日系人会館の財政困難が伝えられている。その中で、今年になってグラスルーツ運動として出現した日系ヘルスケア協会が、将来の医療を考えて予防医学を含む教育プログラムや日本語によるコミュニティ医療ネットワークを目的に活動を始めている。

隣組は新しいコミュニティ・ニーズに応じて、数年前より人事の交代を含む若返りと組織的再編の努力をしてきた。創立以来、約一〇年毎に組織的反省や再検討を繰り返して軌道修正や調整を繰り返してきた隣組は、三〇年経ってオーバーホールを終え、運転手の交代を完了するところである。日系混血（ハパ）や戦後移住者の二世、三世、四世の若者達の活動環境を提供する共同プロジェクトや共同作業場も、新しい時代に叶う若い新しい世代へと継承されていく。日系社会に限らず、若い新しい人材と新しい技術や価値の導入が急務となっている。コミュニティの健全な成長・発展と共に伝統や価値が変化するのは必然であるが、日系一世が築いたコミュニティ・ライフと社会への貢献はいつまでも後続世代の若者達に計り知れない自信を授けてくれるだろう。

（参考文献）

隣組ニュースレター『隣組』一九七五年四月〜一九七九年一二月
The Province, Vancouver, Aug. 1, 2004, by Kate Jaimet, Canwest News Service.
日系カナダ市民協会（ＪＣＣＡ）参考資料集『日系人のための補償問題』一九八四年八月
The New Canadian, Toronto, June 15, 1984 & June 22, 1984.

世代間の絆「文化共有」
――相互理解体験からのカナダ現代史――

柴田祐子

一　はじめに

本論は、バンクーバー日系カナダ人社会の一員としてのコミュニティ活動参加の経験をもとに、一九七〇年から一九九〇年代後半の日系史に焦点を絞り、一見単一社会に見えるバンクーバーの日系カナダ人コミュニティの「多様性」が織りなす「日系文化」を考察する。またその源となっている日系カナダ人世代間の「文化共有」をバンクーバーの日系社会の形成に参加した戦後移住者たち、すなわち、新一世の役割を中心テーマに、戦後の日系カナダ人の記録、ないし自伝的民族史《オート・エスノグラフィー》（リード＝ダナヘイ　一九九七）から検証する。しかしこの紙上で「日系カナダ人文化」や「日系カナダ人」を理解するための「行動や考え方の処方せん」が論じられるのではない。なぜならば、私たちはいつも集団的／個人的なアイデンティティを、私たちを取り巻く人々との対人関係（家族、コミュニティ等）の中で無意識に駆使しているからである。日系カナダ人としての行動、またすべき道は、私たちの置かれた立場や状態によって変動している。私たちが得る文化知識や情報は、限りなく続く対人関係での対話の中でいつも変容する「的」だからである（クリフォード「真実は動く」『ニューヨークタイムズ・ブックレビュー』一九九七年一月）。

私とバンクーバーの日系社会との関わりは、一九七〇年代中期に戦前戦後の日本移民の一世と新一世の女性を対象にした日系カナダ人女性の文化変容に関する博士論文に取り組んだ時から始まった。当時のバンクーバー日系社会は、一九五〇年代から始まった強制帰還者たちの母国カナダへの再移住（鹿毛達雄『日系カナダ人の追放』一九九八）、一九四九年のカナダ市民権獲得後ようやく可能になった日系人達のバンクーバーへの復帰、一九六〇年代のカナダ移民対策の結果の戦後移民、技術移民の渡加、そして日本経済の高度成長の中で日本商社がアメリカからカナダに目を向けはじめた時期でもある。一九七〇年代のバンクーバー日系社会は、戦前とは異なった日系社会内での多様化や活性化を迎え、終戦後見る影もなかった昔の日本人町のパウエル街を中心に、新しい活力が生まれていた頃であった（ウジモト「戦後の日系カナダ人」ブリティッシュ・コロンビア大学アジア研究所、一九八九：立命館大学日系文化研究会編、二〇〇三）。

二　日系カナダ人、日系カナダ人社会、文化共有とは

読者は「日系カナダ人」また「日系カナダ人史」という言葉を耳にし目にした時、どのようなイメージを持つだろうか。戦後移民である新一世を日系カナダ人史に含むであろうか。否。多くの日系カナダ人また日系カナダ研究者たちが持つ日系カナダ人の定義は、一九世紀末に「あめりか」に移住した日本

移民とその子孫たち（二世、三世、四世）であって、戦後移民の新一世とその子孫たちを日系史には含まないであろう。また多くの戦後移住者自身も、自分たちを「日本人」とも「日系カナダ人」ともみなしていないし、彼等が日系カナダ人史の一端であるとは考えていない。しかし、彼等の意識は次第に変わりつつある（シバタ「変容する日系カナダ人の自我」、『環太平洋諸国とカナダ』一九九八、二〇〇三）。

彼らの日系社会への参加がよく記録されていない理由の一つは、このグループに属する人たちの持つ帰属感がアンビバレンスであることである。もう一つの理由は、多くの新一世たちは、彼等のカナダ体験を英語圏のカナダ人ばかりでなく英語を母国語とする日系二世、三世に語る手段、すなわち「言葉」（英語表現力）を十分持っていないことだ。一九八六年のカナダ国勢調査によると、戦後移住者の人口がすでに全日系カナダ人人口の四分の一を占めている。私たち戦後移民（新一世）が戦後の日系カナダ人史形成にどのように参加してきたのか、その事実を再検討すると同時に、新一世や新二世たちがバンクーバーの日系カナダ人史、そして現在の日系カナダ人社会を担う重要な一員であることを自覚し、責任を受け入れる時がやってきたと言えよう。

ここで主題にする新一世の多くは、一九六〇年代末から一九七〇年代初めにかけて、他国からの移民と共に、第二の母国カナダを選び、この新しい環境から生まれる数々のチャレンジに直面した人々である。また若い父親、母親として一家を支えるのに汲々としている人もあった。自分にとっては依然として異質であるカナダの生活様式、言語や文化を急速に吸収し、遠い存在になりつつある子供たちを目の前にして疎外感をもちはじめた人々もいた。このように様々な異文化体験のチャレンジを経て、この地で生存するため一連の文化的価値観や生活様式を身につけ、カナダの地に適応してきた。

私の研究調査対象になった新一世の女性たちは、いま中年末期や老年を迎え始めている。子供たち、すなわち新二世や孫の新三世の誕生などと、日系カナダ人としての帰属感は個々のライフサイクルの経過と共に変化しつつある。戦後移民グループ（新一世、新二世、新三世）はバンクーバー日系人社会に深く根をおろしている。それゆえに、現在の日系カナダ人のアイデンティティや、静止することなく作られている日系カナダ人文化に関与している戦後と戦前グループの相互関係を理解することが肝要である。このプロセスを理解するには、日系カナダ人社会内のサブグループに関する知識、すなわち、年齢、世代、性別、経済力、英語および日本語の能力、現在の日本やカナダの人々との関係がもたらす権威や評判などの知識が必要である。これらの複雑なカテゴリーによって、バンクーバーの日系社会は構成されている。戦後グループと戦前グループの相互関係を理解する一つの方法手段として、日系カナダ人社会での「文化共有」を、戦後日系カナダ史のエピソードから考えてみたい。

三　文化共有

私は、「文化共有」をアルフレッド・シュッツの「間主観的世界」の観念（一九六二）に依拠したオルソンおよびウイタカー（『サイレント・ダイアローグ』一九六八）に従い、「個人の内的体験と個人を取り巻く環境との相互規定的プロセス」と定義したい。ここでの「文化共有」とは表面的な文化的要素（言葉、行動、慣習、その他）に限られたものだけでなく、表面化されていない隠された要素（情緒的なものや感情的なもの）も含んでいる。このような隠された要素を知るには、特に日系カナダ人が帰属感をどこに求めているか、また、どこから得ているかの探求が必要である。日系カナダ人としての自我の確立過程は、異文化間ばかりでなく日系文化内部での葛藤に取り組むプロセスでもある。このプロセスから私たちは、日系カナダ人文化、および主流カナダ文化を解釈し、それに反応したり順応したりするが（ソーンワールド『アメリカン・アンソロポロジスト』一九三二、『アフリカ』九巻、一九三八）、その体験や知識をこの過程で出会った人々と共有する。これは文化修得のプロセスの一環である。

まず始めに日系社会の文化共有の例として、日系カナダ人百年祭プロジェクト（ＪＣＣＰ）を紹介しよう。戦前戦後の世代を含むメンバーから構成されたこのグループこそ、日系カナダ人の文化共有の良い例である。このグループは、異なる世代の相互理解体験をベースとして写真展企画活動を達成したケースである。個人から集団へ、日系カナダ人からカナダにおける諸少数民族グループへ、そしてカナダ主流社会へ、ミクロの地域社会からマクロの世界へと参加者サークルを広げ、マクロ世界の文化共有体験を作りあげていったのである。一九七七年の日系カナダ人百年祭には、この写真展の英語版がカナダ各都市に巡回展示され、同時に、日本語版が日本の各都市で巡回展示され、日本国内の人々とも連携をもたらした。

四　日系カナダ人百年祭プロジェクト　文化共有の例一

一九七七年の日系移住百年祭記念行事の数々が、日系社会や日系カナダ人家庭内での「昔を語ることのタブー」を解き始め、日系人の前向きなアイデンティティの形成を促進した。一九八〇年以降日系人の経験に関する文献発表（英文）が顕著となり、戦中戦後と数十年間続いた沈黙が破れるとともに、日系カナダ人史の空白が満たされ始め、日系カナダ人の補償（リドレス）の運動をうながしている。一九八八年の秋には、カナダ政府と全日系カナダ人協会（ＮＡＪＣ）の補償問題の解決（ミキ『リドレス』

二〇〇四を参照）に至った。これは、日系アメリカ人の補償問題解決の運動が影響しただけでなく、一九七七年の日系移住百年祭記念活動時に強化された全カナダ人日系社会の情報ネットワーク網が、日系社会やカナダ社会に浸透し、カナダの一般国民の歴史知識を高めたことにもよる。

しかしながら、日系カナダ人に関する文献資料の大多数は、戦前の移住者とその子孫、すなわち一世、二世、三世に関するもので、戦後移住者に触れたものはごく限られている。戦後移民のグループが、日系カナダ人に関する研究から排除されていることも稀ではない。私たち戦後移住者の日系人社会への参加は、日系カナダ史の中には存在していない。

二、三の文献例を挙げてみよう。『カナダ諸民族百科事典』（ポール・マゴツィ編、一九九九）の「日本人」には「移住者」という見出しに戦後移住者グループについてのごく簡単な説明があるのみである。この記事を書いた二人の歴史家（日系二世とカナダ人）は、日系移住百年祭記念時における戦後移民たちの重要な活動を見逃している。たとえば、『日系カナダ人百年史』の写真展とそれを基にして作られた三カ国語の展示カタログ『千金の夢—日系カナダ人、一八七七年から一九七七年』は、戦後移住者が重要な役割を果たしたにもかかわらず、全ての著作権は三世の写真家に与えられている（正確には三世ではなく二世写真家）。

「タミオ・ワカヤマは才能のある写真家で数冊の本を出版している。そのうち二冊、『千金の夢』（一九七七）《（ママ）》、『帰郷』（一九九二）は日系カナダ人の経験を取り扱っている」（アユカワ、ロイ　一九九九）

またある二世作家は「『千金の夢』は、タミオ・ワカヤマによって執筆され、編集され、企画された」と述べている（ワタダ『カナダ文学』一六三巻、一九九九）。

私も日系カナダ人百年祭プロジェクト（ＪＣＣＰ）メンバーの一人としてワカヤマと共にプロジェク

トに携わったので、コーディネイターを務めたワカヤマが芸術的才能のある写真家であることを認めるにやぶさかでない。しかし、この展示カタログの出版は日系カナダ人百年祭プロジェクトというグループの努力の成果であったこと、そして、プロジェクトメンバーは、背景、世代を異にする戦前の一世、二世、帰加二世、三世と戦後移住者、新一世たち、そして数知れない多くの人々の協力や支援によって作成されたものであった。出版された展示カタログ『千金の夢―日系カナダ人、一八七七年から一九七七年』の著者は、グループ名の百年祭プロジェクト（ＪＣＣＰ）となっている。

日系カナダ人百年祭プロジェクトは、世代や背景が異なるメンバーの、日系カナダ人としての「文化共有」意識が核心となってできた組織であった。百年祭プロジェクトは、日系移住百年祭記念の写真展企画に反対する日系人社会のいくつかの組織にもめげず、多くのボランティア達（カナダ人も含まれる）、ブリティッシュ・コロンビア州政府、バンクーバー市政府からの支援に支えられた。年齢、世代、国籍の違いにも関わらず、百年祭プロジェクトは、バンクーバー日系社会、そしてカナダ主流社会における文化共有をベースに活動を開始した。同時に、全カナダ日系人社会のネットワークを促進させ、一九八〇年代のリドレス運動に導き、日系カナダ人史の新しいページを開く一部を担ったのである。しかし、一九六〇年代一九七〇年代の日系カナダ史に影響を及ぼした百年祭プロジェクトの他、この時期の新一世、新二世たちの活動を伝える文献は稀か、または無に等しい。

一九九八年九月一八日、バンクーバーでの補償成立十周年記念の晩餐会で、当時の全国カナダ人日系人協会（ＮＪＣＣＡ）の会長ランディ・エノモト（かつての日系カナダ人プロジェクトメンバーの一員、そして一九八〇年代の補償運動と百年祭プロジェクトのメンバーだったロイ・ミキ、タミオ・ワカヤマ、リンダ・ホフマンなどと共に重要な役割を演じた）は、一九七五年に新一世の坂田道子が百年祭写真展のプロジェクトを呼びかけ、それが日系カナダ人百年祭プロジェクトのグループ形成となったことを回想しながら、当時の感慨を述べている。エノモトはこの比較的最近の出来事を振り返り、三世としての自分が歩んできた道を語っている。そして日系カナダ人百年祭プロジェクト（ＪＣＣＰ）参加体験により、日系カナダ人史を従来とは違った観点から理解するようになったこと、また、この新しい歴史観は、カナダ国外すなわち日本で生まれた人々（新一世）の持つ歴史観や世界観に刺激されたことを認めている。

「初めて私は収容所の恥辱に煩わされていない、そして自分自身の中にあるかもしれない人種主義に煩わされることもなく自分たちの人生を自由に生きている日系の人々と出会った。個人的に言えば、私は内向的に閉じこもりがちな人間から、外部からの影響を受け入れる外向的な人間に変わりつつあった。補償の運動は一九四〇年代にミュリエル・キタガワが敵性外国人資産管理に抗議した時に始まっているが、一九七〇年代にバンクーバー地域で新一世、すなわち、移住者たちが私のように冬眠状態にあった三世を外側からめざめさせたという功績を認めたい」（『月報＝グレーター・バンクーバー日系カナダ人協会ブリテン』一九九八年一〇月）。

一九七〇年代の日系カナダ人社会の多様性が浮き彫りになった一九七六年六月一四日、バンクーバーのセンテニアル・プラネタリウムで行われた「千金の夢―日系カナダ人、一八七七年から一九七七年」の展示開会式の夜のことに触れてみよう。この写真展が、実際の日系カナダ人百周年の一九七七年より一年早い一九七六年に行われたのは、一年後に計画されていた日系カナダ人百年祭への関心をカナダ各地の日系人社会の中に高めるためでもあった。また、この年にバンクーバーで開催された世界環境会議＝ハビタットに参加する日本からの多くの人々（政府関係者および報道陣）に日系カナダ人の歴史を知ってもらうためでもあった。

一九七六年六月一四日、私はこの写真展の夜をよく覚えている。開会式の来賓の中には日系コミュニティの名士たち、報道関係者、一世、二世、三世、新一世などがいた。一世たちは、手配されたバスで大勢参加した。多くの一世たちはこの企画を最初から支持してくれ、私たちを励ましてくれた人たちである。そしてカナダでの移民体験や思い出の数々を語り、大切にしていた写真を提供してくれた。

開会式スピーチが終わると皆は展示場につめかけた。自分たちの昔のイメージを展示の中に見つけることができず、落胆の表情を隠せない一世もいた。しかし、彼らの多くは苦難の道を互いに助け合って生きてきたこと、そして、この百年祭写真展の祝いに参加する機会を与えられ、昔の思い出を同胞と分かち合うことができたことに感謝していた。私は、過去の辛い体験を懐かしさをこめて楽しそうに語り合っている一世たちの表情を見て意外な感じがした。私の研究調査の一部として生涯記の聞き取りをお願いしたM夫人は、友人と共にきもの姿の若い女性の写真の前に立っていた。

「この可愛らしい子を覚えているかい？　今はどこにいるかねー。今では子供も二、三人いてカナダのどこかで気楽に暮らしているんだろうね。……本当にずいぶん昔のことだったから……いま道で出会っても誰か分からないね」。

多くの一世たちはM夫人と同じように、写真を前にして友人たちと昔の思い出を話り合っていた。それは、再会の集いであった。この人たちは、カナダでの困難や苦闘の人生を移民体験の試練の一部と理解し、自分の歴史に対し達観した受け取り方をしているように思われた。そのような会話を聞きながら私は、この人たちが過去の経験を誇りに思い、話し合える機会を公の場に提供できたことをとても嬉しく思った。しかし、このような私の喜びは長くは続かなかった。一人の二世が話しかけてきて、この展示は日系カナダ人史の「成功を謳っていない」、「描いていない」と不満を述べたのである。

「あなたたちは、この展示で有名な二世を一人も取り上げていませんね。これでは、日系カナダ人の歴史にはなりませんよ」。

三世や新一世たちもこの展示について彼らの持っていた不満を含むコメントを寄せてきた。彼らによると、私たちプロジェクトグループが、第二次大戦中にカナダ政府が日系カナダ人に取った不当な行為に何らの立場をも表明していない、ということであった。

「カナダ政府が私たちに対して行った不正について具体的な説明がないのはなぜか。君たちは軟弱だな」

このような展示に対する批判やコメントの数々は、日系カナダ人社会の複雑さ、すなわち、各世代のアイデンティティ形成過程の複雑さを示した良い例であろう。これらの過程を理解するためには、回想的歴史認識が必要である。

一世の多くは概して「過去」を人生体験の一部として受け入れていた。二世の中には、戦前また戦時中の思い出を忘れたいと願っている人々がいた。彼らの過去を客観的に振り返るにはあまりにも心の重い話題であった。彼らは子供たち、すなわち三世に自分の過去や体験を話そうとはしなかった。このような日系カナダ人社会および家庭内での数十年にわたる「沈黙」の結果として、三世の中には、自分たちが日系カナダ人であることを自覚しようとはせず、両親や祖父母の体験や日系カナダ人の歴史に無知な人々がいた。また、新移住者（新一世）の多くはこの百年祭の傍観者だった。彼らは、日本における第二次大戦の直接間接の体験を通して日系カナダ人の歴史を解釈していた。

このような日系カナダ人百年祭の写真展示へのさまざまな反応は、世代や個々の経験の違いから様々なアイデンティティ（帰属感）があることを示している。複雑多様な日系カナダ人社会を理解するには、日系カナダ人社会内部のサブグループというミクロレベルからの考察が必要である。文化人類学者ヒルは、社会史のあり方を次のように述べている。

「……人々は自分達が経験する歴史的および個人的な出来事に対し、個々の現在の状況に合わせた形と意味付けで「語る」、すなわちナラティブを通して具体化している」（『アメリカン・アンソロポロジスト』九四巻、一九九二）。

展示開会式の夜の様々なコメントを耳にしながら、私は日系カナダ人百年祭プロジェクトのメンバーが、長時間にわたり「日系カナダ人」の歴史について激論し合い、どうしたら「われわれの過去が反映する歴史」が展示できるのだろうと日夜話し合ったことを思い出した。多くの三世メンバーにとってこのプロジェクトへの参加は、他の日系カナダ人と共に協力し合う初めての場であった。そして彼らの両親や祖父母の過去の発見や日系カナダ人の歴史と、カナダ史の検証の機会を与えてくれる場であった。あるメンバーにとって日系カナダ人史とは、青年期、壮年期、そして中年期の辛い思い出に他ならなかった。私のようなカナダに新しくやってきた者にとっては、新しい歴史の発見とその歴史への参加であった。タミオ・ワカヤマはその経験を次のように語っている。

集まったのは、新移住者や二世、三世の日系人など私がほとんど知らない人々の妙な組み合わせだった。大勢の日本人に囲まれて、なんとなく落ち着かなかった気持ちは、私を含めてカナダ生まれのメンバーには同感だったと思う。人種差別のある国に育ち、長いこと我々はお互いを避けてきた。しかしなにか我々の間に共通のものが残っていて、その後の我々の生活に深い影響を及ぼす事になる決断を下そうとしていたのである。日系カナダ人百年祭プロジェクトといういかめしい名称のもとに、我々は組織化していった。なすべき事は急速に拡大し、メンバーも増えていった。振り返って言える事は、気取らない誇りと、自然に身についた日本人としての自覚を持った新一世たちが、「ジャップ」、「劣等人種」とさげすまされた自分を受け入れてきたカナダ生まれの我々を、新しい自覚へと橋渡ししてくれたことである。この経験は、私自身にとって啓示とも言うべきものであり、また人生の曲り角であった（日系カナダ人百年祭プロジェクト『千金の夢』一九七八）。

ワカヤマの回想からも分かるように、日系カナダ人社会の文化共有とは生活体験や背景の異なる人々の創りだす絆に他ならない。この絆――共通文化と伝統をベースに作られたネットワークが、日系カナダ人のアイデンティティ確立過程に重要な役割をはたしている。著名なハイダ・インデアンの芸術家ロバート・デイビドソンは「長老者を助けることによって私は絆を創っていった。……伝統とは文化的な出来事である」と、彼がどのようにハイダ文化や伝統を習得してきたかを語っている（ビル・リードシンポジウム、一九九九）。

五　日系カナダ人コミュニティの「場」隣組　文化共有の例 二

もう一つの文化共有をここに紹介しよう。これは、年長者たち一世（戦前移民）と若者たち二世や新一世（戦後移民）を繋ぐ絆が織りなされ、それが日系カナダ人社会内外に浸透し、過去を忘れようとしていた多くの日系カナダ人たちに彼らの日系カナダ人としての帰属感を呼び起こした一つの例である。

一九七〇年初期、バンクーバー市内の戦前日系社会のより所だった旧日本人町のパウエル街で設立された「隣組―ジャパニーズ・コミュニティ・ボランティアズ・アソシエーション」という非営利団体がこの文化共有の核となっている。

「隣組」は日本町付近に住んでいた日系年長者の差し迫った必要に応えるため、一九七三年に発足し、日系カナダ人文化の絆を培う場を過去三〇年提供してきている。職員、会員、ボランティア、そして、他の日系カナダ人協会と共に、変容する日系カナダ人社会の要求に対応している組織である（詳細は本書山城論文、および立命館大学日系文化研究会『戦後日系カナダ人の社会と文化』二〇〇三年の佐々木と和泉の論文を参照）。

私の友人である二世の女性は、一九六〇年代末に家族と共にトロントからバンクーバーに移転した後、「隣組」に引き寄せられた一人である。この友人は多くの二世が太平洋岸のブリティッシュ・コロンビア州で生まれ育ったのとは異なり、カナダ中部で生まれ育った。「バンクーバーに帰ってきたのではないの。バンクーバーに戻ってきたのか」との私の問いに、「ノー、私は他の二世とちがって、生まれ故郷のバンクーバーに戻ってきたのではないの。バンクーバーに移って来たの」と私の間違いを指摘した答えが直ぐ戻ってきた。そして「隣組」を通してバンクーバーの一世の人々に初めて出会った時のことを回想してくれた。この「隣組」での体験は、今まですっかり忘れていたくつろぎと安らぎを彼女に与えたらしい。彼女は次のように話した。

「それは本当に昔にもどったようだったの。私の母の世代の人たちと話をしたの。それは、日本語と英語のチャンポン、それに見様見真似の身ぶりをくわえての対話。分かるでしょ。長い間使わなかった「言葉」だったのに、忘れもせずに覚えていて。一世のみなさんとお話ができたことに自分ながらびっくりしたの」。

この語りが明らかにしていることは、「隣組」がこの二世の女性の過去の思い出を呼び起こし、そして、長い間眠っていた彼女の日系カナダ人の文化知識を引き出す機会をつくり、日系カナダ人社会の世代間での文化共有を作り出す場となっていたことである。この場で日系カナダ人たちのコミュニケーション、すなわち「社会―文化的経験の共通標示」（ブルデュー　一九九四）が認知されたのである。

このような交わりはなにも「隣組」だけで起こっている訳ではない。カナダ全国の日系カナダ人社会や家庭の中でいつも起きている。主流カナダのメディア界で長年活躍した二世ジェシイ・ニシハタはこのように表現している。

「あれは、我々のもつ言葉、「音」だったんだ。タイムキャプセル、特別な明治時代の言葉、一世開拓者たちの言葉、我々の両親、祖父母の言語。

この言葉そしてこの「音」が、毎日我々が吸い込む空気のように日系カナダ人の家族観、そしてコミュニティの価値や倫理観として我々に染み込んだのだよ。いま我々が持っている日系カナダ人の自我《セルフ》もね。そう思わないかね」（『日系ボイス』一九九二年）。

「隣組」は、過去三〇年コミュニティメンバーの日常生活の援助や情報を各世代のニーズに応じて提供してきた、バンクーバーの日系カナダ人社会における唯一の社会福祉非営利団体である。一九七七年の日系カナダ人百年祭ばかりでなく、パウエル祭協会、カタリ太鼓、移住者の会などの設立を助けた助産婦のような役割をもしている。日系百年史プロジェクトグループに、「隣組」からの暖かい歓迎やサポートで多数のボランティアが集うことができたこともここで述べておきたい。

さらに、日系百年祭後の一九八〇年代には、再び「隣組」で限りない会合が続けられている。日系カナダ人の補償運動が始まり、山城猛夫（設立以来の献身的な職員、事務局長として三〇年携わり二〇〇三年退職）や鹿毛達雄（移住者の会設立時の主要メンバー）をはじめとする戦後移住者、つまり新一世たちと、日本語と英語を駆使する三世や新二世達が、この運動の目的や意義を、一世たちには日本語で、二世たちには英語で説明する場でもあった。

六　日系カナダ人私の文化観

文化共有の例として、一九七〇年代から一九九〇年後半の日系カナダ人社会における文化共有を二つ紹介してきた。最後にこれらの活動に参加してきた私自身の体験をお話したい。

日系カナダ人百年祭プロジェクト、「隣組」からどのようなことを私は学んだのであろうか。青春期から中年期にかけての私のカナダでの生涯は、大学院生（文化人類学者の卵）、結婚、妻、母親と、人生の節目節目に変容してきた。現在の私（戦後移民＝新一世）は、バンクーバーの日系社会活動や長期研究調査（一九七〇年中頃から二〇〇〇年）を通して知った多くの人々（戦前、戦後の日系カナダ人）の生涯記＝体験からカナダで生きるすべを学んできている。そして、日本からの留学生、日本移民―日系カナダ人（新一世）という自我を現在持つにいたったのである。日系カナダ人社会への参加体験が今の私を創っている。

私は「隣組」でお年寄りの話を聞きながら、年長者たちの手伝いや援助をすることを学んだ。或る時には娘の役目、また或る時には日本語が分かる孫として、お年寄りの昔話の聞き役だった。或る時の私は、日本の最新情報源であり、また或る時には、二〇代後半の独身大学院生というあり方への好奇心の対象でもあった。話してくれる度に、お年寄りの記憶が生き生きと蘇り、吹き出すように流れ出したのを思い出す。多くの一世たちは異国で生きてきた証を聞いてくれる「耳」を待ち望んでいた。話の多くが「今の若い人たちには分からんでしょう。（おばさん達が）アメリカ（多くの一世にとってのカナダ）に来た頃は」に始まり、「この国で英語が話せれば鬼に金棒よ。あんた、英語分かっていいね」に続き、「一人で生きてる未亡人よ。何かの時はよろしくね」の締めくくりで終わった。

私の両親や叔父叔母と同年代の二世の人々からは、第二次大戦前の「白人の世界」と「日本人の世界」そして日本人社会内に引かれていた目に見えない境界線の数々を教えられた。母国カナダからの拒絶、生まれ故郷のブリティッシュ・コロンビア州からの強制移動、戦後の強制送還、そしてブリティッシュ・コロンビア州での再定住、このような体験の数々が語り手の祖父母の出身地、年齢、性別、生まれ順位によっていかに異なるかも知った。同年代の三世の友人知人たちからは、戦前戦中の日系カナダ人の苦難の道を直接体験していないにもかかわらず、間接的な体験として彼らの心に深い傷を残しているのを知った。また、一九七〇年から一九八〇年代に思春期を過ごした戦後移民の子供達（新二世）からは、カナダが一九七一年に「多文化主義」を公の政策として「人種差別のない国」をめざし、一九八八年には「多文化主義法」が成立していたにもかかわらず、依然として「人種差別のある多文化主義カナダ」であることを知った。彼らの語りから、彼らが有色人種として、そしてアジア人の面を持つ「移民」として、いかに人種差別を受けていたかということも知った。人種差別の体験が若者にとっていかに表現しづらく、掴みどころのない問題で、誰に話すこともできず、葛藤の種であるかを知った（このような体験は、若い三世の人々も持っている）。彼らは三〇代になってこのような体験の数々を振り返り、ようやく社会問題の一部として客観的に話すことができるようになったという。新一世の女性たちからは第二の「ふるさと」をどのように作りだしてきたかを学んだ。ある新一世女性は次のように語っている。

「帰りたい、帰りたいって四年目に帰ったの。息子二人連れて。そしてその時日本に対しての夢がバラッと崩れた。かなり日本に対して持ち続けていたイメージが狂って。……みんなね、それぞれの生活がある中に割り込んでいくわけでしょ。それで結局、自分の住むところで自分の幸せを見つけだしていくものだと分かったの」。

この新一世の言葉は、数十年という時の差はあるにせよ、ある二世が話してくれた、一世の母親が一九三〇年代に歩んだカナダ移住体験とあまり変わらない。この体験は、これからカナダに移住する新一世たちが歩む道でもあろう。

この人たちは人生で直面する諸問題から逃避するのではなく、これらを自分の責任として受けとめている。このような人々を包容する日系カナダ人社会を象徴しているのが、非日系カナダ人を含めた様々な世代間の協力や文化共有が常時起こっている「隣組」である。ここでは、直接また間接的に、一世(年々少数になっている)、老年期を迎えている二世、中年期を迎えている三世と新一世、そして新二世たちが、日系カナダ人の一員としての自覚を持ち、コミュニティ作りに参加している。この世代間の相互理解体験＝文化共有は、私たちが複眼的に物事を理解する知識の源になっている。さらにこの知識は、マクロそしてミクロに、物事を理解する弾力性のある視野や考え方を私たちに与えてくれる。

自分達の体験を生活環境と照らし合わせて語る人々がここにいる。自我を確立し、人生における身の振り方を他人のせいにせず、断固自分で選ぶ能力、そして、自分の生活環境を客観的に評価し、その環境に順応するすばらしい知識をどのようにして収集するかを私は彼らから学んだ。日系カナダ人文化は単にただ習慣として世代から世代へ移り行くものではなく、積極的な文化活動を通して身に付けるものであることを学んだ。

七　おわりに

世界が年々小さくなりつつある今日、私たちは現代のキイワード「グローバライゼーション」「ボーダーレス社会」「トランスカルチャリズム」「国際化」をよく耳にする。世界が、カナダが、そして日本が抱えている諸問題を憂う時、私は、一二五年の歴史を持つ日系カナダ人の文化、すなわち、一九世紀後半から二〇世紀にわたり人種差別の数々を乗り越え、第二の「ふるさと」カナダの多民族社会での生存のために、各世代を通して分かち合い培ってきた、日系カナダ人が持つ観点（複眼的な分析力や知識）、価値観、人生観こそが、二一世紀を迎えた世界が必要としている能力、人的資源だと思うのである。

最後に、先ほど紹介した写真展『千金の夢』の最後のパネルをここに引用したい。このパネルは日系カナダ人百年祭プロジェクトのメンバーが長い間頭を悩ませた結果、合意に達した日系カナダ人百年祭プロジェクトの声明書とも言えるだろう。これは、一九七七年の日系カナダ人百年祭記念のスピリット（精神）であり、プロジェクトの各メンバーが日系社会を担う一人として願った私たちの「夢」である。この声明は、カナダにおける日系カナダ人社会、そして主流カナダ社会や私たちのルーツ日本、そして世界に、一九七七年の日系カナダ人百年祭の歴史的な意義を伝えているのである。二〇〇四年に旧プロジェクトの主なメンバーがリードして、隣組三〇年史誌作成委員会（トナリグミ・ヒストリー・プロジェクト）が設立された。私たちは再びこの夢に挑戦している。

時をさかのぼり、同胞の足跡をたどり、日系人としての根源を見極めた時にこそ、初めて人間としての充実感が湧き、新しい鼓動の糧を得ることができるのではなかろうか。この過程を通してこそ、過去百年同胞がいかにこの国（カナダ）に貢献してきたかという事を誇りに感ずるであろう。私達は、社会的に安定した地位を得つつあるが、過去の憎悪と恐怖の経験を忘れてはならない。かつて「汚らしいジャップ」と言われた者の口から「ユダヤの野郎」とか「怠け者のインデアン」と言う言葉を耳にする事がある。日系カナダ人が歩んできたいばらの道、また戦時中の苦しい思いでを忘れてしまい、人種偏見の加害者となったのでは今までの苦労が無駄になってしまう。今一度、私たち同胞が経てきた道を歩んでいる新移民の人々や、カナダ少数民族の人々と過去の経験や知識を分かち合う事により、初めて日系カナダ人百年祭を心から祝うことができるのではないだろうか（日系カナダ人百年祭プロジェクト、一九七八年）。

〔参考文献〕

小林康夫・船曳健夫（編）『知の技法』（東京大学出版会）一九九四年

ベフ・ハルミ（編）『日系アメリカ人の歩みと現在』（人文書院）二〇〇二年

立命館大学日系文化研究会（編）『戦後日系カナダ人の社会と文化』（不二出版）二〇〇三年

Bourdieu, Pierre. 1994. *Language and Symbolic Power* (Cambirdge, MA: Harvard University Press)

Schutz, A. 1967. *Collected Papers I: The Problem of Social Reality* (Hague: Martinus Nijhoff)

Yuko Shibata, 2003. "Overlapping Lives: Cultural Sharing Among Five Groups of Japanese Canadian (Nikkei) Women"（シバタ・ユウコ『織りなす絆：戦前戦後五グループの日系カナダ人女性の生涯記から学ぶ』二〇〇三（ブリティッシュ・コロンビア大学博士論文））

アジア系カナダ音楽への道のり
――瞬時《インスタント》のカルマ――

テリー・ワタダ
（山本　彩訳）

一　はじめに

瞬時のカルマが君を捉える。君の足をすくう。
自分の仲間を見た方がいい、君が出会うすべての人々も。
そう、僕らは皆輝く、月や星や太陽のように。
ああ、僕らは皆輝く、君も、君も輝くのだ。

一九七〇年、ジョン・レノンは瞬時《インスタント》のカルマの連鎖反応によって生じる社会の「連帯」を歌ったが、シニカルな今の時代からすれば楽観的すぎるし、ナイーブにさえ聞こえるだろう。しかし当時この歌は平和運動のスローガンの役割を担っていた。日系カナダ音楽、ひいてはアジア系カナダ音楽も（そういったものが実際にあるとすればの話だが）「瞬時《インスタント》のカルマ」によって、すなわち一見無関係に見える様々な相互作用によって生まれたのである。

私は日系カナダ音楽を創造しようとする意図をもって始めたわけではなかったが、日系であることの問題や文化、現実をテーマにした曲を書いた最初の人間となってしまった。時を経て、自らの現実を映した音楽を作り演奏する日系カナダ人やアジア系カナダ人は増加した。しかし私は自分の人生を「瞬時のカルマ」の産物だと思うのだ。過去を掘り起こすほど、自分があの時代の申し子であることを強く自覚してしまうからだ。私は成長期の大半、根無し草の三世だった。私が日系、アジア系のミュージシャンに影響を与え、独特の音楽を作り上げたかどうかはどうでもいいことだろう。アジア系カナダ音楽は、現に存在するのだから。

平和運動とは異なり、アジア系カナダ音楽の確立には、スローガン・ソングを掲げたジョン・レノン的な人物はいなかったが、九〇年代中頃に一種のスローガンが生まれた。トロントのアジア系文化遺産月間委員会が「私たちはアジア人。私たちはどこにでもいる」とフェスティバルを宣伝したのである。アジア系カナダ人が自己表明の必要性をはじめて明らかにしたのであり、その声は時代とともに大きくなっている。

二　端緒

一九六四年二月九日午後八時、ワタダ家では家族みんながテレビの前に集まって、日曜日の夜の楽しみを待ちわびていた。「エド・サリバン・ショー」である。その夜は私には特別だった。最初の出し物がビートルズの北米デビューだったからである。

当時一二歳の私は、いわゆる「素晴らしい四人組」によって一瞬で変わってしまった。彼らのような人間を見たことがなかった。エルビス・プレスリー、バディー・ホリーなどの文化現象の時には家にテレビがなかったのだ。ビートルズの長髪やリフレイン主体の曲、穏やかだが破壊的なスタイルの虜になって興奮した。聴衆の反応も異なっていた。あの日のビートルズ登場は私の人生の分岐点だった。

六九年八月、私は一人、トロント市民ホールの前で一五〇〇人にも膨れあがった群衆に向かって歌おうとしていた。五年間ギターを学び、様々なトップ40のカバーバンドに入って、様々なパーティーやクラブなどで演奏していた頃だ。

ある友人がベトナム動員委員会の代表として私のところへやってきた。当時私がいたアジア・マイナーズというバンドに、年に一度開催されるヒロシマ・デー・フェスティバルでの演奏を頼みにきたのだった。原爆犠牲者追悼の催しが、ベトナム反戦を訴える記念日へと変化していたのだ。カナダで唯一のアジア系カナダ人ロックバンドがベトナム反戦集会で演奏することが意味するところは明白であった。私はノーとは言えなかった。

トロントの仏教寺院では、ニュートン・イシウラ師とその妻メアリーが信徒たちを、激しい論争が巻き起こっている領域へ引き込んでいた。二人は「社会派仏教」、すなわち信徒が社会に関わり不正と戦うことを促す仏教を信奉し、説いていたのである。イシウラ夫妻は徴兵忌避者を匿い、反戦集会に参加し、戦争孤児を養子として迎え入れていた。二人も私の人生に大きな影響を与えた。

六九年のアジア・マイナーズはもっぱらファミリーバンドだった。メンバーの大半が、中華街の古参レストラン経営者ジーン・ラムの子どもたちだったのだ。ラムは出演を妨害しようと心に決めた。彼女の目には集会が北ベトナムの共産主義政府を支持するものとして映ったので、イベントそのものを取りやめさせようと行動を起こした。彼女は歴代の市長や首相を含む多くの政治家と懇意で、カナダ首相賞受賞者候補であったから、市の担当官に開催許可の取り消しを求めるほどの影響力があった。しかし、実際には何もできないと分かると（主催者の委員会は万全の準備をしていたのだ）、ラムは自分の子どもたちにイベントに参加しないようにだけ言いつけ、彼らはそれに従ったのである。

そうしたごまかしに失望しながらも私は群衆の前に一人立ち、カントリー・ジョー・マクドナルドの人気反戦歌「戦死するような気がする」を歌い出した。聴衆のエネルギーが文字通り乗り移ってくるのを感じた。自分がかつてない力を与えられ活力がみなぎるのを感じた。ビートルズが感じたのはこれなんだ、と私は思った。それはすばらしく、深遠でもあった。

私は七〇年までアジア・マイナーズにいたが、時はシンガーソングライターの時代になっていた。ボブ・ディラン、ジョニー・ミッチェル、ポール・サイモン、ジェームズ・テイラーなど、多くのアーティストたちが反戦運動や公民権運動、ウッドストックから大きな影響を受け、内容の濃い歌を書き、レコードにした。アジア系アメリカ人も同じだった。アジア系アメリカ人運動はクリス・イイジマやジョアン・ミヤモト、「チャーリー」・チンを育てた。私が自分の曲を書こうと思ったのはその頃だった。

三　時代は変わる

一九五〇年代に生まれ、六〇年代後半から七〇年代初頭にかけて大学に通った世代は、学生デモや公民権運動、女性解放運動、ドラッグ、フォークソングやロックミュージックの盛隆を目の当たりにした。

アメリカ合衆国では、サンフランシスコ州立大学での紛争、インターナショナルホテルの破壊やベトナム戦争によってアジア系アメリカ人運動が始まった。人種差別、文化的アイデンティティ、連邦議会議員選出および大学教育カリキュラム内容の人種的平等化の問題が、団結したアジア系アメリカ人の声によって浮上してきたのである。『一粒の砂』(ペアダンレコード、一九七三)という独創的なレコードアルバムを通して、クリス・イイジマやジョアン・ミヤモト、そして「チャーリー」・チンなどのシンガーソングライターが新しい世代の代弁者となった。それは次の「僕らはその子ども」という曲の一節に体現されている。

僕らは移民労働者の子ども、僕らは強制収容所の子孫。
鉄道建設労働者の息子と娘で、親はアメリカに自分たちの痕跡を残した。
僕らは中国人給仕の子ども、洗濯部屋で生まれて育った。
僕らは日本人庭師の子孫、親はアメリカに自分たちの痕跡を残した。

カナダではアジア系カナダ人の三世が革命思想に夢中になった。日本人や中国人、カナダへの新移住者たちが、バンクーバーやトロントの大学に「ラップ」グループ、すなわち「語り合い」グループを作った。ブリティッシュ・コロンビア大学ではワカヤマグループがロン・タナカ教授の指導の下で結成された。タナカ教授と親しかったトロント大学四年生のアラン・ホッタは七二年、トロント中心部のミューチュアル・ストリートに仲間と共同で一軒の家を借り、アジア系カナダ人の学生数人と徹底的な議論をするために集中的な集会を開いた。人種差別、アイデンティティ、自己発見が議論のテーマであった。

アランはその集まりに早くから私を招いてくれ、七〇年には「ニュー・デンバー」の歌詞を日系の全国紙『ニュー・カナディアン』新年号に掲載してくれていた。

「ハウス」と名付けられたミューチュアル・ストリートの借家では音楽が常に流れていた。『一粒の砂』や、クリスとジョアンがニューヨークで開いたコンサートの生録音の海賊版カセットによって、アジア系北アメリカ人の文化概念が伝わってきた。「チャーリー」・チンの「ローメン・ブルース」は、ワンタンヌードルを出す店がないミネソタにいるアジア系アメリカ人を歌った単純な歌だったが、文化収奪というテーマに軽い調子のひねりをきかせていた。

アジア系カナダ人運動は七二年の冬に始まった。若いアジア系カナダ人の最初の全国集会となったアジア系カナダ人体験会議の開催がきっかけであった。新たに結成されたパウエル・ストリート・レビュー・グループのアラン・ホッタは、当時の問題点を次のように述べている。

個人が文化の渦の中に飲まれている。人生の目標を明確にし、定着発展させるのに役立つ確固とした共通基盤を必死に探している。もっとはっきり言えば、これまで中国系や日系カナダ人コミュニティは文化的真空状態の影響下にあったのだ。集団生活を示す事柄はピクニックやキャンプ、祭りなどいろいろあるが、人生の目的が欠けたままであり、疎外感があった。とりわけコミュニティの若者間では（中略）そうなのだ。（中略）もっとも懸念すべきは、（中略）中国系や日系のコミュニティがカナダに貢献してきたことが一般に認識されていないことだろう。

アジア系カナダ人体験会議によって、バンクーバーやトロントの三世とカナダ生まれの中国人は、一週間の討議と探求を通じて一体化した。期間中に強制収容時代の写真がカナダで初めて展示された。また二晩にわたってアトラクションが行われ、そこではシーン・ガン、マーティン・コバヤカワ、シャノン・ガン、ジョイス・チャン、ヴィンセント・チバ、マヤ・イシウラ、そして私、といったミュージシャンや詩人たちが出演した。皆がコミュニティのために、またコミュニティについて、自分の抱いている感情を表現したのである。

私は聴衆に「ニュー・デンバー」を紹介した。その曲は自分の親の人生と収容所生活に基づいていた。書くとき第一に掲げたルールは、自分が実際に知っていることを書くということだった。しかし、自分は何を知っているというのだろうか。だから一九歳の時、母に向かってどうして父と出会ったのか聞いてみた。それまで聞いてみたいと思いつつ聞いたことがなかった。母は私の質問に驚いたようだった。「アホ」と言って、即座に退けようとした。母に言わせれば、そんなことは私が知らなくてもいい類のことだった。私はめげずに母に聞き続け、結局母は折れた。深く息を吸い、昔の記憶を思い起こして悲しげな目つきになった。浮かび上がってきたのは、驚愕すべき物語で、ある種の「瞬時のカルマ」であった。

一九二八年、当時一六歳の母に父親が縁談を持ちかけた。相手は会ったこともない男で、母の知らないカナダという土地に住んでいるとのことだった。家長には逆らえず、母は承諾した。私の父が日本を訪れ、二人は夫婦になった。二週間後、父は日本での徴兵を避けるためカナダに向かった。様々な移民制限法のために、母はその後二年間を日本で過ごしたがその方がよかったらしい。日本を離れたくなかったのだ。

結局、母は見送りの言葉と衣服以外は何も持たずに日本を発った。バンクーバーの波止場で、初めて恐ろしい「白い悪魔たち」を見た。運良く、父の従兄弟だと名乗る見知らぬ日本人が彼女を出迎えて、自分の役目はあなたを海岸沿いの伐採搬出所に連れて行くことだと母に言った。母はその言葉を信じるしかなかった。その頃は誘拐されて売春を強要される女性も多くいたから、振り返ってみると母のとった行動は途方もなく大胆だったのだ。

運命の定めの通り、その男の言うことは本当で、母はバンクーバー島アルバート湾近くに浮かぶ木材伐採労働者の飯場へ連れて行かれた。かなり原始的な環境のもとで、母は再び父と一緒になったのである。水上筏のような場所で、二人のための建物といえば鶏小屋だけだった。母は何日もかけてそこを掃除した。母がその場所を語るときに言っていた、「綺麗にならないわ、綺麗にならないの」という言葉は今でも私の耳に残っている。

母はサンドンやスローカン、ニュー・デンバーなどの強制収容所のことも話してくれた。聞き学ぶにつれて、若かった私の怒りが身体の中で燃え上がった。その夜、部屋で一人になり、ギターのコード・プログレッション（和音進行）につまずきながら、苦労を重ねて歌詞を書き上げた。それが私のデビュー曲「ニュー・デンバー」になったのである。

政府は僕の全財産を取り上げた。
だけど、僕はどうにか生き延びていけるだろう。
愛しい君よ、君にあげられるものは、苦難の人生しかない。
愛なんて、こんな厳しい時代には価値などないかもしれない。
だけど、それだけが家の外の雪の中で、僕が君にあげられるもの。

ニュー・デンバーは今では雨で清められている。
ニュー・デンバーは決して、決して知ることはないだろう、
そこにあった痛みを。

七七年は日系カナダ人百周年にあたっていた。記念祭が全国のあらゆる日系コミュニティで行われた。二世にとってその年は「有終の美」のように映り、アトラクションといえば伝統的なオドリや生け花、武道であった。しかし三世はこの記念祭を日系カナダ人の芸術と文化を規定し、促進する機会だと考えた。そこで、歴史百年写真展が全国を巡回し、アジア系カナダ文学の最初のアンソロジー『不可譲の米《ライス》』（訳者注：アメリカ独立宣言中の生命・自由・幸福追求の権利を指す「不可譲の権利《ライト》」をもじっている）が出版され、日系カナダ人唯一の祝祭、パウエル・ストリート・フェスティバルがバンクーバーの旧リトル・トーキョーで長期開催された。

このフェスティバルのおかげで、アジア系カナダ人の現代音楽に演奏の機会が巡ってきた。ブルース・フォークのコクホウ・ローズ・プロヒビッテッドが結成され、日系と中国系カナダ人のコラボレーションバンドが生まれた。開催者の多くが一九七二年の集会に参加していたので、私の曲をフェスティバルで使いたいということだった。

テープを作るため、私は友人に地下室と四チャンネル・テープレコーダーを使わせて欲しいと頼んだ。ある日の午後と夜を使って、何人かの日系カナダ人のミュージシャンと私は五曲入りのカセットを作った。ミュージシャンのマーティン・コバヤカワ、ギャリー・カワサキ、フランク・ナカシマが演奏グループの中心メンバーとなった。テープに収めた新曲は第一回フェスティバルの非公式テーマソングに選

ばれた。「当たって砕けろ」は、アジア系カナダ人の若者が微妙な人種差別に感じた怒りを表現しようとしたものである。

君たちには分からないだろうが
僕たちには「当たって砕けろ」しかないんだ
人生の一日一日が。
君たちは分かっている、僕たちが怒りを爆発させられないのを。
僕たちは白人の目の前では善良な市民でないといけないんだ。
僕たちには「当たって砕けろ」しかないんだ。

パウエル・ストリートで演奏する筆者
（2003年、クアン・フー撮影）

テープは主催者に感銘を与えたのであろう。気づいた時には、私とマーティンは第一回パウエル・ストリート・フェスティバルで演奏するためにバンクーバーに向かっていたのだ。他のアジア系カナダ人ミュージシャンと多くのジャムセッションに参加した（一晩中続いたセッションもあった）。それは、まるで新しい音楽の始まりのように感じられた。

その後同じ年に、私、マーティン、ギャリ

ー、そして西海岸のミュージシャンの一団が、トロントの日系カナダ文化センターで開かれた日系カナダ人百年祭青年会議で演奏した。会議自体はカナダ全土のアジア系カナダ人が団結し、日系およびアジア系カナダ主義について語り合い、定義づけようとするものだった。開会演奏で私とバンドは新しい音楽を披露した。聴衆は我々の曲に一体化し、スタンディング・オベーションを送ってくれた。

これで我々は地下室に潜ってアルバムに必要な数の曲をレコーディングする自信を持った。その成果が『ランナウェイ・ホース』で、初の日系カナダ人（同時に、初のアジア系カナダ人）によるレコードである。収録された八曲のうち七曲は私が書き、一曲はマーティン・コバヤカワが書いた。

四　『ランナウェイ・ホース』

批評家で、一九九四年にはアジア系カナダ雑誌『ライス・ペーパー』の編集者でもあったクワン・フーが、「テリー・ワタダ――三世ソングライター――」という私の作品の決定版ディスコグラフィーで、次のように書いた。

テリーの一九七七年のデビューアルバム『ランナウェイ・ホース』に収録された曲は総じて、七〇年代後半のアジア系北アメリカ人像を表象している。その姿は感動的であり、また瞠目すべきものである。日本人であると同時にカナダ人として育つ者の「揺らぎ」の描き方に感銘を受け、またその眼差しの成熟度と明晰さに眼を見張る。ワタダが描くコミュニティは、第二次世界大戦の強制収容所とその後の離散にようやく折り合いをつけはじめた時代なのだ。

同じ頃、パウエル・ストリート・フェスティバル以外の場所でも、アジア系カナダ人が集まって演奏する機会が生まれていた。七六年五月一五日、中国系のラジオ番組「ペンダー・ガイ」がバンクーバー共同ラジオ局で放送された。番組は英語で、カナダ生まれのアジア人の話題が中心だった。七八年には、トロント福祉センターが開設された。主に日系カナダ人のための施設だったが誰でも歓迎だった。別館にはアジア系の音楽演奏や芸術パフォーマンス用の場所が設けられていた。バンクーバーのクラシカル・ジョイントやソフト・ロック、トロントのフリー・タイムズ・カフェといったフォークソングハウスがアジア系カナダ人ミュージシャンにも開放された。しかしこれには観客を集めること、という条件つきだった。

アジア系カナダ音楽の発展に役立つ場所やイベントは数も少なかったので、私が演奏できたのは様々なコミュニティの集まりや、仏教寺院でのハナマツリや青年仏教徒協会の会議、基金募集のパーティー、日系カナダ文化センターで開かれる二世のコンサートや親睦会などだった。また、日本特集を企画するテレビやラジオ番組、ウィニペグのフォークロラマ、トロントのキャラバンといった多文化フェスティバルでも演奏の機会があった。しかしそれらは商業的価値のために文化を利用しているにすぎなかった。聴衆の多くは親切だったが、私の言いたいことを理解する人はほとんどいなかった。聞きたくないことだったのかもしれない。

当時私が制作した三枚のアルバム『ランナウェイ・ホース』『バード・オン・ザ・ウィング』『ナイツ・ディスグレース』（ウインドチャイム・レコード、一九七七、一九七八、一九八〇）に収められているのは、すべてオリジナル曲であった。それらのアルバムには若いアジア系ミュージシャンを多く登用した。エド・コヤマ、テッド・ラム、ロイ・ミヤタ、デビッド・カイ、ブルース・タテミチ、ジョン・サイショウらが、卓越した演奏で有名になった。

五　補償要求運動

一九八〇年代初頭から中頃にかけて、日系カナダ人の戦時強制収容補償要求運動が最高潮に達した。日系のコミュニティには当初、運動に巻き込まれたくないという強い思いがあった。実際、警戒した二世たちは私に対して、ラジオやテレビ、コンサートで補償要求問題について歌ったり喋ったりしないよう説得しようとした。その試みは、晩餐での穏やかなやりとりからコミュニティの集会での罵り合いにまで及んだ。ひるまず私は『イエロー・フィーバー』（ウインドチャイム・レコード、一九八三）と『リビング・イン・パラダイス』（ウインドチャイム・レコード、一九八六）を制作した。どちらも、強制収容の人的犠牲について語ることを意図していた。また、リック・シオミの劇『イエロー・フィーバー』をカナディアン・アーチスト・グループ（訳者注：カナダ人の父とアジア人の母を持つ演劇人集団）のためにプロデュースをしていたのがマスコミの注目を集めたから、タイミングがよかった。二つのプロジェクトを平行して行うことで、補償要求運動に最大限の注目を集めることができたのである。

この時期、私の動き回る機会もその範囲も広がった。リック・シオミらを通じて、カナダ全土やアメリカでも仕事を引き受けはじめた。補償要求運動がピークを迎えていた。演奏の機会は全カナダ日系人協会（ＮＡＪＣ）の会合や情報交換会、マスコミのイベントなどにも広がった。アジア系アメリカ人の歴史、文化が大きな関心事となり、若者に必要とされたのである。私は自分が役に立てることがこの上なく嬉しかった。

同じ頃、アルバータ州レーニアのジャガイモ農場に住む一人の三世が、自宅の地下スタジオで一連のアルバムレコーディングに取り掛かっていた。ウォルター・オハマはキーボード中心のテクノポップ曲「ジュリーはテレビ受像機」と、八四年にリリースの『ミッドナイト・ニュース』（バンクーバーのパウエル・ストリート・フェスティバルで演奏）で話題になっていた。八六年には『オハマ―ミッドウェイ　細い軌跡』を制作した。これは四五回転の一二インチアルバムで、おそらくはパウエル・ストリート・フェスティバルと補償要求運動から影響を受けて戦時中の彼の家族の経験に目を向けたものであった。アルバムのタイトル曲「ミッドウェイ」は、まず力強いビートで背景の音楽を作り出す。それにオハマの辛辣な問いかけと、人生を語るディック・モトカド（二世）の声が重なり合っていく。

お前はどこへ行くのか知っているかい
お前はどこから来たのか知っているかい
彼らがお前の家を取ったというのは本当かい
取った理由を教えてくれたのかい
俺たちはたった四〇時間のうちに家を出なければならなかった。
家は五ドルで売ったのだ。

中国系カナダ人のコミュニティでは、W5論争のせいで激しい騒乱と抗議が起こっていた。W5はCTVテレビネットワークのニュース番組だった。アンソニー・チェンの著書『ゴールド・マウンテン―新世界における中国人―』（ニュー・スター・ブックス：バンクーバー、一九八三）にある通り、七九年九月三〇日、「キャンパス・ギブアウェイ」のタイトルで放映された番組の中で、レポーターが中国系カナダ人を「異質で、同化ができず、偏狭で競争心が強い」と表現したのである。この事件はその後二年間、中国人コミュニティの中で関心の的となり、全国中国系カナダ人協会が作られることになった。

W5の事件に反応したのだろう、政治に目覚めたアーティストたちが、カナダでの生活について意見を携えて表舞台に立ちはじめた。バンクーバーの中国系四世シーン・ガンは、シンガーソングライターとして活躍した。『ライジング』(ウィンドチャイム・レコード、九二年)の中の「エイジアン・カナディアン・ブルース」で、シーン・ガンは鋭い観察力と皮肉たっぷりのユーモア感覚を発揮し、自己表明を始めた中国系カナダ人の説得力ある代弁者となった。

君は宿題をしなければいけない。学校に行かなければいけない。
隣にいるハクジンの二倍も勉強しなければいけない。
面倒を起こさなければ、出世ができるだろう。
中間管理職が君の出世の限界なんだから。
僕らが歌っているのはこんな勤勉な
エイジアン・カナディアンのブルースなんだ。

六　浮上

九〇年代に、ワールド・ビート・ミュージック時代が始まった。アジア音楽が流行し、アジア系カナダ人は音楽祭やコンサートホールで注目を浴びた。七〇年代の終わりにバンクーバーのカタリ太鼓とともに、カナダでは太鼓が盛んになった。日本の太鼓演奏がカナダ中に広がり、いくつもの太鼓グループが全国の主要都市に集結した。アレンジメントの大半は日本やアメリカで生み出されたものだったが、KT（カタリ太鼓の愛称）は、アジア系カナダ人の境遇を映し出すオリジナル曲を作り始めた。

それ以降、他の太鼓グループもKTの路線を踏襲した。ナンバーワンはウズメ太鼓だろう。九〇年のデビューアルバム『チラシ』で、ジョン・エド・グリーンナウェイ、アイリーン・カゲ、レズリー・コモリの先進的トリオは、リズムと振り付けのみの純粋な太鼓演奏から脱皮し、現代的なサックスやエレキ・ベース、伝統的なシャクハチ（尺八）、ピーパ（琵琶）など、他の楽器を加えた。東洋と西洋の影響が融合したメロディー豊かな音楽は、アジア系北アメリカ人の生活を象徴していた。

ほどなく多くのアーティストがワールド・ビート・ミュージックとニューエイジ・ミュージックに参入した。特筆すべきは日系カナダ人フルート奏者のロン・コーブで、彼は自分のレコード会社を設立し、日本の伝統音楽を様々な形で探求してはレコードに収めた。こうして尺八の名手タケオ・ヤマシロや実験的ピアニストのリー・ピュイ・ミンの演奏がレコード化された。

九〇年代に台頭したミュージシャンの中には、日系ラップ・アーティストのキシュ、ボブズ・ユア・アンクル・バンドのスック・イン・リーらアジア系オルターナティブ・ロック・アーチスト、ホンコン・ボーイのスティーブ・ロウらアジア系カントリー・ミュージシャンがいた。しかしアジア系カナダ人の体験を率直に訴えるのは、カルガリーのシンガーソングライター、スー・チョン・リムらに限られていた。リムは中国系鉄道労働者の苦境と歴史を歌にして演奏し、ツアーを行っていた。九一年、『ゴールデン・マウンテン』（ゴールドマウンテン・レコード、アルバータ州カルガリー）がリリースされた。

八九年、私はアジア系カナダ人のシンガーソングライターのグループ（最終的にはナンバー・ワン・サンになった）に関わることになった。シーン・ガン、マーティン・コバヤカワ、クワン・フー、カイ・フーと私は、アジア系カナダ人の感性を保ちつつ、理解されやすい音楽を作り出すことにエネルギーを集中した。

彼らと演奏しようと思った当初の理由は、ブリティッシュ・コロンビア州での、とりわけパウエル・ストリート・フェスティバルでの自分の演奏に変化を加えたかったからだった。しかしナンバー・ワン・サンはたちまちバンドとして認められ、セルフ・ナット・ホール・エキジビション（バンクーバー・チャイナタウン）、九二年ホームカミング（全カナダ日系人大会）、そして「当たって砕けろ《ゴー・フォー・ブロー》」・フェスティバル（バンクーバー、一九九五）でライブを行うようになった。

九一年には第一回アース・スピリット・フェスティバルに関わった。そのイベントは日系カナダ人とカナダ先住民のコミュニティのコラボレーションで、トロントのハーバーフロントセンターで開催された。バンクーバーのカタリ太鼓とトロントのワサビ太鼓が出演していた。パッフィー・セイント・マリーやロックバンドのカシュティンらカナダ先住民の出演によって、プロ並みにハイレベルのフェスティバルになった。私は再結成したナイツ・ディスグレース・バンド（その後すぐに解散）で演奏した。大勢の、多種多様なアーティストが参加したため、アース・スピリット・フェスティバルでは連帯感と目的に向かって一丸となる雰囲気が生まれた。それは後のアジア系文化遺産月間フェスティバルを予期させるものだった。

ナンバー・ワン・サンは九二年に最初のアルバム（ウィンドチャイム・レコード、オンタリオ州トロント）を録音した。私はプロデューサー兼演奏者で、曲と費用も提供した。「過ちを償え」（コバヤカワ）や「天安門」（クワン・フー）、「イエロー・フラワー」（ガン）といったタイトルが示すように、『ライジング』の中の曲もまた当時の問題に強い影響を受けていた。コバヤカワの「ウェスト・コースト・シティ」は、アジア系カナダ人に対して今なお白人優位の世界の現状に甘んじるなと警鐘を鳴らしている。
私は九四年に作品をリリースした。世間では最後のソロアルバムと見なされているが、私にとっては、ナンバー・ワン・サンとともに始めたものの延長にある。『アート・オブ・プロテスト』はニューヨーク在住のジョン・シートゥーとビリー・アサイとのコラボレーションであり、私がアジア系アメリカ人のコミュニティ、芸術、政界にどっぷり浸る機会であったと思う。そこで浮かび上がってきたものは、実に強烈だった。アジア人への暴力、居場所のなさ、アジア系北アメリカ人の消費習慣と自己満足など、私が北アメリカに住む現在のアジア人にとって関わりが深いと感じているテーマが音楽の中心となっていたのである。「プロミス」（『アート・オブ・プロテスト』、ウインドチャイム・レコード、一九九四）にはこのアルバムの歌詞の特徴が典型的に表われている。

真夜中のこの都市の、このあたりで殺人が起きている。
そしてアジア人の眼には自分たちを皆怯えさせている
嘘が映っている。

そして裁判官たちは、自分の金を稼ぐために言う、
「おやすみなさい、アメリカの皆さん。

私たちは正しいことをしたのです！」

アメリカの約束は、みんなの瞳の中に燃えている。
僕も強い欲求を感じる。成功しなくてはと。
叫べ、「ヴィンセント、そのまま流れる血を見せてやれ！」

『ライス・ペーパー』誌の創刊者で編集長であったクワン・フーが次のようにコメントしている。「『プロテスト』は明らかにワタダの仕事の中でも一番分かりやすく、技術的にも洗練された作品である。さらに言えばこのアルバムで、ワタダがかなり長いブランクにもかかわらず、曲作りの力量はいまだピークにあることが証明された。ワタダは『プロミス』において人種差別が発端となった八二年のヴィンセント・チン殺害事件のような特定の事件に焦点を合わせ、アメリカン・ドリームとその失敗を徹底的に告発する方向へ向かっている」。

七　増殖　瞬時《インスタント》のカルマ

瞬時のカルマが君を捉える。君の足をすくう。
自分の仲間を見た方がいい、君が出会うすべての人々も。

今日急速に拡大するアジア系カナダ人の音楽界では、様々な要素をまとめて一つの言葉でくくろうという試みがある。『A・マガジン』誌制作のミュージック・アンソロジー『龍の耳』は、メンバーに一人でもアジア系がいれば、そのグループはアジア系アメリカ音楽をやっているとみなしてよいとしている。バンクーバーのオールタナティブ・ロック・バンド、カブのように、演奏が全くカナダ的であってもアジア系カナダ人音楽という言葉が当てはまるのだ。しかし、それは一九九五年の話であった。

二〇〇三年、パウエル・ストリート・フェスティバル協会は、日系カナダ人ミュージシャンに『マツリ』というアンソロジー・アルバムを出そうと呼びかけた。またもや参加資格の条件は、日系カナダ人のメンバーが参加するということだった。音楽に関しては何も問われなかったのだ。ここで連帯が生まれた。タケオ・ヤマシロ、バースデイ・マシーン、DJオーラル、R.A.D.I.O.、カタリ太鼓、ナンバー・ワン・サン、そして他の参加グループには、音楽的な共通性はほとんどなかったが、集まったおかげである種の「インスタント・カルマ」が生まれたのである。

アジア系文化遺産月間という別の試みが、九四年トロントで開始された。九五年の『プログラム・ガイド─第二回アジア系文化遺産フェスティバル─』によれば、それは「アジア人を祖先に持つアーティストとコミュニティワーカーによる」アジア系カナダ人の芸術を周辺的な立場から脱却させるための企画だった。一カ月にわたるフェスティバルは、アジア系アーティストのコミュニティがいかに多様であるかをカナダ社会のメインストリームに示し、そうすることでメインストリームの一員となることを目指すものであった。さらに『プログラム・ガイド』は次のように述べている。

我々の意思は、アジア人を祖先に持つカナダ人の間の、またコミュニティ間の協力と理解を促進すること。異なる世代、異なる芸術分野の間の対話と理解を奨励すること。アジア系カナダ人が歴史、文

クアン・フーと筆者（2003年、キュー・フー撮影）

化、芸術を積極的に活用し、自己決定の精神と自らの遺産への尊敬の念を育むことのできる環境を提供すること、である。

プログラムにはスック・イン・リー、ノブオ・クボタ（前衛音楽作曲家）、私といった名前の横に、ファッションショーやアジア系女性による映画、文学作品朗読等の出し物が掲載された。そこに体現された多様性の精神はフェスティバルの特徴として認識され、ついにはモントリオールからバンクーバーにいたる主要都市に広がったのである。

今日「アジア系カナダ人」、ひいては「日系カナダ人」「中国系カナダ人」などの言葉は、現代社会の語彙として受け入れられている。しかし、アジア系カナダ人の感性に関する一貫性を持ったムーブメント、あるいは共通認識といったものは存在するのだろうか。

実際、多様なミュージシャンが自己表現をテーマとし、アジア系カナダ人であることを表現する音楽を創っている。最も目立つ存在は、エム・グライナーとスック・イン・リーであろう。二人ともメジャーレーベルの気の滅入るような要求にしばられることなく、自分のやりたいように音楽をレコーディングし、配信している。タケオ・ヤマシロは尺八の名人技をレコーディングし続けている。太鼓関係では、カタリ太鼓、チビ太鼓、サワギ太鼓が代表的グループである。現代性と古典性を組み合わせた先進的な音楽の奏者として、ウズメ太鼓、ラウド、ヒロオ・アオキらがいる。アルバータ州カルガリーの新移民、ティム・タマシロは、スタンダードナンバーから一風変わった曲まで聴衆の好みに合わせてビッグバンド用にアレンジしている。リー・ピュイ・ミンはアバンギャルド・ジャズや中国の伝統的な音楽を用いて実験を繰り返している。

しかし、様々なジャンルの音楽はあるものの、最終的に「アジア系カナダ音楽」と明確に呼べるような筋の通ったムーブメントはほとんどない。おそらく現在の状況には、ジョン・レノンの「瞬時のカルマ」の、ユートピア的で過激派好みのヴィジョンが当てはまるのだろう。これらミュージシャンの大多数が毎年、各地からバンクーバーのパウエル・ストリート・フェスティバルや、アジア遺産月間フェスティバルに来て、影響を与えあっているのだから。

私は、ナンバー・ワン・サンと活動することに満足している。互いに協力し、常に入れ替わる顔ぶれは、私の活動スケジュールにも、私の考え方にも合っている。二〇〇〇年、このバンドは、クワン・フー、シーン・ガン、デレック・サム、トニー・チュン、私、というメンバーで、『ホッケイ・ナイト・イン・チャイナタウン』（ウインドチャイム・レコード、二〇〇〇）をリリースし、高い評価を受けた。ラジオでも数曲が定期的に流され、ラジオ・ドキュメンタリーでも紹介された。国際ラジオ放送局も取り上げて、中国や日本、台湾へ放送してくれた。CBCラジオの現代問題特集番組『アイデアズ』では「アンナ・メイ・ウォン」が紹介された。

僕がまだ若くて映画に行っていた頃は、
アンナ・メイ・ウォンもいなかった。
ボガードやバコールみたいなカウボーイ映画ばかりで、
みな六フィートの背丈だった。
ああ、アンナ・メイ・ウォンの時代が懐かしい。

ナンバー・ワン・サンは数多くのテレビ番組に出演し、コンサートにも招かれた。アジア系カナダ音楽の概念は、マスコミには新鮮だったのだろう。『インターナショナル・エグザミナー』(二八巻二一号、ミュージック・セクション、一一一九ページ) に載ったチャン・スク・ハンの評論が、マスコミの反応の典型例である。

手作りという言葉は、しばしば周辺化の意味で使われる。しかし、『ホッケイ・ナイト・イン・チャイナタウン』の音楽は、手作りの美学に訴えている。それは、すばらしく肯定的な意味を持ち、とりわけこのCDにある折衷主義的な歌とアレンジについてそれが当てはまるのだ。演奏の質と音楽のまとまりの質においてこのアルバムは完成の域に達している。(中略) 私はこのCDが気に入っており、アジア系カナダ人とアジア系アメリカ人による貴重な音楽コレクションの一枚にしたいと思う。

現在のナンバー・ワン・サンのメンバーはクワン・フーとカイ・フー、デレック・サム、ジェフ・チャン、エド・クワン、私である。我々は活動を続けており、目下、『ダウン・バイ・ザ・ブッダ・バー』という仮タイトルのニューアルバムの制作に携わっている。アジア系カナダ人の音楽が、我々の純然たる意志の力によって増殖し続けるものと私は確信している。いつの日か、新しいミュージシャンとアルバムが誕生するたびに生み出される「瞬時《インスタント》のカルマ」が、アジア系カナダ音楽という統一体へと融合していくだろう。

〔参考文献〕

Collected Voices: An Anthology of Asian North American Periodical Writing, ed. T. Watada (HpF Press, Toronto, Ontario, 1997)

Inalienable Rice: A Chinese and Japanese Canadian Anthology, eds. Garrick Chu, Sean Gunn, Paul Yee, Ken Shikaze, Linda Uyehara Hoffman, Rick Shiomi (Powell St. Revue and the Chinese Canadian Writers Workshop: Vancouver, 1979)

Powell Street Review: A Journal of the Japanese Canadian Community. ed. Alan Hotta (Powell St. Review: Toronto, 1972), Vol. 1, No. 1.

Rice Paper: Contemporary Pacific Rim Asian Canadian Literary Arts, ed. Kuan Foo (Asian Canadian Writers Workshop: Vancouver, 1994–1995), Vol. 1, Nos. 1 & 2.

Watada, Terry. all albums by Watada and Number One Son on Windchime Records. Toronto, Ontario.

（コラム）

日本語と英語の「シャル・ウィ・ダンス？」

田中裕介

「ハイフン」の行方

カナダの日系移民社会は二〇〇七年で一三〇周年を迎える。拡散しつつある五世代と、グローバル化の波に乗ってやってくる移住者が地理的に固まることなくホスト社会に浸透してゆく有り様は、何やらアメーバの生態に似ているかもしれないなと思う。

だが、内部での新旧の世代のせめぎ合いは続いてきた。『日系の声』紙（英語名『ニッケイ・ボイス』）に職を食んで一七年。からめとられながらもからめとろうとする努力は、ここを終の住み処とさだめた新参者としては逃れられないものであろう。

『日系ボイス』には日本語の論説はいらない。われわれ日系カナダ人の考え方を移住者に教える媒体であって、その逆ではない」。

日本語にするとこんな内容のことをいきなり英語で言われたことがある。一九八九年の九月に入社して四カ月後、日系高齢者会議の取材記を日英両語で発表した時のことだった。同会議に出てみて、二世には予想以上に日本語が維持されていること、一方、三世には継承語はほとんど残っていないことを確認した。それは自然消滅したものではなく、移動と分散で無理矢理取り上げられたという経緯があった。そして、二世の脳裏に染み付いた日本的なものに対する否定的な思い、それ故の日系人であることへの自己嫌悪が三世たちにあえて日本語と日本文化に向き合うことをためらわせたのである。

五〇〇名近く集まった同会議では、三世世代から一世祖父母と日本語で会話したいという意見も出て、日系人内部にも奪われた継承文化を取り戻したいという意思が垣間見えていた。その情熱を支援したいという思いを日本語と英語にしたのだが、その記事に対する唯一の反応が、発行責任者（当時）からの先の反応だった。

ここで明確にされたことは、移住者は北米文化を受け入れるだけの受身の存在であるという規定。日系人と移住者は同等であること、相互に影響を与え合って日系コミュニティを構築してゆく主体であることを主張した時に立ち現れたのが、この二世の主流意識だった。

「話が違う」と一度は辞めることを考えたが、それを思いとどまらせたのは同僚の三世編集者だった。「好きなことを書いていいんだよ。応援するから」と耳元でささやいてくれた。それ以後、「論説」なる仰々しいタイトルは使ったことはないが、好きなことを日本語で、また身辺雑記やインタビュー記事は時折英語でも書いてきた。事実として、二、三世たちにとって日本語で書かれたものは全て、所詮他人事なのである。ただし、英語で同様なことをしていたら、当然にも叩かれていたことだろう。

『ニュー・カナディアン』（二〇〇一年廃刊）に採用された移住者の英語編集者が嘆いていた。七歳頃に移住してきた自分のこれまでの体験や家族のことを書くと、必ず二世から、あなた個人のことなど読みたくないという抗議の手紙が舞い込んだという。ここにある差異に対するこだわりは言語ではなく、明らかに出自とアイデンティティの違いに属するものである。

こういった日系社会の溝は埋め尽くせるものではない。常識が違う。価値観が違う。日本文化と北米文化の違いが、そのまま溝に注ぎ込まれているからだ。

その溝の中に手を伸ばして一例を拾い挙げてみる。

一九九二年、カナダを代表する作家となった二世ジョイ・コガワ作『ナオミの道』が劇化され、トロントのヤング・ピープルズ・シアターで演じられた。劇中、三世役者たちが暗転間際に交える日本語があまりにお粗末であることに、会場にいた日本語の分かる観客は気付かないはずはなかった。移住者にちょっとコーチをしてもらうことで避けられたはずだし、日本語の分かる観客の存在を無視しているとも思った。

その劇評を翌月号の英語面に掲載した。日系三世の演出助手兼女優から反論がきた。

全体に、移住者ごときに演劇の何が分かるのかという見下したトーンを感じさせるものだった。しかしながら、こちらもかつては学生演劇にかかわっていた時期があり、素人ではないぞくらいの自負はあった。だから、演出次第で完璧になったはずであるのに、日系社会の溝のためにそれが成しえなかったのなら、それはわれわれ双方の責任ではないかと反ばくした。例えば、夫婦が交わす「マラマライツカ」、「ハイ」という会話は、「また（間を置いて）、また何時か」、「はい」と静かに頷く演技があって初めて別離の場面となるのだと指摘した。

これに対する彼女からの反論はなかった。かわりに原作者ジョイ・コガワから個人的に電話があり、「次回の公演では、移住者のアドバイスを受けたいと思う」ということでこの一件は終わった。

最近の統計によると日系人は八万七千人と記されている。その上に、全てのエスニック・グループの中で、インターマリッジ（異人種・異民族間結婚）の率の一番高いのが日系人であるというデータも提出された。

「ジャパニーズ－カナディアン」という「ハイフン」の先にある「日本」は、一方で言語、文化、容姿までも限りなく不可視化し、他方でグローバル化とともにその存在をどんどん顕著にしている。日系社会は拡大しているのか、拡散しているのか、議論のわかれるところだ。

言葉の力

ジョイ・コガワは『日系ボイス』の創立者の一人でもあり、補償《リドレス》要求運動の実録に近い小説『イツカ』（二〇〇六年に『エミリー・カトー』と改題して再出版された）にもその経緯は描かれている。また、代表作『オバサン』はカナダ社会と日系人の目を見開かせ、今では大学生必読の書となっている。

　その冒頭で、平原を見つめていた一世が「ウミ　ノ　ヨー」とつぶやく。そこに失われた祖国のイメージが現出している。これを読んだ時、英語で「It's like the sea」と最初から表現していたらどうだろうと思った。言葉の背後の広がりと本来の力を失ってしまうのではないかと思った。あるいは、これを「海のよう」と意味を付与してカナダ社会で語れるのは、われわれ移民世代ではないかとも思った。更にその日本語の魅力をカナダ社会に伝えるのもわれわれの役目ではないか。それはむしろ新しいカナダ文化創造と呼ぶに相応しいかもしれないと思った。

　そこにストーリーテリング《語り》が登場した。一九九五年、一〇名ほどの日本語教師たちが中心となって、日本の昔話、落語、紙芝居、創作物、歌、なんでもよい、更に日本語、英語どちらでやっても構わない、ただし朗読はその範疇には入れないということだけを規範として「語りの会」は始まった。

　トロントにはカナダ最大というストーリーテリング祭りがハーバーフロントや市内各地で毎年繰

り広げられており、日本の民話や童話のバラエティの豊かさは既によく知られていた。われわれ素人もあたたかく迎えられた。

その前年（一九九四年）に招いた琵琶弾き語りの古屋和子さんが平家物語「俊寛」を朗々と語り、トロント大学のFM放送では一時間近く生放送された。日本人でさえ分かりにくい語りに、カナダ人たちは感動したという。言葉は理解できずとも、語感と琵琶を音として楽しんだということになる。《言の葉》の持つ本来的な力の存在を確認した。

さて、その一年一度の「語りの会」公演を四年ほど続けた。日本語の語りには、事前にあらすじを英訳して会場で配付することにした。バイリンガルの人たちは間違いなく両方を楽しんだ。ところが、子供連れの親たちからいつも不満が提出された。曰く、「日本語の勉強のために連れてきたのに、英語でやるのならわざわざここに来る必要はない」、「せっかく日本文化を子供に知ってもらおうと連れてきたのに、四世の子供に日本語でやられては分からない。がっかりした」というものだ。こちらからの反論として、「だったら日本語を習わせればいいだろう」という声も聞こえてきた。だが、三世親たちに、日本語と文化に対するそこまで深い関与は望むべくもない。

日本語の語感を楽しんでもらおう、言葉本来の力を取り戻そうという意図は、「日本語・文化教育」という親の期待によってはぐらかされた。結局、日本語と英語を各々一日ずつに分けることでこの不満は解消された。

現在、日本語の部は、仲間の語り手の他に幼稚園から日本語学校、私立学校の日本語イマージョンの生徒たちまで登場して、さながら学芸会のようにわいわいと活況を呈している。

英語の部は外に拡がっている。「語りの会」の十周年を記念して、いつもの日系文化会館での独自のショーのみならず、コミュニティ・ステージと呼ばれるオンタリオ各地の語りのグループとの共演、更に、ネイティブ・カナディアン・センターで開催された「バッファロー・ジャンプ」という先住民による「四つの方角から招いた語り手たちによるショー」に、「東方」を代表して二名が出演し、英語で「へっこき嫁」(Farting Bride)、萱野茂著のアイヌ民話から「Who is great?」を演じた。

文化の違いを語るエピソードとして、この「放屁」の話がある。「へっこき嫁」は、いつでも大ウケの演目なのだが、司会をしているとしかめっ面をした親を客席にみることもある。後日、「カナダでは公衆の面前で、オナラを話題にするのは極めて下品で失礼なことだ。止めていただきたい」と関係者を通じて苦情が舞い込んだ。鼻摘みものにされてしまったのだ。だが、カナダで子供たちに一番人気の語り手ロバート・マンチがステージから連発する「オシッコ、ウンチ、オナラ、ウンチまみれのおむつ」に子供たちは身をよじらせて笑い転げている。親も一緒になって楽しんでいるわけで、この苦情は一体どこからくるのかといぶかった。

「語りの会」でヒョットコを語る筆者

更には、前出の「バッファロー・ジャンプ」に登場した、先住民の道化のキャラクターは、客席を走り回り、客の膝の上に坐って、オナラの擬音を出してはまた走り回る。その後に登場した日本の「へっこき嫁」をみて、観客は笑い転げないはずはなかった。ネイティブの民話には、オナラで空を飛ぶ話もある。

大らかに人間の生理現象を受け入れているのだ。
この違いはどこからくるのか。こういった「カナダ文化」を引っ張りだしての裁断は、時折、伝家の宝刀のように主流の側から飛び出してくる。これはその対立が垣間見えた一コマ（臭い話で恐縮だが）だった。

多民族多文化社会では、絶えず新しい文化が流入し、古いものと対立しながら混合種を創りだしてゆく。小学校に招かれて日本民話の語りをして感じるのは、多民族社会の子供たちは外観も感性も極めてカラフルだということだ。彼らが日本語交じりの「Snow Woman（雪女）」を聴きながらイメージする雪女も、きっと極めてバラエティに富んでいるはずだ。そこに文化変容があり、新しい文化も芽生えているのだと思う。

「語りの会」は十周年を記念して何とか自前のウェブサイトを立ち上げ、これまで語ってきた数十の語りを、日英両語で、できればイメージ付きで掲載しようと計画している。

II

合衆国本土

讃仏歌から聖歌へ、盆踊り歌へ
——日系人の仏教信仰表現と歌——

ウェルズ恵子

一　アメリカに日本の歌は伝承されたか？の旅

マザーグースがアメリカ各地で歌われているように、アフリカ音楽がゴスペルソングのひとつの源流となっているように、日本移民の歌も何かの形でアメリカに生き続けてはいないか。思いがけない変身をとげて、日常的に人々の唇にのぼっているのではないか。探してみようと思った。一九九八年のことだ。

ひと夏かけてインタビューして回ったが、ほとんど情報が得られない。おばあさんが「うさぎと亀」をすこし覚えている、「鳩ぽっぽ」をひと節だけ歌える、という程度の情報だった。もうだめかなあという気分と、歌好きな昔の日本人が歌を伝えなかったわけはないという気持ちがせめぎあって、歌探しをなかなかあきらめられなかった。

九九年の夏も収穫は同じだった。でも、イサオ・フジモト氏から貴重な情報を得た。「浄土真宗の寺で、日本語や英語の仏教歌を歌っている」というのだ。二〇〇一年、学外研究員として職場を八カ月離れアメリカの寺を回る機会に恵まれた。そこで出会った新旧さまざまな讃仏歌が、はからずもアメリカにおける日本文化伝承の模様と、日本文化に対する日系アメリカ人の姿勢を示していることに気づいた。

二　讃仏歌の歴史

そもそも、讃仏歌とは何か。明治維新から四年たった一八七二年、廃仏毀釈の動きに危機を感じた本願寺は、キリスト教会組織や宗教教育についての調査団をヨーロッパに送った。この報告に基づいて七七年、本願寺は小学校から大学までの教育機関を創設し、寺では日曜学校が開かれるようになる。日曜学校には宗教教育用の歌が必要であった。そこで作られたのが讃仏歌である。「文部省唱歌」にならって「仏教唱歌」と呼ばれた。「唱歌」とは、西洋音楽を使った教育用の歌というくらいの意味であった。最初の文部省唱歌集が発行されたのは一八八一年、おそらく最初の仏教唱歌集である『通俗仏教唱歌集第壹編』が広島で発行されたのは一九〇三年であった。

『通俗仏教唱歌集　第壹編』に収められた歌は当時の儒教道徳と真宗の教義を合わせて表現し、文語調の俗歌を思わせる語彙運びになっている。新体詩の影響を受けた後の仏教唱歌やキリスト教会の讃美歌の翻訳詩とは異なり、現代の私たちが読むと非常に古くさくわかりにくい。しかし、「そは君の恩、父母の恩。佛の恩と衆生恩。これに報ゆる人こそは。眞の人と申すなり」というような説教調がむしろ、明治の人々の感性には強く訴える力を持っていたとみられ、これらの歌が当時の一般信者に広く歌われ愛されていたという記録がある（牧ノ段光代『リリコイの里』「序文」一九六七年、四八頁。牧ノ段光

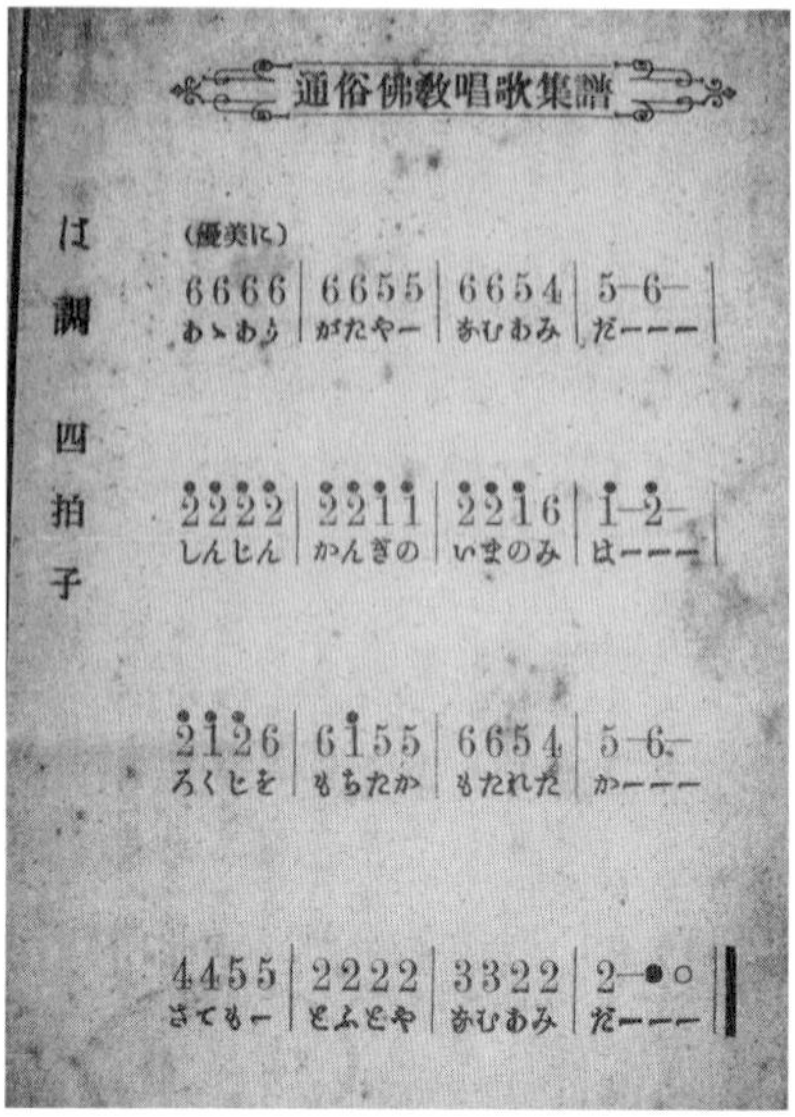

広島で出版された『通俗仏教唱歌集』

代は、ハワイの日系一世）。『通俗仏教唱歌集』の訓示的な歌の一部は一九七〇年代に至るまでハワイで伝承されており、これについてはハワイの章で述べる。

一方、現代の日本および日系人讃仏歌の伝統を作ったものは何かと探るとき、それは明らかに『通俗仏教唱歌集』ではなく、一九一二年初版の『聖典』に収められた二六曲の讃仏歌であった。もともと日曜礼拝用に準備された『聖典』はその後何度も改定され、聖書を思わせる黒い表紙の本として定着していく。『聖典』に収められた二六曲は、『通俗仏教唱歌集』の歌のように神と仏を混交してあがめたり仏の慈悲が及ぶ領域と天皇の治める国家とを区別なく「国」と呼んだりするようなことはせず、世俗的および民間信仰的な表現を含まない。浄土真宗の教えをなるべく正確に、わかりやすく伝えようと努力しているのがわかるし、仏教文学に通じるイメージを使った歌詞はしばしば美しい。「迷いの海に沈む身も、教えの船に法《のり》の師の、導くままに漕ぎゆけば、悟りの岸にいたりなん」と歌う「三寶《さんぽう》の恩」は、日本はもとよりアメリカにおいて現在でも愛されている歌のひとつである。和歌と共通する文学的感性によって書かれた『聖典』の讃仏歌には、現代の日系人が翻訳を通して理解しても感動できるものがあるのだ。

初期の讃仏歌としてもう一種類注目すべき創作であったのは、一九二四年にハワイで編纂された英語讃仏歌である。『必携書（ヴァデ・メクム）』というタイトルの英語仏教聖典に載っている。これは当時本派本願寺ハワイ教団の僧正であった今村恵猛の努力の結果、イギリス人僧侶アーネスト・真覚・ハントを中心に作られた最初の超宗派的な英語仏教聖典である。英語圏における仏教の理解と普及を目指し、讃仏歌はすべて新たな創作で実に一三八曲を収めている。歌詞の四七作はアーネスト・ハントの妻ドロシー・ハントが、五一作はA・R・ゾーンが作詞している。

彼らはキリスト教に基礎を置く宗教的な英語の語彙を使って仏教の教えを伝えなければならなかったため、歌の中に仏教の教えに反することが表現されているわけではないが、イメージがキリスト教的であるとの印象はいなめない。「おお、仏陀よ。祝福された主よ」（原文英語。翻訳は筆者。以下同様）というような一神教的な賛美や、若い信者を「仏陀の軍隊」「仏陀の真の兵士」と呼ぶような戦闘的なイメージは、少なくとも日本の仏教徒には強い違和感を与える。戦後日系仏教信者の大半が英語使用者になったとき、最初の英語讃仏歌の持つキリスト教的雰囲気への批判として、新たな英語讃仏歌創作の動きが起こったのは当然のことであった。その結果、『必携書』に収められた一三八曲のうち今でも歌われているのはごく少数である。

最後に記しておきたいのは、アメリカで歌われた子供向けの讃仏歌（日本語）である。小谷徳水は一九一七年に『らいさん』という歌集を編纂、出版した。唱歌風のやさしい歌詞で三〇曲を収めている。西洋音符で楽譜を収めた本で、楽譜が日本の印刷屋では扱えなかったためであろう、初版はホノルルで発行されている。「きれいなお日様、西に入る。かがやく雲のあちらには、あみだにょらいのお浄土が、あるといふことききました」というように、語彙もイメージもやわらかい。この歌集もアメリカで使用されていたらしく、ロサンゼルスの日系人博物館に保管されている。

三　子供の英語聖歌

先に讃仏歌の歴史を述べたけれども、私の歌探し旅は、古い讃仏歌集から始まったのではなかった。私が最初に会いに行ったのは日系二世のジェイン・イマムラであった。彼女は、太平洋戦争中の苦難を経て組織された米国仏教団北米開教区の英語部会（一九五〇年発足）における中心的人物である。合唱団を組織指導し、同時に子供用の英語聖歌を創作した。イマムラは先に言及した今村恵猛の長子、寛猛の妻で、戦争中強制収容所に移動させられていた期間をのぞけば、一九四一年から五八年までずっとカリフォルニア・バークレー教会の世話をしていた。音楽に優れた彼女は、やはり二世で開教師の妻であったユミ・ホウジョウやチズコ・イワナガとバークレーの学生であったキミ・ヨネムラ（ヒサツネ）を誘い、新たな二十数曲を創作または編曲した上で三七曲の子供用英語聖歌を『仏教日曜学校聖歌集』に収めた。この歌集は一九四九年に初版された後長い間版を重ね、その後の英語聖歌に大きな影響を与えた。

このときから英語の仏教歌は、正しくは「仏教讃美歌」と訳されるべき「ブディスト・ヒム」という呼び名ではなく、サンクスリット語で「ガーサ」すなわち「聖歌」と呼ばれるようになる。「ガーサ」とは、経典の韻文部分をさすそうだが、仏教詩や仏教歌の意味で広く使われている用語である。

二〇〇一年の八月に私がイマムラをバークレーに訪れたとき、彼女は聖歌創作のひとつの動機が『必携書』の英語歌に対する批判にあることを、次のように語った。

白人がハワイで書いた曲はみんな、キリスト教の感じがするのですね。それで、ミニスター（開教師）のワイフが三人集まって、みんなミュージック・メイジャー（音楽学専攻）でしたから、みんなで作ったんです。イングリッシュのガーサで、静かなのを。いきりたつようなのはやめてね。キリストは、立って、上向いて死んだんですよ。垂直なのね、向きが。それで、クリスチャンの歌は、いきりたつような……。でも、仏教は静かですね。お釈迦様は横になって、年とるまで生きて、亡くなられたでしょ。水平ですよ。仏教は、神様が上にいるキリスト教とは違います。（原文日本語）

イマムラが指摘するように、水平な視線や静けさや生死に対して争わない自然な受容態度は、日本の仏教歌に特徴的である。

イマムラは音楽家であったから、ハワイでできた讃仏歌のメロディについて違和感を持ったのだったが、作詞を担当したユミ・ホウジョウとキミ・ヨネムラ・ヒサツネの二人は、同様の違和感を歌詞について抱いていた。そして、ホウジョウの説明によれば、彼女たちが歌を通してアメリカの子供たちに伝えたかったのは、「日本語学校で習った唱歌や童謡が表現しているような生きることへの純粋な喜びで、その喜びの根源にある阿弥陀の慈悲

日曜学校用の子ども向け仏教聖歌集

に対する深い感謝」であったという(二〇〇一年一一月九日、サンホゼでのインタビューより)。

日本語学校で、ホウジョウがどんな歌を習ったのかはわからないが、二〇〇一年に彼女が部分的にでも覚えていたのは「うさぎと亀」「鳩ぽっぽ」の二曲であった。大事なのは、日本の唱歌や童謡が「生きることへの純粋な喜び」を表現しているかどうかの文学的吟味ではなくて、幼い日の彼女が日本の歌を歌ってそうした喜びを感じたという事実だろう。そしてその喜びの記憶を、信仰の喜びと結びつけた点も重要である。

喜びは、たとえば「うれしいな、うれしいな、うれしいな。遊んでいるの、うれしいな。うれしいな、うれしいな、うれしいな。仏さまがいっしょなの」(原文英語)(「仏さまは私とともに」)と表される。感謝は、「おもちゃをくださり、ありがとうございます、仏さま。男の子も女の子も、おもちゃで楽しくあそびます」(原文英語)(「仏さま、ありがとうございます」)と表される。こうした歌は神の超越的な栄光をたたえるキリスト教讃美歌とは対照的に、自分の生活そのものが仏の現れであるという感覚を示している。

四　子供聖歌への批判

上述の新しい英語聖歌は、日系二世の作品であった。彼女たちは、太平洋戦争中の強制移動と財産の没収という受難を経てアメリカ社会にアメリカ人としての平等な地位の確立を訴えつつ、日系人としてのアイデンティティを確認する表現を模索した。そのとき問題であったのは、西洋文化と日本文化の接点をどこに見つけ、自分の文化背景をアメリカの多数者に理解可能な形でどのように提示するかということであった。彼女たちからすれば、一世である両親の文化はアメリカ社会から遠くかけ離れていたのである。しかし、日本文化を知らないアメリカ人にも容易にわかる表現を選ぶという努力の成果は、三世以降の仏教徒には、キリスト教的な表現にすり寄ったあいまいなものと受け取られてしまった。たとえば、ヒサツネの作詞した「仏さまが（あなたを）愛してくださる」"Buddha Loves You"は、キリスト教会で良く知られた日曜学校歌「イエス様が（私を）愛してくださる」"Jesus Loves Me"の真似に過ぎないと批判を浴びた。歌詞はどちらも他愛ないかわいらしいものだ。

お飛びよ、小鳥さん、お飛びよ。仏さまが愛してくださるよ、小鳥さん。
ちい、ちい、ちい。ちい、ちい、ちい、ちい、ちい。
（「仏さまが（あなたを）愛してくださる」原文英語）

イエス様が私を愛してくださる。わかっています。
聖書がそう教えています。
（「イエス様が（私を）愛してくださる」原文英語）

「単なる真似である」という批判に対してヒサツネは、仏教とキリスト教の本質的違いを指摘して反論した。ヒサツネによればこのキリスト教歌は、イエスが歌い手の子供も含めてなにびとをも愛しているという聖書の教えを、子供に知らせようとしている。その子はさびしがっているか、何かがうまくいかなくて悲しんでいて、神を通して自分が救われることが大切なのである。つまり、関心は自分に集中している。一方ヒサツネの書いた仏教歌では、仏陀が愛するのは人間に限らない。小鳥に始まって子犬、猫、魚と歌詞は移って行き、万物が仏陀の慈悲と智恵の一部であることを伝えているという。ヒサツネの反論は鮮やかであった。しかし一方で、「ブッダ　ラヴズ　ユー」と「ジーザス　ラヴズ　ミー」という二つのフレーズが似ていることは確かであり、キリスト教社会であるアメリカで生まれ育った三世以降の人々が、このフレーズにキリスト教歌の二番煎じを感じてしまうのも、やむをえないことではあるだろう。なにしろ「ジーザス　ラヴズ　ミー」（「イエス様が（私を）愛してくださる」）は、あまりにも良く知られた歌なのだ。

表現に関する批判は、他にもあった。「仏さま」を「ロード・ブッダ」と表記したのはそのうちのひとつだ。「ロード」は聖書に頻繁に出てくる単語で、日本では普通「主《しゅ》」と訳され、神を表す。それがあまりにも明瞭に聖書の「神」を指示する単語であるために、最近作られた英語仏教歌ではもはや「ロード・ブッダ」という表現はまったく使われない。しかし『必携書』の中では、仏陀は単に「ロード（主）」と呼ばれることもあった。つまり最初の英語の讃仏歌では、仏を神になぞらえて訳していたのである。したがって四九年の英語聖歌にある「ロード・ブッダ」は単なる「主《ロード》」と区別されたという点で、それなりの変革を示しているというべきである。

「ラヴ」（愛）という言葉もキリスト教の概念と区別がつきがたいため、今では「コンパッション」（慈悲）が使われるようになった。語彙に関して最も象徴的なのは、一九四四年に設立されたアメリカ仏教教会が寺を「チャーチ」（教会）と呼んでいることである。設立当時、太平洋戦争中のアメリカの状況を考えてみると、この呼称は日系仏教徒が迫害を避けて組織的な活動をするために必要な対応だったと思われる。「テンプル」（寺）には別世界の異様な空間を思わせるニュアンスが含まれてしまう（四〇年代当時）ので、仏教会組織が社会から排斥される原因になりかねなかったからだ。それに、アメリカの寺はコミュニティ活動の拠点でもあり、日本の寺よりはキリスト教会のあり方に近い存在的意義を有しているから、「チャーチ」(教会)と呼ぶのにもそれなりの道理がある。しかしこの呼称も今では議論の的であり、三世以降の人には「テンプル」(寺)と呼ぶのが正しいと思う人は少なくない。

四九年の子供英語聖歌に話を戻そう。作詞者たちの言葉の選び方がキリスト教の表現にすり寄っていると批判するのはたやすいし、より的確な表現を求めて批判は続けられるべきであろう。しかし強調すべきなのは、この作詞者たちは、仏教の本質を曲げずに仏教をアメリカの風土になじませようと努力したのであり、四九年の子供英語聖歌を通過しなければ英語による仏教歌の次の動きは生まれなかった、ということだ。

五　キリスト教徒出身者の仏教聖歌

イマムラらの音楽部会が英語聖歌を時代に合わせて整理してから四〇年後の一九八九年、特別音楽委員会が設置され仏教音楽についてアンケートをとった。アンケートの内容は、従来の聖典に収められている聖歌をどう思うかといった内容で、前述したようなキリスト教の雰囲気に対する批判が明らかになった。委員会は、北米での英語聖歌の刷新を試みるために創作曲(歌)を募集した。応募があった創作曲のうち、リンダ・カストロの作品はまさに新たな時代を記している。

彼女が発表している六曲のひとつ「特別な場所」は、日曜学校に来た子供の気持ちを代弁しようとしたものだ。寺の座布団の上は「特別な場所」だと歌う。

床の上に四角い場所があります。海の中の小島です。
毎週わたしはここに来ます。わたしのための大事な場所。
この四角に座るとき、わたしは心配を外へおいてきます。
怒りも忘れます。仏の教えが導き手です。（原文英語）

この歌でカストロは日常の煩悩を海に、仏の教えを海の中の小島にたとえ、その危険と安心の対照を外の世界と寺の中の自分の座布団として詩に設定した。煩悩の海とそこに浮かぶ一見たよりなげな救いの乗り物という比喩は、親鸞の和讃にも見出すことができる。「生死の苦海ほとりなし　ひさしくしずめるわれらをば　弥陀弘誓のふねのみぞ　のせてかならずわたしける」。
座布団の上の歌い手は、阿弥陀如来像を目にして阿弥陀と自我との一体感を得る。すると関心は外に広がり始め、寺の外の世界で再び始まる新たな一週間に思いを寄せようとする。

お寺には、微笑したお顔の阿弥陀様がおられます。
わたしもほほえみをお返しします。この特別な場所にいて幸せですと。
さあ、座って考えましょう、わたしに何ができるかを。
これからの一週間、私の周りの人々のために。（原文英語）

不安や怒りを経て保護された感覚へ至り、そこで自分が阿弥陀のうちにあることを感じると、安定した自我は他者のために何ができるかを考え始める。この、孤独感から世界との一体感へという本質的に宗教的な心の動きが、カストロの詩の特質である。

カストロは、詩を身近な場面に設定しながらイメージを経典や和讃から得ていると先に述べた。『必携書』の詩は荘厳ではあっても身近さはなかったし、聖書を基盤にした比喩を用いていた。四九年の子供英語聖歌では、仏教を抱《いだ》くということが生活するということにあまりにも近かった。イマムラをはじめとして聖職者を父に持つ四人の二世作者たちは、一世の親が、起きて合掌し食して合掌し、日常生活に感じるもろもろの感謝と阿弥陀の慈悲への感謝とを区別せずに生きる様を見ながら、信仰の何かを体験的に理解している。だから、カストロのように寺に入っていったん外界との関係を断ち切ってから阿弥陀の微笑に出会うというプロセスは基本的には必要ないし、仏典の表現を内在化してからそれが自らの宗教体験のメタファーになるということがあまりない。仏の教えと父母の教えがともすれば同一化し、詩のモチーフは生活の中に求められることが多い。一方、カストロの詩には孤独を通して宗教に出会った人間が経験する、一体から普遍へと動く心のドラマが隠されている。アメリカにおける聖歌は、ここにいたって日本的な生活宗教としての仏教色を脱したといえる。

リンダ・カストロはカトリック教徒の白人家庭に生まれ育った。やはり白人の夫ドナルド・カストロが浄土真宗の開教師であったために、仏教について学び、寺を生活の場とすることになった。こうした背景があってのことだろう、彼女は、外国人が日本仏教の土壌に入り込む状況を歌にしている。部外者であることや言語的な差異を越えて仏教の教えを知り、その教えを通して日本（日系）人、ひいては全世界との同一感に至るのが歌のテーマである。このテーマの歌でカストロが取り上げているのが、中国から命がけで渡来して日本に仏教伝道した鑑真僧正である。

その方は、まことの種をまくために旅された。
恐ろしい目にあいながらも、わが身のことなど顧みず。
（中略）
外国でもかまわない。知らぬ言語も、語る思いはひとつだろう。
みな、同じ母を持つ兄弟なのだ。みな、慈しみが必要なのだ。
近づいて一緒になればわかる、すべての命はひとつなのだと。（原文英語）

二〇〇一年一一月一〇日シアトル別院創立百周年慶讃法要において、リンダ・カストロ作詞作曲の「鑑真」が合唱された。それを受けて別院の輪番であるドナルド・カストロは挨拶の中で、一世を鑑真にたとえ、北米に仏教を伝え広めた功績をたたえた。ドナルド・カストロの視線は、「かの地（日本）から仏教がやってきた」というアメリカを主体にしたものであった。その立場は、かつて日本人が鑑真を受け入れたときの「かの地（中国）から仏教がやってきた」というまなざしと同じなのだ。

リンダ・カストロの作品は、人は仏教徒に生まれてくるのではなくて仏教の教えを自ら知るのだということと、彼ら彼女らの仏教活動の主体的場所はアメリカであるということを明確に表現した、新しい時代の歌である。

六　日本文化と信仰の本質を見つめて

カストロは、部外者として浄土真宗の宗教的環境に同一化していくことに意識的である。一方、三世以降の日系人仏教徒は、自分のアイデンティティ確立と並行させて自らの宗教環境を吟味精査し、ときには日本を意識した新たな宗教文化環境を創作していく。聖書のように黒いハードカバーだった聖典は、一九九四年の新版では日本で高貴な色とされる紫色の表紙に変わり、本願寺派の紋章である「九条下がり藤」の模様が金で押してある。聖歌も英語と日本語の歌をほぼ半分ずつ載せてある。日本語の歌にはローマ字でフリガナがつけてあり、日本語のできない人々でも日本語で歌えるようになっている。浄土真宗の歴史や作法、伝統を説明する頁も加わった。これらの変化は、自分たちの信仰のルーツが日本にあるのだということを明確に示す意志の現れである。

ロサンゼルス市の洗心寺では、統一聖典よりさらに信仰の出どころにこだわった聖典を作っている。『洗心寺』という名のこの本は、ローマ字の振り仮名をつけた経典抜粋や偈《げ》も載せており、編者である開教師マサオ・コダニの思想を反映している。すなわち、仏教歌は西洋音楽の歌のみをさすのではなく、むしろ読経や偈《げ》こそが仏教歌であり、ことばの意味はもとより誦すことそのものが宗教行為なのだ、という考えである。したがって洗心寺では、日曜礼拝のときに信者が皆で読経し偈を歌う。西洋音楽による讃仏歌の合唱よりも読経を選ぶところに、宗教の理解と活動の展開を仏教文化の本質に求めていこうとするコダニの姿勢が明らかである。

コダニの思想においてワンネス「ひとつであること」は中心的な役割を果たしている。

読経は悟りの音なのです。声がね。よく聞いてみると読経の声には決まった音の高さがないのです。各自が自分のピッチで声を出す。隣の人間に合わせるということがない。そこで音が厚く重層します。だから読経の音は深いのです。汽車みたいにね。止めることができない。巨大な音が動いていく。でも、注意深く聴くと、それが個々人の声の集合であるとわかる。それぞれの声がはっきりわかる。ということは、読経が下手な人というのはいないわけです。だからね、読経は本当に、「ひとつであること」を声で表す行為なんですよ。（中略）仏教で「ひとつであること」は、個々が「そのまま」だということなのです。誰も同調しない。しかしみんながいっしょである。読経はそれを声で表しているんです。（原文英語）

個々がありのまま存在することを認め、みんなの声がコントロールされることなくひとつの集合体となって動いていくというのが、読経に関するコダニの感覚と解釈である。これは理想的民主主義の提示であり、多民族多宗教国家でありながら主要民族主要宗教に属する者でなければ生きにくいアメリカという国に対する間接的批判なのではないか。仏教がこの理想を提示できるがゆえに、アメリカにおいて仏教は特に存在価値を持つ。わたしは彼の思想の基本に、アメリカ社会に生きる日系人としての強いアイデンティティを見る。

「ひとつであること」の思想に基づいて、コダニは洗心寺の信者とともに日本の伝統音楽を通した活動を積極的に行っている。現在北米を中心に流行している太鼓は、六〇年代に洗心寺の有志が寺の太鼓で練習し始めたのがきっかけとなっている。太鼓以外にも、雅楽や舞楽の活動がある。二〇〇一年八月には、洗心寺の雅楽グループがアメリカ先住民のナバホ保留地で演奏した。数年かかった気の長い交渉の後、アリゾナ州のモス・ケイヴと呼ばれる先住民の聖地で実現したその演奏は、外部の観客を招かない宗教的儀式として行われた。雅楽と舞楽の奉納、ナバホ族の舞踏、太鼓の奉納というように、音楽と踊りを通した異文化異宗教の融合的儀式であった。

「ひとつであること」の根本は、もちろん仏と万物がひとつでありその中で自我が消滅する涅槃を意味する。無我にあっては自他の区別はない。コダニによれば、盆踊りもまた「ひとつであること」が実現するきっかけとなる。周知のように日系人の盆踊りはコミュニティーの娯楽であるのみならず大規模な名物行事ともなっていて、普通は日本文化の継承と発展という受け止め方をされる。しかし洗心寺の場合、それは無我に至るきっかけとみなされている。この点は、洗心寺がオリジナルで創作した「唯踊《ゆいよう》」という題の盆踊り歌に読み取れる。この歌は最初の掛け声だけが日本語で、「うれしいかい。悲しいかい。結構、結構、南無阿弥陀仏、ただ踊れ」とけしかける。無我を求めているとさえ思わずにただ踊ればいいのである。

読経、太鼓、舞楽、雅楽、盆踊りなどの文化活動を進めるコダニの姿勢は、日系三世としてのアイデンティティをもとにアメリカ社会に働きかけるものだといえるだろう。一方で、日本の伝統にこだわる姿勢を単なる日本回帰と捕らえ、浄土真宗のアメリカにおける発展の妨げと考える人々もいないわけではない。日本を知らなければ浄土真宗の本質はわからないという印象を受けてしまうからだ。日本語を読めない人々がローマ字読みで読経するより、身近な現代音楽にのせた英語の歌詞で信仰を歌ったほうがよほどいい、という考えも当然ある。

この批判は、かつてヒサツネの歌「仏さまが愛してくださる」が批判されたのと同じ構図のもとにある。ヒサツネの歌はキリスト教歌の真似にすぎないと言われ、コダニの活動は日本文化の一方的な受容だという見方である。いずれも主体性の薄さを批判しようとする。そしてヒサツネの場合が、仏教の教義を見極めた上での作詞でありそれが見落とされていたように、コダニの場合もまた、仏教の原点に立ち返りつつ活動していることに批判者の理解は及んでいない。コダニには、太鼓や雅楽などの音楽は個を認めながら「ひとつであること」を目指す仏教思想の表現だという考えがある。それらの音楽が日本のものだからではなく、日本の芸術が仏教思想を基盤に成立発展してきているから選ぶのである。読経については、音を重視するから日本語のまま読むのであって、日本語で読むのが正当で伝統的だからそうするわけではない。意味がわからないほうが、むしろ無我を達成しやすい、ともコダニは語っている。コダニの活動は日本文化を用いた新たな創造の試みである。異言語、異民族、異種の宗教文化における異質性が無化する状態を作り出そうとしているのだ。

七　仏教の本質に立ち返り

仏教徒の日本人がアメリカで生活し始めた一九世紀末から今日まで、仏教会組織も人々の信仰に対する考え方も、仏教の生活とのかかわりも、それぞれ大きな変化を遂げた。それをよく表しているのが仏教歌の誕生と変遷である。仏教歌の変化は日本の西洋化と関連しつつ動き、日系人を取り巻くさまざまな外圧から深く影響を受けた。もまれて大きな揺れを見せてきたアメリカ仏教歌ではあるが、変化に原則が見出せる。その原則とは、キリスト教のアナロジーとして仏教を提示するのではなく、少数者の宗教である仏教に理解を得るためむしろこの宗教の本質に立ち返ろうとすることだ。また、少数民族である自分のアイデンティティを仏教徒であることに求め、主体的な文化の創造を試みることでもある。これらの原則に従って、今後アメリカの仏教聖歌はますます独自の方向を歩んでゆくだろう。その歩みには、常に日本の宗教や文化のあり方に対する批判と検討が隠れている。日本の仏教が自らの本質を見失おうとするとき、または伝統文化が生活に根ざすよりどころや思想的背景を失うとき、日本人はアメリカの仏教聖歌の動きに学ぶ機会を得られると私は思っている。

なお、本文で言及した聖典、讃仏歌集は左記の通り。

細馬卓雄編『通俗佛教唱歌集　第壹編』広島、洗心書房、一九〇三年

Hunt, E. H. ed. Hilo, *Vade Mecum, A Book Containing an Order of Ceremonies for Use in Buddhist Temples*. Hawaii: The Honpa Hongwanji Buddhist Mission, 1924.

小谷徳水編『らいさん』京都、法蔵館、一九二五年、初版はホノルル、一九一八年

The Buddhist Churches of America, Sunday School Department. *Buddhist Sunday School Gathas*. 1949.

Castro, Linda. *Six Songs for Buddhist Children*. San Francisco: Buddhist Churches of America. 1990.

Buddhist Churches of America, Department of Buddhist Education, rev. and ed. *Shin Buddhist Service Book*. San Francisco: 1994.

Senshin Buddhist Temple, *Senshin Buddhist Temple*. 2001.

（本稿執筆にあたり、多くの方々にご協力いただきました。深く感謝申し上げます）

食文化にみる日系アメリカ人

山本剛郎

一　はじめに

経済的、宗教的、政治的等々その目的は多様ではあるが、アメリカにやって来た人たちは、ほぼ全員と言っていいくらい、来住目的を持っていた。無目的にやって来た人は皆無といえよう。当初の目的を達成すべく努力するなかで、彼らは、意識するしないに関わらず、また、直接的か間接的かの差はあるにしろ、何らかの貢献をホスト社会にしていることであろう。安価な労働力に甘んじる、多くの先発の移民集団が見向きもしない、しかし社会生活上必須の仕事をこなす、等々は、当事者の自覚はないものの、結果としてホスト社会に貢献している一例といえよう。

このような問題意識のもと、われわれは、日系アメリカ人がアメリカ社会においてどのような文化的役割を担っているか、彼らが果たしている文化的貢献とはどういうものか、を考察する。これを食文化の観点から分析するが、それは、アメリカ社会が、いま深刻な肥満社会にあるからである。食べるということは人間社会の基底にあり、調理法は文化そのものである。世界がグローバル化に向かっている今日、国境や人種を越えて互いに一番理解しやすいのが食文化である。おりしも二〇〇五年七月二〇日の朝日新聞は、「和食人口倍増計画」なる記事を報じている。それによれば、世界の和食人口（日本食を一年に一回以上食べる人）を官民の協力のもと、五年後に推計で現在の二倍の一二億人にしようという計画である。目標が達成されれば、フランス料理、中華料理に次ぐ世界料理の第三勢力になる。その鍵を握るのは生魚であるという。

これらを踏まえてまず、アメリカ社会の特質を三つの点から論じ、次いで、本題である日系アメリカ人や彼らの文化の、アメリカ社会への貢献の問題を、食文化に焦点をあてて考えよう。

二　アメリカ社会の特質

肥満社会アメリカ

アメリカでは成人三人に二人は肥満といわれている。疾病対策センターの調査は、一九六〇年から四〇年の間に成人男女の平均体重が約一〇キロ増加と報告、アメリカはいま深刻な肥満問題に直面している、と警鐘を鳴らしている。肥満の原因は消費量を大幅に上回るカロリーの摂取にあることは言をまたない。安価で高カロリーの食事を大量に提供するファースト・フード（以下ＦＦと略称する）が肥満増加の元凶であるという根拠もここにある。所得水準の低いマイノリティに肥満が多いことはこのＦＦ元凶論を勢いづかせている。子供についても同様に、アメリカ小児科学会が、四―一九歳の子供の三分の一近くが毎日ＦＦを食べると報じ、ＦＦの消費は子供の肥満の拡がりと関連が強いと警告を発している。

このようにFFの摂取量は体重と相関していることから、肥満をFF業者の責任、と主張する訴訟が起こされたこともあるが、二〇〇四年三月、下院は肥満訴訟を禁止する法案を可決している（中国新聞、朝刊二〇〇五年一月三一日）。

FFの摂取は、個人の嗜好問題とはいえ、今後ますます社会問題化していくことは間違いなかろう。われわれが無関心ではいられない所以である。

マクドナルド化された社会アメリカ

このFFに関し、G・リッツアたち（参考文献①）は肥満とは別の観点からマクドナルド化という概念を提唱し、大要次のように述べている。狭義にはマクドナルド化とは、マクドナルド社の世界的拡大と、類似の他の外食レストランがマクドナルド社の方式を採用することとを意味する。広義にはFFレストラン諸原理が、アメリカ社会のみならず世界の多くの国々において、生産・生活の両分野で優勢を占めるようになる過程をいう。いずれの場合であれ、その原理は次の四つから成る。

①効率化：目的を達成するために最適の手段を追求する。
②予測可能性：時間・空間を超えて、一定の予想した、画一化・均一化されたものがいつも安定した状態で提供される。
③計量可能性：量が明確であって、どの程度出てくるか計算できる。
④脱技術化：人間の個人的な資質や能力の違いによる不確定性を出来るだけなくし、機械的に正確な制御によってものごとがなされる。

以上の諸原理は、消費者に一つの型を押しつけるという点で、結果的に彼らの意識と行動を変えていくことになる。と同時に、従業員の意識と行動をも、例えばマニュアル化などを通して、変えていくことにもなる、といえる。他方、上のような過度の合理化は、人間固有の創造性や想像性を奪っていくという「合理性の非合理性」を結果すると指摘されてもいる。これはFF原理の落とし穴であろう。スローフードが叫ばれる所以である。

以上を狭義のFFに当てはめてみると次のようになろう。超多忙のサラリーマン諸氏は、短い昼食時間内に効率よく空腹を満たすべく、待たずに食べることの出来るFFのレストランのチェーン店を選ぶ。チェーン店である限り、どこの店に行っても、あるメニューを選べば、いつもこういうものがこの程度提供されるということが計算できる（分かっている）からであり、味や値段も予想がつくからである。調理人の能力差や個人差が出ないように調理法がマニュアル化・機械化され、正確にコントロールされているからでもある。しかし、効率よく、安価で高カロリーなこの食事を毎日続けると、先に見たように栄養過多、運動不足から来る肥満症に罹るというわけである。合理的な行動の結果、病気という非合理性がもたらされるというパラドックスがここに見て取れる。

「ポットラック」社会アメリカ

アメリカでポットラックあるいはポットラック・ディナーという言葉をよく耳にする。これは、人々が、互いに皆で共有して食べるべく食料を持ち寄って参集するパーティのことである。このポットラックに多くの人が持参する料理は、それぞれが作るのを得意とする、好物である、簡便に出来る、あるいは珍しいもので出席者に是非食べさせてみたいと思う――たとえば、郷土料理、エスニック料理――、そういうものである。他方、出席者には、どんな料理に出会えるかという期待があるかもしれない。大げさに言えば、そこは、いわば、食文化の出会いの場である。

本稿ではこのポットラックを、移民の国アメリカ社会を象徴する用語と解する。つまり、この用語を、アメリカ社会に各移民が持ち込んだ多様な文化が、反撥・葛藤・接触・模倣・交流する相互作用の過程・あり方を示すものと考える。すなわち、各自の出自やエスニック文化を背負ってアメリカにやってきた人たちは、アメリカにおいて他国や他文化出身者と出会うなかで、互いの文化を融合・変容させながら、アメリカ文化を、アメリカ的な生活様式や行動のパターンを、時間をかけて創りあげてきた。そうしたなかで、ひとつの統合された文化にまで高められたものもあれば、モザイク的に並列状に位置づけられているものもある。エスニック集団においてのみ維持されているものもあれば、エスニック集団からも見放されたものもあるだろう。それらはそのエスニック文化の中身（質的側面）によって、また、そのエスニック文化を持ち込んだ集団の質・量のあり方によって、変わってこよう。

まとめ

さて、以上のような特徴を持つアメリカ社会に対して、日系アメリカ人は食に関するどのような固有の文化を花開かそうとしているのであろうか、また、彼らがアメリカ社会に持ち込んだ文化に対しホスト社会の人々はどのような反応を示しているのであろうか。それは、日系アメリカ人のホスト社会に対する貢献とはどのようなものなのかを問うことであり、ひいては、農業、食産業に関わる日系アメリカ人・日系企業の挑戦、を考えることでもあろう。以下、先ず日系アメリカ人の貢献を農業の観点から概観し、次いで食文化の源である米について触れ、最後に日系企業の食産業への取り組みを見よう。

三　日系アメリカ人と農業

農業方面での日系アメリカ人の活躍、したがって彼らのアメリカ社会への貢献については語るべき多くのことがあるが、紙幅の関係上それらは別の機会に譲り、ここでは以下の指摘に留めておきたい。

数値で見る日系アメリカ人農業

カリフォルニア州において日系アメリカ人の農業が隆盛期に入ったといわれる一九二四年頃の状況を数値で押えてみよう。州全体の生産額に占める日系アメリカ人の生産額比率（ドル換算）を作物別にまとめると以下の通りである。外国人土地法の実施など排日の空気のきわめて強いなか、作物によってバラツキはあるものの日系アメリカ人の奮闘ぶりが見て取れる（参考文献⑤一一七―一二〇頁。比率の換算は筆者による。一九三九年の資料についても同じ）。

ブドウ15・9%　果樹6・6%　野菜33・5%　アスパラガス53・2%　バレイショ22・2%　トマト4%　タマネギ85・9%　イチゴ類81・3%　米16・8%

こうした傾向はその後も続く。一五年を経た一九三九年の活躍ぶりは次の通りである。右は生産額を基にした比率であるが、今回は耕作面積に基づいて算出されている。地域もカリフォルニア州全体に加えて、州を南北に分割して集計されている。すなわち、全耕作面積に占める日系アメリカ人の耕作面積比率は以下の通りである。

（北カリフォルニア）

イチゴ97％　タマネギ82％　セロリ59％　アスパラガス45％　ジャガイモ36％強　青物25％強　トマト21％　ビー20％　レタス17％

（南カリフォルニア）

青物97％強　カリフラワー96％　イチゴ類93％　セロリ92％　トマト83％　マクワウリその他のメロン類51％である。

（南北カリフォルニア）

果実類約15％

これらより、日系アメリカ人の発展ぶりを垣間見ることが出来るといえよう。これらの数値を額面通りには受け取れないにしても、ここで言い得ることは、これらの数値は日系アメリカ人の努力・勤勉のなせる業であり、彼らによる、州内はもちろん州外への食材の提供には目を見張るものがある、ということである。彼らの存在なしにはカリフォルニア農業は、ひいてはアメリカ人の食生活はあり得ない、ということであろう。

米の王様　国府田敬三郎

「米の王様」といわれる国府田敬三郎は、明治一五（一八八二）年福島県生まれ。父は米問屋を営んでいた。地元の師範学校を出て二〇歳で小学校の訓導兼校長になったが、これは誰にでもできることではなく、国府田の非凡な一面を示すものだが、この職に甘んじる彼ではなかった。大志を抱く彼には渡米の夢があった。それは、一五、六歳頃にアメリカ帰りの宮城県人からアメリカの話を聞き、その人にもらったアメリカにおける成功者の立志伝を読んで深く感動する等々、きわめて早い時期から青雲の志を抱き広い世界で活躍しようとの堅い信念を持っていたからである。

彼が渡米したのは明治四一（一九〇八）年、当時は日米紳士協約によって、労働を目的とする渡米は禁止されていたので、米国の教育視察という名目で彼は渡航したのであった。当初は南カリフォルニアで缶詰事業を手がけ、そこで得た資金を基に北カリフォルニアに移り米作を始める。一九一九年―二〇年にかけてのことである。以後、米作に専念し、紆余曲折はあるものの艱難辛苦のなか宿望を果たし、第二次世界大戦前にすでに模範的な大農場を築き上げ、米耕作者として氏の名前は広く知られるようになる。

彼は米生産の革新者であった。それは、飛行機を使った種蒔きなどの新しい稲作技術・農業機械の開発・活用、近代的な米の乾燥機や精米機のもとでの農作業の統合、種蒔きから貯蔵までの徹底した品質管理などに象徴される。それらの延長線上に数々の育種開発があり、高品質の国宝ローズ米はその最たるものである。ある品種はアメリカにおける最高の日本米として食通をうならせ、別の品種は日本酒やワインとして、さらに別の品種は麹文化の源泉として味噌・醤油・酢に活用されている。

社会事業家としての国府田

「米の王様」としての顔に加えて、特筆すべきは、社会事業家としての卓越した手腕についてである。とりわけ、日系アメリカ人指導者としての氏の活躍は、戦後の混乱期に発揮された。それはこうである。

その一は、第二次世界大戦時、日系アメリカ人が強制収容されていたおり、カリフォルニア州議会が外国人土地法を改悪・修正したことに対して彼が、戦後指導した運動・行動についてである。州政府は「現在米国市民として土地を有する者も、過去において帰化不能外国人の投資または贈与によって土地を所有した者も、加州外国人土地法を犯した者として、州はこれを没収する」として、土地の没収にとりかかったのであった。当時、在米日本人一世は帰化不能外国人とみなされ、したがって彼らが土地を所有することは出来なかったが、彼らの子供であるアメリカ生まれの二世は米国憲法によって米国の市民権が与えられていたので、子供名義で土地を所有することは可能であった。これを今回、州政府は禁止・没収しようとしたわけである。

国府田は、農場を二人の息子に任せ、この悪法の撤回を求めて運動を展開する。そのため、彼は、民権擁護会を組織し、当時すでに訴訟に発展していた事件を援助し、法廷闘争をおこなう。加えて、そもそも外国人土地法は在米日本人を帰化不能外国人として差別することから生じる法律だから、最重要の根本問題は帰化権問題を解決することにあると考え、帰化権を獲得する運動にも乗り出すのであった。そのため、彼は、帰化権獲得連盟を結成し、先の民権擁護会と併せて二つの会の会長として法廷闘争と立法運動に奔走した。この運動は前後七年の歳月と多額（一〇〇万ドル）の費用を使って日系アメリカ人の勝利に終わる。外国人土地法は違憲となり、移民帰化法が成立、ここに一八八〇年代以降日系アメリカ人を疎外・差別してきた立法は廃棄・無効となり、法律上日系アメリカ人は他のアメリカ人同様の位置を与えられることになる。このように、同胞の地位向上は国府田の正義感と指導力の賜であった。

その二は第二次世界大戦後の混乱した故国日本の農村の前途を憂い、農村青年の渡米研修に支援を惜しまず、故国を一日も早く立ち直させるべく農業実習生渡米後援、短期農業労務者の招聘援助に尽くした点である。日本からの農業実習生のカリフォルニアへの受け入れは、二〇〇五年の今日まで継続しておこなわれている。また、第二次世界大戦直後、特別枠として多くの日本からの台風等々による被災民の受け入れにも尽力したことを指摘しておきたい（参考文献②）。

名もなき多くの日系アメリカ人の農業への真摯な取り組みの上に、そして、稲作技術を発展させ麹文化の開花に途を開いた国府田敬三郎らの努力の積み重ねの上に、アメリカにおける日系アメリカ人の今日の食文化が位置づけられる、と言えよう。

四　食文化を支えた企業と人々

共同貿易

「羅府《ロサンゼルス》の現状に鑑み其の将来を予測する時、人口二〇〇万の大都会となるは決して遠きにあらず。気候の適順と位置の優秀さと且つ無限の生産に富む大農園に包まれ更に到るところ無尽蔵に油田を有しおることは世界希に見る天恵なり。（中略）実に生気溌剌青春の都会として其の発展の著しきに吃驚せざるを得ず。（中略）吾人は時代の趨勢に鑑みる処あり、羅府市の発展に伴い其の大局と共に相推移するの必要を看取して茲に同業者一団となり共同貿易会社の設立を見るに至りたる次第なり」（参考文献③、七頁）。これは新しく事業を興す理想と情熱に燃え、ビジネスの可能性を謳い上げた共同貿易会社の設立趣意書の一節である。一九二六年のことであった。その目的は「当会社は小売商共同組織の株式会社として日米貿易に貢献し、組合員の利益を増進しまた会社の利益を計り、広く一般に営業することと」（定款第7条）にあり、また、株主は「北米合衆国に在る食料雑貨小売商を経営する者を以てする」（定款第三条）とある。つまり、この会社は南カリフォルニアの日系食品店の経営者によって、日本食の共同仕入れを目的に設立されたものであり、この会社が顧客・ターゲットとしたのは、アメリカ社会を念頭に置いてはいるものの、直接的には日系アメリカ人社会であった。それは、取り扱われた商品が故国日本を偲ばせる〝たくあん〟など一般に望郷食品と呼ばれる商品で占められていたことからも明かである。

その後、共同貿易会社は、経済の大恐慌、戦争、強制収容、そして戦後の混乱とうち続く荒波に翻弄されながらも、時代にマッチした組織に創り変えることによって、その事業を継続・発展させてきた。もっとも、その間、取り扱われる商品は創業当初とあまり変わるものではなかった。タケノコ・松茸・ウナギ・すき焼きの材料などの缶詰、漬け物、乾燥ものが主体で、ターゲットも依然日系アメリカ人社会であった。

変化が始まるのは、現社長である金井紀年がロサンゼルスで陣頭指揮を取りだした、一九六〇年代に入ってからのことである。以後、氏のリーダーシップのもと、同社は飛躍的な発展を遂げる。

共同貿易社長　金井紀年の持論

金井紀年は一九六四年、共同貿易の責任者として差配をはじめる。経営者として金井がアメリカでまず売ったものは、高級感のあるクッキー、ライスクラッカーとしての位置づけが可能な薄焼きせんべい、であった。それらはヒット商品になったが、そうであるが故に、直ぐに他業者が競って真似をし、安価な類似品が出回ることになる。それらが日本独自の食品でなかったからである。他の業者の追随を許さない商品の開発が急がれたが、それは日本独特の食品を製造・販売することに他ならない、これが金井の得た教訓であった。それは、日本食を日系アメリカ人はもとより、いわゆるアメリカ人一般に売ること、食を通して日本文化をアメリカ社会に普及させることを社命と心得ていた金井の持論と軌を一にするものであった。

日本食を広める突破口として編み出された結論は日本食レストランを増やすことだった。次のように考えたからである。いわゆるアメリカ人が日本食に接する機会は、食料品店に陳列されている日本食品というよりはむしろ、レストランで食する日本料理であろう、と。最初は誰かに誘われて連れて行かれた日本食レストランかもしれないが、やがては自分から足を運ぶことがあるだろう、そのうちに家族を伴って行くこともあり得ることである、子供の頃から日本食に馴染んでいると、大人になると今度は自分でも作ってみようと思うようになるにちがいない、と。これは、親から子供へ、子供から孫へと三代にわたる時間的経過のなかで、レストランでの日本食消費を家庭での日本料理づくりやその摂取に変身・普及させてゆこうという豊かな発想である。当時、日本人町にグロッサリーストアは四軒（四軒ほどしかなく）、そこで売られていたのは、のりなどの乾物、かまぼこなどの缶詰、そして漬け物や樽詰めの醤油くらいであった。日本食レストランは四、五軒だった、という。言うは易く行うは難しい状況にあった。

金井の決断・確信

そうしたなか、金井は、決断と勇気とを以てスシの販売に踏み切る。一九六〇年代の後半のことである。しかし、それは決して無謀なことではなかった。それは、スシという商品に加えて、スシにかかわる食材も一緒に提供・供給・調達すること、そうした食材を出来る限り地場で調達することなど、彼が以前から温めていた考えを行動に移すことに他ならなかったからである。この日に備えて以前から着々と手を打っていた、という方が正確かもしれない。いわゆる麹（醸造）文化に象徴される味噌、醤油、酢、酒などの現地での生産に向けて多くの合弁企業を設立、またはその計画をしていたこと、零下六五度の大型冷蔵庫に代表される新技術の導入・開発を怠らなかったこと、などはその最たるものといえよう。

このスシの導入という発想の裏にはある人との出会いがあったことも特筆に値する。先に、クッキーや薄焼きせんべいがヒット商品になったことに触れたが、これに貢献したのが販売顧問として活躍したユダヤ系アメリカ人であった。感謝の気持ちを込めてその人を東京に招待したところ、彼がそこで病みつきになったのが江戸前のスシであった。彼を通して「アメリカ人は生魚を食べない、したがってスシも」という先入観が覆されたのである。これは彼だけの特異なことではないという確証が得られるにつれ、スシ戦略に弾みがつく。

こうして、一九六五年頃からスシを主力に日本食の開発がアメリカ人を念頭に置いて展開される。それは、欧米中心のアメリカの食文化に対する挑戦であった。日本人町のレストランにスシ・バーを設ける、パフォーマンスの出来るスシ・カウンターを作り、そこで日本から呼び寄せられたコックが（日本から取り寄せた）スシネタを使ってアメリカ人がハッとするようなデモンストレーションをおこなう等等、こうして徐々に白人客が増えてくる。それとともに店も増えていく。それらと並行して、日本の食品メーカーとの合弁事業を軌道に乗せ、スシを始めとする多くの食材の現地生産が本格化する。こうして、（一九六八年に）スシは「いける」との確信を持つに至るが、それを確実にしたのが一九八〇年のテレビ映画『将軍』だと言われている。その頃までに祖国日本は、経済的に飛躍的な発展を遂げ、それまでの繊維産業や造船業に代わって、電化製品（テレビ、カメラ、ラジオ）、自動車を輸出する産業構造に変身していた。アメリカ社会の目が日本に向けられていた。そうしたなかでの『将軍』の放映はアメリカ人を日本に対する好奇心のとりこにした。一九六〇年代後半が第一次のスシ・ブームとすれば、第二次は、こうして、一九八〇年代にやって来たのであった。

最後にエピソードを一つ言い添えておこう。一九八五年、レーガン大統領も出席して開かれた共和党大会後のパーティで、オードブルにスシが振る舞われたことがあった。その場に居合わせたのは南カリフォルニアの上流人士であり、富裕層であることから、このとき金井は、ある確信を得た。スシは持続して流行る、しかも、高級料理としての地位を築いた、と。これ以降今日まで、二〇年にわたってスシを始めとする日本食ブームは順調に推移している（参考文献③、④）。

スシ・レストランとスシ職人養成学校

ロサンゼルスで発行されている広報・宣伝誌（『ライトハウス』三七二号、二〇〇四年七月一日号）にスシ職人を養成する学校の宣伝が載っている。それによると、学校設立の理由はこうである。「ロサンゼルス郡には九〇〇軒のスシ・レストランがあるが、日本人の経営はそのうち三割といわれている。魚に関して知識の浅い人がスシを握っているので、スシや魚についてチャンとした教育をしていかないことには、スシの将来性はない、スシが次世代に継承していかない」と考えたからである。一九九八年から学校をはじめ、これまでに送り出した卒業生は四〇〇名、彼らの就職率は九〇％、いまでは自分で店を持つ卒業生も少なくない。

学校のカリキュラムについていえば、二カ月が一コースで、受講生は前半の一カ月、煮る、焼く、蒸すから日本の調味料について学習し、後半の一カ月はスシに関して、しゃりの炊き方、魚の仕込み、刺身、ビジネスマネージメント、衛生管理までを習得する。朝八時から午後一時までみっちりと日本料理の調理法を通して、日本文化をも会得させようとしている。これがこの学校の特徴と言えようか。共同貿易もこうした取り組みに有形無形の応援をしている。

文化による意味の差

外見的には同じ一つのモノやコトが文化圏の違いによって異なる意味づけを与えられ、そのことによって異なる現実・状況が作り出されることがある。すなわち、あるモノがある文化圏から別の異なる文化圏にやってき（伝播され）、しかもそのモノが、そこ（異なる文化圏）で需要され、存続していく以上は、本来とは異なるその文化圏特有の存在理由が付与される、ということである。スシはこの好例であろう。コメ、スシはアメリカにおいても日本同様に、現象としては食べられてはいるが、その意味づけ・意味するものは両者で異なっている。

アメリカではスシは健康食品、ダイエット食品と見なされていることがこれであり、また、スシのベースとなっているコメはアメリカでは野菜感覚で捉えられているきらいがある。付け合わせという形でコメ（ライス）が皿に盛られていたり、サラダの中にライスが入っていることがあるからである。これが、スシの土着化（アメリカ化）ということであろう。

肥満の問題に象徴されるようにFFには批判はあるものの、今日、世界規模でマクドナルド化が進んでいる。忙しいアメリカ社会において、FFは一向に衰える気配はみせない。そうしたなか、スシは、肥満の元凶とされるFFに特有の肉料理とは異なる、野菜感覚で捉えられる魚料理として、健康食品として今日ほど意識（認識）されるべきときはないといえよう。マクドナルドからスシへの食生活の転換は、肥満からダイエットへの変身を意味し、アメリカ人の忙しいライフスタイルを変えてゆく食文化運動でもあろう。スシがスローフードとして位置づけられるかどうかの議論はおくとしても、スローフード運動とも連動して、安全、健康志向にたつスシが再認識されることを期待したい。

五　結びに代えて

日本食、あるいは日本食文化のアメリカ社会への普及・発展は、多くの人の下支えがあって始めて成し遂げられたものである。それは、偶然の結果ではなく、必然のなせる業といえよう。

先ず指摘されるべきは、日本食文化の材料――食材――の供給ということである。意識するしないに関わらず、日系アメリカ人のカリフォルニア農業への地味な努力・貢献が日本食ブームの根底にあることは言うまでもない。彼らは野菜、果樹など多方面で活躍したが、その代表例はコメである。それを基に多くの麹文化の花が開いた。味噌、酒、酢、醤油などの現地生産がこれである。品種改良に打ち込んだ国府田敬三郎の存在は大きい。

次に指摘すべきは、現地生産を手がけた人たち、日本食の普及・流通をビジネスとする人たちの存在である。組織としての共同貿易、そこで長年にわたって大胆な発想、揺るぎない信念、勇気ある行動力のもと組織を引っ張ってきた金井紀年社長はその最たるものであろう。単に日本食をアメリカ人に食べさせることが目的ではなく、食を通して日本文化をアメリカ社会に普及させること、スシという商品を単に売るだけでなく、それに加えて、スシにまつわる諸々の文化――作法、器、茶、食の哲学――を理解させることを、組織の使命と心得てのビジネス活動は、単なる経済活動に終わるものではなく、同時に文化活動でもあろう。こうしたことの積み重ねの上に今日の日本食文化の繁栄があると言えよう。

人はどういう要因によって食を選ぶのであろうか。ＦＦが選ばれるのは、早い、安い、うまい、店の雰囲気もよいことからであろう。これらにもう一つ大切な要素が加えられねばならない。それは、健康という視点であろう。それは、味覚、視覚に加えて脳に訴えることだという。肉、ミルク、バターから成る料理よりは魚、野菜、酢飯、ひいては豆腐から成る料理を選択しようという意思である。それが肥満社会を超える途であろう。共同貿易ではそばの普及に努めているという。次の十年が楽しみである。

日系アメリカ人のアメリカ社会に対する食文化を通して努力・貢献は続く。ここにこそポットラック社会の一員としての日系アメリカ人のおおきな存在意義がある。

（謝辞）超多忙のなか、インタビューに応じて下さった金井紀年共同貿易社長に記して謝意を表します。

（参考文献）

①丸山哲央、G・リッツア編著『マクドナルド化と日本』ミネルヴァ書房、二〇〇三年
②河村幽川編『国府田敬三郎伝』（発行者　エドワード・k・国府田、ロスパドス）浜通新聞印刷、一九六五年
③共同貿易株式会社『共同貿易株式会社七〇年史――日本の味を世界の人々に』一九九七年
④市川隆『正攻法の着想』三五館、一九九六年
⑤加藤新一『アメリカ移民百年史』時事通信社、一九六二年

日本語日系文学の推移と展望

野本一平

一　「移民文学」の興隆

太平洋戦争前のアメリカにおける初期日本人社会は、主として労働移民によって構成されていたので、「移民社会」と規定され、そこに発生した文芸活動は、「移民文学」ないし「移民地文芸」等の名のもとに呼ばれてきた。「移民文学」の呼称は、富山県からの移民の一人であった翁久允《おきなきゅういん》（一八八八―一九七四）によって提唱されたという。

戦前の北米の日本人移民社会は、シアトルを中心とした西北部と、サンフランシスコ周辺の北カリフォルニアに集中して構成されていた。移民船の寄港地が両都市だったことによる。

翁の「移民文学」の提唱は、主としてシアトルの邦字新聞等を利用してなされ、その文芸活動も邦字紙を舞台とした。彼の事蹟についてはすでに立命館大学の研究グループが精緻な論究をしているので、ここでは詳述しない。ともあれ、北アメリカにおける初期移民社会で、文芸活動の嚆矢は翁によって放たれた。

今日の国際間の驚異的な情報交換の流通時代からは想像しにくい孤立した世界が、アメリカの移民社会だった。母国からも隔たり、アメリカ社会にも容易に順応しなかった。

その社会でいとなまれた文芸活動の特色を挙げてみると、
一、文芸人の孤立と非土着化
二、発表の場としての邦字紙の主導
三、文芸人口の劣勢
とまとめることができる。

労働移民が大半以上を占める移民社会は、いわゆる「一旗《ひとはた》」組や、「出稼ぎ」移民が多く、土着を指向するものが少なかった。その中で、文筆活動にかかわったものは、いわゆる「識字階級」(新聞記者、留学生、日本学校教師、芸術家、僧侶、牧師等)で、移民社会のいわば少数派だった。その多くは、アメリカ体験を活用して故国でしかるべき地位を確保しようとした人たちであった。

たとえば翁につづいて、シアトルできわだった活動をした佐々木指月《ささきしげつ》(一八八二—一九四五)、清沢冽《きよさわきよし》(一八九〇—一九四五)たちも祖国に帰った(佐々木は禅僧として再渡米するが)。

当時のシアトルには邦字紙の他、雑多な読み切りの話題雑誌の類は発行されていたというが、高度の「文芸」理念を享受する人口が少なく、あたかも永井荷風が『あめりか物語』に描いたような、猥雑な無法地帯然とした、移民社会の実状だった。

やがて翁はその活躍の場をサンフランシスコに移す。すでにその頃、短詩型文学が移民地文芸の主流として各地に結社を作り、参加者も増えている。俳句、短歌による文芸活動はきわめて日本的な常民による参加が可能な文芸様式で、日本語の存在するところに、たくましい雑草のように萌芽する国民文芸であることを、あらためて特記したい。

移民文学においても、幅広い底辺を形成する短詩型文学の存在を過小評価してはならない。移民生活者の哀歓をきめ細く表現してきた俳人、歌人、柳人たちの活躍は見逃すわけにはいかない。

この時期、すぐれた仕事を残した詩人ヨネ・ノグチ（一八七五―一九四七）と自由律俳人下山逸蒼《しもやまいっそう》（一八七九―一九三五）の二人は、戦前の移民文学を語る時、さけて通れない。

ヨネ・ノグチははじめ英詩人として世に出た。のちに帰国して野口米次郎として日本の詩壇にデヴューしたが、彼の詩集『二重国籍者の詩』の題名が示すように、日本と西欧のはざまに生きた詩人である。あたかも、日系文芸人が、多少の差はあれ、同じようにかかえている二律背反のこころのかなしみを表現した先駆として、認知されなければならない人である。

一方の下山逸蒼はアメリカに土着した移民俳人として終始した。同じ荻原井泉水《おぎわらせいせんすい》の『層雲』が生んだ種田山頭火にも比肩できる放浪の俳人と、私は高く評価している。

その放浪の地理的版図もカリフォルニア州の全域におよび、彼が創立にかかわった俳句結社も北カリフォルニアから南カリフォルニアにおよんでおり、カリフォルニア全域で活躍した文芸人は彼がはじめてで、その後、例をみない。

したがって、彼の作品は、同人誌上とロサンゼルスとサンフランシスコの邦字紙の文芸欄に発表された。一カ月に百句余り句作したと伝えられる。

当時の邦字紙が文芸欄にスペースをさき、結社や同人誌に依らない、多くの移民俳人、歌人の作品発表の場とし、文芸振興の一翼を担ったことは、特記すべきことである。

短詩型の中でも、季語を否定した自由律俳句は、四季の明瞭でないカリフォルニアの風土に適合したこともあってか、中塚一碧楼の『海紅』系の結社も生れ、一九二〇年代の後半より一九三〇年にかけて、定律より自由律俳句が盛行した現象は移民文芸の特異な一面を物語る。

二　「移民文学」の変容

ユウジ・イチオカ教授（UCLA、故人）は、日本人移民の歴史を区分して、一八八五年から一九〇七年までを第一期、一九〇八年から一九二四年までを第二期と大別している。

その第一期とは、日本政府が移民を合法化した時期から以降を指している。その時期の移民は、前にもふれたが、「出稼ぎ」移民の性格が強かった。

したがって、彼らが構成する移民社会での文芸活動には、おのずから参加者に限界があった。にもかかわらず、その中にあって、「移民文学」を創唱した翁の理想の高さを評価しなければならない。

移民第二期の一九〇八年前後から、アメリカ生れの日系二世が出生しはじめている。ということは移民一世が、経済的に自立が可能になった段階で、故国から配偶者を呼び寄せ、土着化しはじめたのである。

配偶者の中には「写真花嫁」があり、故国に残してきた妻、またはその家族も呼び寄せられた。ここに「呼び寄せ一世」という特殊な世代が生れ、それが「移民文学」の推進に大きくかかわる。

呼び寄せ一世には初期一世のような出稼ぎ志向が薄く、その上、初期一世より日本における基礎教育体験に一日の長があった。だから、彼らが文章表現の分野に容易に参画することができたのも、自然の成り行きだった。

一九三六年に創刊した北米詩人協会の機関誌『収穫』に参加した、加川文一《かがわぶんいち》、外川明《とがわあきら》、片井渓巖子《かたいけいがんし》、松田露子《まつだつゆこ》、平田露草《ひらたろそう》、塚本嶺南《つかもとれいなん》たちは、みな呼び寄せ、または第二期の一世たちだった。その中に矢野《やの》喜代士《きよし》、伊丹明《いたみあきら》などの「帰米二世」が混っているのは、新しい移民時代の兆《きざ》しである。

この中の外川明（一九〇三―一九七八）ははじめ下山逸蒼たちの自由律俳句グループに属していたが、のち現代詩人として立ち、やがて詩人の加川文一（一九一一―一九八一）がリーダーとなり立ち上げた『収穫』に参加したように、古い移民文学の時代から次の時代に移行する。『収穫』はエポック・メーキングな文芸誌として位置づけられよう。

『収穫』への前記参加者の他に、上山平八《かみやまへいはち》、森百太郎《もりひやくたろう》、安曇穂明《あずみすいめい》、藤川幽子《ふじかわゆうこ》、泊良彦《とまりよしひこ》、高山泥草《たかやまでいそう》、武田露二《たけだつゆじ》、高柳沙水《たかやなぎしやすい》たちの名前が見えるが、戦中から戦後まで活躍した歌人たちの名前も見える。この『収穫』はカリフォルニアにかぎらず、ワシントン州、コロラド州にわたって投稿者を得たこと、そして、呼び寄せ一世と帰米二世の文芸人がはじめて結集して創刊したことは画期的であった。

ちなみに『収穫』は一九三六年から一九三九年までに第六号まで刊行したが、その創刊の言葉の中で、加川文一はこのようにのべている。

「お互ひが自分の生活のなかから創り立したものによって励まし合ひ理解し合ひ、またそれによって私共の社会の文化を形づくる上に何らかの寄与するところがあれば歓ばしい」。

翁久允は「移民文学」の目的を「新しい社会の建設」とした。のちにやってきた加川文一は、「社会の文化の形成」と、ひと味異なる目的を立てた。

同じ一世でも翁はアメリカの新世界に立ち向うといい、加川はむしろ順化し、文化を創造しようという。その差異は、この両者が置かれた時点での、移民社会の構造の変化が投影している。

三 「日系文学」の萌芽と開華

一九三〇年ごろ、アメリカに日本人一世と日系二世を合わせて、約一三万九千人居住していたといわれ、その内、約半数の六万八千人がアメリカ生れの二世だった。さらに一〇年後の一九四〇年になると、二世人口が約八万人近くになり、一世人口を上廻り、壮丁の年齢に達したものも多くいた。

これは二世時代の到来を意味し、「移民社会」が解体しはじめたことを物語る。

したがって日系文学にも、日本語によるものと、英語で書かれるものの二つの流れが生じた。

日系二世といっても、そこには「純二世」と呼ばれるものと、「帰米二世」といわれるものの住み分けがあって、彼らの背景にある教養文化の体系が各々ちがっていた。

帰米二世は日本語に習熟していたし、日本文化に対する理解が二世より深く、一世の親たちよりも高学歴経験者が少なくなかった。

しかし彼らの思想の遍歴にも問題があった。いわゆる「二つの祖国」のはざまにゆれ動く、心の帰趨点を模索する世代でもあった。

この帰米二世が、アメリカの日本語文芸にかかわり、やがてその旗手になりはじめるのが、前章でのべた『収穫』誌からであった。

やがてそのルーツが「日系文学」の主流となり、成長をとげて行くには、つぎに来る第二次大戦の日系戦時収容所時代を待たなければならない。

一九四二年二月一九日に発令された、フランクリン・D・ルーズベルト大統領行政命令第九〇六六号は、西部沿岸諸州に居住する日系人の立退きと、強制収容を強制づけたもので、デモクラシイ国家の理念とはあい反する人種差別、人権剥奪の措置であった。

これによって在米のすべての日系人は、予期しなかった新しい生活体験をすることになった。この収容所、転住所体験に、人権上より否定的見解がなされることは当然として、反面敵国民として、アメリカの一般社会から隔離されたことにより、日本人排撃の世論と攻撃より回避でき、いわば収容所は安全地帯としての利点があった。また移民生活者たちは、戦時下での生業の確立という困難から救われた。そこには一応の生活の保障と、限界空間ではあったが、自由の時間がもたらされた。

そこに実現した、「日本人」ばかりの小さなコミュニティにおいて、興るべくしておきた文芸活動は、各地の収容所に連鎖したように、沢山の文芸同人誌の編集刊行を見たのである。

収容所内の主な同人雑誌を列記すると、

▲『若人』（アリゾナ州ヒラリバー）
▲『怒濤』（オレゴン州トウーリレーキ）
▲『鉄柵』（右に同じ）
▲『ハートマウンテン文芸』（ワイオミング州ハートマウンテン）
▲『ポストン文芸』（アリゾナ州ポストン）

この他に、短歌、俳句、川柳などの結社が各々機関誌を出している。

各同人誌の内容と特色、執筆者等については、すでに山本岩夫と篠田左多江の両教授が『日系アメリカ文学雑誌研究』（不二出版）の中で、精細な研究と解題をしているので詳述を省く。

帰米二世を中核とした、文芸復興ともいわれるべき日系文学がこの時期に開華したことは特記に値する。

彼らをして文芸活動に向かわせたものは、収容所という限られた居住空間の中で醸成されたもので、敵と味方に分れたアメリカと日本の「はざま」にあって、両国家を再認識する契機にもなり、隔離された日本人ばかりの生活の諸相はすべての文芸の恰好のテーマにもなった。文芸の各ジャンルにわたって、多くの「書き手」が生れてきた所以でもある。

この収容所内で生れた文芸人の中で、収容所解散後（戦後）も、各地の日系コミュニティにおいて、続いて文芸人として活躍した人たちの名前を挙げる。（順不同）

加川文一、山城正雄、河合一夫《かわいかずお》、野沢穣二《のざわじょうじ》、橋本京詩《はしもときょうし》、藤田晃《ふじたあきら》、水戸川光雄《みとがわみつお》、外川明、伊藤正、矢野喜代士、桐田《きりた》しず、野田夏泉《のだかせん》、谷崎不二夫《たにさきふじお》、泊良彦、高柳沙水、常石芝青《つねいししせい》、阿世賀紫海《あぜかしかい》、松原信雄《まつばらのぶお》、三田平八《みたへいはち》、千崎如幻《せんざきにょげん》、矢尾嘉夫《やおよしお》、武田露二《たけだつゆじ》。

四　戦後の「日系文学」（前期）

太平洋戦争の終結にともない、収容所から解放された日系人は全米各地に、生活の場を求めて拡散して行った。

その一つ、ニューヨークは、戦前主として商社の駐在員、留学生、密入国者の町といわれたことがあり、日系社会は小さなものだった。一九三〇年に佐々木指月はニューヨークに禅堂を開いたし、西本願寺の僧関法善《せきほうぜん》は一九三六年、ニューヨーク仏教会を創立したのを見ると、日系コミュニティがすでに形成されていた。

そこに、収容所からの再定住者、新しい日本企業の駐在員、学術研究者、留学生、戦争花嫁と呼ばれる人たち等の転入があり、日系社会が膨張しはじめた。

一九五一年に締結された対日講和条約は日米関係の新時代の到来をつげるもので、ニューヨーク在住の文芸人、知識人に一つのインパクトを与え、その表現意欲の機が熟し、一九五五年、『NY文芸』の創刊に踏みきった。

『NY文芸』はあべよしおと秋谷一郎が直接編集者となり発行されたが、常連執筆者たちのほかに、その周辺に八島太郎（亡命画家）、南博（のちに一橋大学教授）、許斐仁《このみじん》（のちカリフォルニアに移住、コラムニスト）などの名前が見える。また遠くロサンゼルスから相馬真知子《そうままちこ》（のちの山中真知子）、三《み》田穢士《たえど》（上山平八の別名）、またサンフランシスコからカール・ヨネダ（社会運動家）などの寄稿があり、多彩な内容で、単に文芸誌というより総合雑誌的な肌合いを見せている。

創刊号の編集後記にあべよしおが、

「……民族を背景とした人間としてのホコリを。移民文学といわれた昔の異郷趣味にひたるものでなく、日本の血を享けた人間が、アメリカで人生を開拓していっている。そして民族の言葉を守っている。という新しい意味での文学を」。

と書いているところに、この雑誌の指向するこころが表現されている。英語世界の中に在って民族の言葉としての日本語を守るという姿勢が、一種勁直《けいちょく》でさわやかである。

この雑誌は一一号まで続き、一九七五年に惜しくも休刊になった。その後続行できず、事実この号で最終となった。

ニューヨークのこの動きに呼応するかのように、日系人口が集中するロサンゼルスに、一九六五年『南加文芸』誌が創刊された。

この雑誌は戦時収容所時代の同人誌『鉄柵《てっさく》』で活躍した文芸人が再度結集して創刊したもので、加川文一、山城正雄、野沢穣二、藤田晃、加屋良晴《かやよしはる》らが編集委員として名をつらねた。

執筆者の主流は帰米二世だったが、これにいわゆる戦後渡米の新一世の山中真知子、森美那子《みなこ》、スタール富子《とみこ》、野本一平などが参加した。

この雑誌の最も強力な推進力となったのは藤田晃で、誌上に数々の創作を発表し、やがて『農地の光景』、『立退きの季節』にまとめて東京で公刊、日系文学作品としてはじめて日本で好評を博した。

創刊号の編集委員のうち、山城と加屋をのぞいては、すべて帰幽してしまい、よき短編作家だった水戸川光雄も亡く、残存する矢野喜代士も筆を執らない。ただ一人山城（一九一六―）が、自らの老境を語る詩集二冊を上梓し、その上、日系紙のコラムの連載をつづけている。

一九八一年八月、創刊号から三〇号まで掲載した作品中より選んで、『南加文芸選集』を東京で公刊したが、多くのマスメディアの注目するところにはならなかった。編集者の藤田晃は「あとがき」の中でこう書いた。

「アメリカの日本語文学界では、短詩型文学における句集の自費出版は多いが、創作集や評論集の出版は稀有だ。随筆集の数も少い。（中略）アメリカの日系人社会としては、極めて当然なことかも知れないが、文学でめしを食っている人間もいないし、出版社も存在しない。日本語で文章を綴ること自体、考えようによっては、悲しい程無力な行為に思えてくる。

この本は、その空しさと闘っている同人有志の、乏しい出資に頼って出版された。いろいろと不本意な点も多いが、育った国の文化や言葉への愛着を捨てきれず、アメリカに土着しながら日本語での表現に意欲を燃やし、情熱をそそいできた人たちの、ひたすらな精神《こころ》の露れだと思い、熟読していただければ幸いである」。

日系文芸人のせつない気持を言い得てよい文章だと思う。この選集が出た後三五号まで続刊して、在米の文芸同人誌としては、はじめて長期にわたる刊行を閉じた。『南加文芸』は帰米二世文芸人たちの、最後の花道を飾った日系文芸誌として、語り継がれてよい。私はこの動きを戦後の日系文学の前期として位置づけたい。

五　戦後の日系文学（後期）

いま後期の日系文学を総覧する前に、日系社会の急速な変化と人口構成の複雑性を問題にしなければならない。

まず日系人の構成を見ると、大別して、▲一世、▲呼び寄せ一世、▲二世、▲帰米二世、▲三世、▲戦後渡米者（新一世）に分けることができる。その中で、戦前渡米した第一期の一世のほとんどは消滅している。少数の呼び寄せ一世が現存し、二世、帰米二世も老境にある。いま邦字紙の死亡欄は二世の名前によって占められている現状だ。したがって日系社会の第一線にあるのは、三世と新一世ということになる。

ところで、戦前の日系社会で通用する言語は、一世が大半を占めていたから、当然日本語だった。一九三〇年代、二世が抬頭しはじめたころより、日本語と英語の二重言語社会になった。

三世の時代になり、彼らの日本語能力は全く消失したといってよく、その主たる原因は継承日本語教育の不振、戦時収容所時代の日本語ないし日本文化に対する否定的世論の影響などが考えられ、その結果、同じ日系社会を構成しながら、言語の障壁によって、日本語を読み書きするグループと英語を日常語とするグループとの隔絶が生じていることである。

では日本語による日系文学の発信者と享受者たちはどのようなタイプの人たちかといえば、帰米二世をのぞいて、新一世にかぎられるといってよい。新一世とは、

a、定住会社員
b、定住団体役員
c、自家営業者
d、特殊技術者
e、定住学術研究者
f、国際結婚者
g、宗教家

などであろう。これには短期居住者、留学生はふくまない。

つぎに日系文学をとりまく顕著な環境の変化についても言及したい。

まず第一に国際交通事情の急速な進歩。第二に情報革命による通信伝達のスピード化。第三にグローバルな物質の流通革命などが考えられ、これが「異国ぐらし」の日系人の心情に変化をもたらしている。かつて移民文学のもっともポピュラーな主題であった「望郷」「ノスタルジア」「カルチュラル・ショック」「悲愴感」「孤独」などの心情が稀薄になった。

日系文学の主題も当然変化してきており、一般の日本文学が対置しなければならぬ問題が、同時に日系文学の課題やテーマとなる時代になった。

以上のような環境と時代の変化のもとで、日系文学はどのように展開活動しているか、紹介してみよう。

▲文芸同人誌『平成』

一九八九年創刊、年二回発行、現在四四号まで続刊している。発行部数は千部。同人約百名。編集兼発行者、ベダー泉田《いずみだ》和恵《かずえ》、ミリオン礼子《れいこ》、発行所サンマテオ市。

発行者が国際結婚者ということもあり、寄稿者が圧倒的に女性が多く、内容は随筆、旅行記、短詩型文学が多く、創作は少ない。注目にあたいするのは、すでに一五年も継続出版していること、千部も発行していることである。

編集者のベダー泉田和恵は「文芸活動を通してアメリカに住む日本人の心のよりどころとなるような、異国に生きる日本人の気持の発露の場を提供していきたい」と語り、寄稿者が多く、毎号全部掲載できないのが悩みだという。特に目立った作家は生れていない。

▲文芸同人誌『新植林』

一九九〇年創刊、年二回発行。現在三一号まで刊行。発行部数は百五十部、同人二〇名。編集兼発行者、杉田広海《すぎたひろみ》、清水克子《しみずかつこ》。発行所ロサンゼルス。

前記『平成』に較べたら小さな同人誌であるが、文芸誌的なにおいは強い。杉田と清水が各々創作を書き、津川国太郎《つがわくにたろう》が異色の医学エッセイを連載している。日系人の多いロサンゼルスに、ただ一つの文芸同人誌というのもさびしい。杉田は筆力のある人だと思う。

▲同人詩誌『短調』

二〇〇二年創刊。月刊。現在二二号発行。発行部数五〇部。同人二十数名。編集発行者若林ミチエ。発行所スタクトン。

俳句、短歌の作者が多いカリフォルニアにおいて、現代詩を専門とする同人誌は異色である。編集人若林の熱意が推進力となり、レベルの高い詩を毎号載せている。若林も詩集『パッチワークの声』を日本で上梓している。成長が楽しみの同人誌である。カリフォルニアの内陸の都市で出版されているのも異色である。日系文学に現代詩がよみがえるだろうか。よい兆しの同人誌である。

▲短歌グループの動静

ロサンゼルスの松江《まつえ》久志《ひさし》が主宰する同人誌『加州短歌』(季刊、百二十部発行)は百人の会員を擁して活動的である。松江は『羅府新報』の選者でもあり、影響力のある歌人である。

この道では松江の先輩格になる藤田みのる、藤田米利子は「ジョシュア」短歌会、上村南水は「ひこばえ」短歌会を各々主宰している。少人数の集りながら、芸術性を重んじ、異土に生をゆだねている人間の視点をおろそかにしない、よい作品を発表している。

日系歌人の異色は、アメリカの囹圄に在る郷《ごう》隼人《はやと》である。とらわれの身ながら、日本の「朝日歌壇」に休みなく投稿をつづけて注目を浴び、東京から『ロンサム隼人』という歌文集を出して話題になった。

随筆家鈴木敦子は藤田みのるについて短歌を学び、一〇年前に「胡桃短歌会」を創立した。二〇〇三年に合同第一歌集を出版して歌人としての位置を明確にした。外国生活の中の、おんなの暮しの触覚を忘れないで行きたいという。

歌人曽根《そね》川《がわ》伊都子《いつこ》は、前に歌集『風のように』を上梓して、異国に生きるものの光と影を詠い、注目された。日本でのある短歌賞にも輝く実力派である。

以上のめぼしい文芸活動の他に、全米に俳句結社がいくつかあり、その同人の作品は邦字紙上に発表されている。同人の年齢はみな六〇歳を越えていて、ここにも後続がいない。

戦中、戦後にかけて、日系川柳界の指導的地位にあった山中桂甫《やまなかけいほ》も近年他界した。川柳の世界では『そうわん川柳』が北カリフォルニアで一九四六年から発行しつづけているが、主宰者の今井文子の実力と熱意に負うところが大きい。

一九三〇年代、一時盛況だった自由律俳句の結社が南カリフォルニアのガーデナ市に在り、「やからんだ乃会」と称し、十数名の同人が毎月集り研鑽している。一九七二年、画家八島太郎と野本一平の主唱で創立して、一九七六年に第一句集を出している（二〇〇六年八月解散）。

これはいわゆる日系文芸同人誌ではないが、日本TVプログラムの紹介誌『TVファン』誌が、その内容に多くの日系文芸人の創作、エッセイ、ノンフィクション等を掲載しつづけて久しい。すでに三〇年の歴史をもっている。常連執筆者の中に渡辺正清（『ミッション・ロード』で潮賞）、山中真知子（『南加文芸』の創立会員）、野本一平（『南加文芸』の残党）、トルヒヨ悦子、吉野怜、瀬光悟などが、休みなく毎号寄稿しつづけていてその持続性は注目に値する。

アメリカにはすでに名を成した作家たちも在住しているが、彼女らは一種閉鎖的な日系社会とかかわることを好まず、たとえば芥川賞作家の米谷ふみ子、ノンフィクション作家のドウス昌代、エッセイストのハロラン芙美子たちは、東京のマスメディアと直接つながっている。

六　むすび

戦前の「移民文学」から戦後の「日系文学」への推移を通覧してみると、移民社会から日系社会への時代の流れと内部構造の変革にともない、かならずしも、その将来の展開に明るさが見えるとはいいがたい。

日系社会がやがて拡散してしまい、一般のアメリカ社会に馴化、同化して、混入してしまった暁には「日系文学」は消失するだろう。

日系社会で行われる芸能、スポーツ等の活動に比べて、特殊な文芸活動は、その参加者はもっとも少ない。やがては日本語文芸に志す人は現地のグループや結社の消滅にともない、その拠り所がなく孤立するだろう。その中の幾人かは、日本の文芸界とのかかわりにおいて、自らの意図を果たしていくにちがいない。

このような状況のもとでも、「日系文学」の灯を消してはならないという声が個々の文芸人から聞かれる。それはあたかも「悲願」のごときものでもある。

歌人の山口千代は「正しい日本語を子孫に伝え、日本文化を理解させたい」といい、同じ歌人の上村南水は「アメリカ短歌の向上と、日米間の短歌の交流を推進したい」と意気軒昂である。サンディエゴに住む俳人のガルシア繁子は「俳句により異国生活をより豊かに」したいとねがい、歌人の松江久志も「日本語を愛するものとして、自分の歩みの証として、短歌に生きたい」という。

みな各々に、せつない希望と思いをいだきつつ、日本語による「日系文学」の最後の担い手であることの、栄光に生きようとしている。

（附記）この稿執筆にあたり、山本岩夫、篠田左多江両教授編集の『日系アメリカ文学雑誌集成』（22巻、不二出版）並びにその研究書に多大の裨益を受けたことを特に記し、感謝したい。

また左記の日系文芸人から資料の提供と協力を得たので名を記し、謝意を表したい（敬称略、順不同）

ベダー泉田和恵、清水克子、津川国太郎、山口千代、上村南水、松江久志、曽根川伊都子、ガルシア繁子、鈴木敦子、山城正雄、若林ミチエ、山中真知子、TVファン誌、羅府新報、北米毎日新聞

なお、いま発行中の同人誌『平成』『新植林』『短調』『加州短歌』等のバックナンバー、発行部数等は執筆時点での数字である。この稿執筆後、矢野竓代士、藤田みのるの訃報に接した。二〇〇五年一〇月、詩人加川文一の詩碑が日系文芸人の協力により、ロサンゼルスのリトルトーキョーに建立された。これがアメリカ日系文学の回想のモニュメントになるか、新しい出発の基点になるか問われている。

シカゴにみる日系文化活動

山本岩夫

一　はじめに

今日のシカゴ日系社会の姿はなかなか見えない。たしかにこの日系社会に関する幾つかの調査研究があり、日系社会からの発信もある。日本語では、日系社会の歴史を詳細に追っている藤井寮一『シカゴ日系人史』（一九六八）と伊藤一男『シカゴ日系百年史』（一九八六）、日系人を他のエスニック・グループとの比較で考察する丸山孝一「日系及び韓国系移民社会における文化の持続性と変容過程」（一九八二）、三世の現状を報告する川口加代子「消える歴史と生まれ変わる歴史」（一九九二）、長期滞在の日本人の存在も強く意識する横山勝英「シカゴの日系人社会と意識構造」（二〇〇一）などがある。また英語では、シカゴの多文化性を視点として同化の進む日系人を描くマサコ・オーサコ「日系アメリカ人」（一九九五）、写真で歴史を辿るアリス・ムラタ『シカゴの日系アメリカ人』（二〇〇二）、黒人・白人関係を背景に日系人を論じるジャカリン・ハーデン『ダブル・クロス』（二〇〇三）などがあるが、全体として見れば、やはりシカゴ日系社会に関する情報は極めて少ないといえよう。

本稿ではこれらの先行研究や報告を参考にしながら、我々にとって情報の乏しいシカゴ日系社会を、その今日の文化的側面に焦点を当てて明らかにしたいと思う。なおここで使用する「シカゴ」という言葉は、シカゴ市とその周辺という意味であることをお断りしておく。

二　シカゴ日系人の歴史

シカゴにおける戦前の日本人人口は少ない。一八九三年のコロンビア博覧会のために鳳凰殿の建設を目的として日本からやって来た労働者や、この博覧会と一九〇四年のセントルイス博覧会を目当てに西海岸から来た日本人商人がその後シカゴに住みついたのが、シカゴ日系社会の始まりである。一九四〇年の国勢調査によれば、中国人二〇一三人、フィリピン人一一四〇人に対して、日本人は三九〇人となっている。

シカゴ日系社会の実質的な誕生は戦後である。強制収容所から解放された日本人・日系人は当初、西海岸へ帰ることは認められず、内陸部への移動を勧められたため、多くの人々がシカゴに再定住した。その数は一時、二万四〇〇〇人ほどに達したが、その後、西海岸への帰還が許され、その帰還も一九五〇年代末までには完了して、人口はおよそ一万五〇〇〇人に減少し、その後もほぼその水準を保っている。再定住期に多くの日本人・日系人をシカゴへ引きつけたのは、就労の機会が多かったこと、西海岸に比べて反日本人・日系人感情が強くなかったこと、日系社会への支援組織があったことなどである。

一世は言語上の問題があり、農民であった人たちも少なくなかったので都市生活への適応に苦労をしたが、二世は専門職に就いて中産階級入りをする人たちが多く、一九七〇年代には住居の郊外への移動が盛んになった。また、同化が進む三世は異人種間結婚がごく普通となり、他の少数民族と積極的に連携して法曹界や官界、ジャーナリズムの世界で活躍する人たちも現われている。

二〇〇〇年の国勢調査によれば、人口はクック郡（シカゴ市とその郊外からなる）では一万三七三五人（単民族系日系人）と一万七三九八人（単民族系日系人と多民族系日系人の合計数）、イリノイ州では二万三七九人と二万七七〇二人である。また主要な日系団体として、シカゴ日米評議会、定住者会、シカゴ日系共済会（日系人の墓地管理など）、全米日系市民協会シカゴ支部、シカゴ二世ポスト一一八三部隊、シカゴ日系キリスト教会協議会、シカゴ仏教連盟、平和テラス（定住者会が設立した引退者専用アパート）、ミッド・アメリカ・ジャパニーズ・クラブ／シカゴ日系人会（通称マジャック）、新シカゴ日米会、シカゴ日系歴史協会がある（在シカゴ日本総領事館等の資料より）。

三　定住者会（ＪＡＳＣ）

今日のシカゴ日系社会で強い求心力のある組織が定住者会である。地域に根ざした非営利の社会福祉団体で、社会福祉サービスと文化・コミュニティ関連プログラムを提供しているが、日系の伝統文化の保存とその普及をこれらのサービスとプログラムの不可欠な部分としているのが大きな特徴といえる（「定住者会二〇〇五年度会員サービス・プログラム」）。

定住者会の前身「転住者委員会」が設立されたのは一九四五年であった。シカゴへ再定住してきた日本人・日系人に住宅や就職斡旋、教育や医療、言葉などでの援助をするのがその目的だったが、その任

定住者会のアダルト・デイサービスの体操風景（提供・川口加代子）

務も終った一九五四年、名称を「定住者会」と変更し、五〇年代末にはその目的を高齢者を対象とした総合的なサービス提供とした。そして定住者会設立三〇周年を迎えた一九七〇年代半ば、その各種プロジェクトの実施に当たっては単なる他の組織との調整役から、強い指導力を持つ組織へと方針を転換した（デボラ・バーンズ「定住者会小史」、二〇〇一）。一九八〇年、二〇〇世帯収容の引退者用アパートを建設し、一九九三年、一八〇床の養護施設を開設している。

現在の定住者会は高齢の一世、二世を対象とした福祉サービスの継続を基本としているがそれだけではない。「二〇〇三―二〇〇四会計年度年次報告」以降「異なる文化に橋を架け、異なる世代を結びつけて」というスローガンを掲げ、若い四世も楽しめるプログラムを作り、日系以外の人たちにも福祉サービスを提供している。

定住者会の多方面にわたる活動は次のようなものである（二〇〇四―二〇〇五年度）。

㈠社会福祉サービス

・高齢者デイ・サービス（陶芸クラスや体操などによる高齢者の社会性の維持と健康保持。月平均四三・三人の高齢者に延べ三万九三二一時間のサービス提供）

・ホーム・サポート・サービス（定期的訪問による独居高齢者の支援。月平均二一人の対象者に延べ五二四九時間のサービス提供）

・カウンセリング（年齢と関係なく、職場や家庭での人間関係、異文化社会での悩みに対するカウンセリング）

・健康増進プログラム（シカゴ市との提携による高齢者向けの栄養豊かな低料金昼食の提供、成人病予防の血液検査、高齢者向けの運転講習会や太極拳、太鼓、女子柔道クラスなどの設定）

㈡文化・コミュニティ関連プログラム

・日系歴史資料室および図書室（シカゴを中心とした近郊六郡の日系社会に関する情報・資料の収集とその提供。特に戦前、戦中、シカゴ再定住後の体験記録を求めている）

・フェスティバル（富士祭り、子供祭りなどの主催と強制収容所体験を忘れないための「追憶の日」記念行事共催）

・文化クラス（墨絵、陶器、日本語、太極拳、生け花、折り紙、日本料理など二〇のクラス。二〇〇四年、タツ青木がディレクターを務める司太鼓が「JASC司太鼓」と改称して定住者会の所属となり、太鼓クラスを立ち上げて好評を得る。この太鼓クラス参加者が日本語、太極拳、墨絵クラスにも参加）

・コミュニティ・センター（たんぽぽ・クラブ、闘魂柔道アカデミー、シカゴ日系共済会、クエーカ

ー・グループ、ステア・フライデーナイト劇団、シカゴ仏教会など地域社会の多様なグループへの活動拠点の提供）

定住者会は会員制をとっており、現在の会員数は一〇七三世帯である（二〇〇四―二〇〇五会計年度）。その内訳はほとんどが日系人で、続いて日本人、非日系人となっている。非日系人は日本や日本文化に興味を持つ人、文化クラスの受講者、会員の友人などである。年齢層では六五歳以上が一番多くて約七〇％。年会費は普通会員が六五ドル、六五歳以上の会員は三五ドルである。定住者会の財政状況は決してよくはなく、連邦政府やイリノイ州、シカゴ市から補助金を受けているけれども、およそ五万ドルの赤字となっている。

四　ポピュラー・ミュージック

ジャズの街、ブルースの街といわれるシカゴで活躍しているのがタツ青木（本名　青木達幸）であり、野毛洋子である。

ジャズ・ベース奏者で作曲家の青木はきわめて多彩かつ活発な活動をしている。シカゴの音楽界で最もよく話題にのぼるベース奏者の一人といわれ、その演奏はシカゴだけでなく、国内外でも高く評価されているが、自らが創設したシカゴ・エイジアン・アメリカン・ジャズフェスティバルの芸術監督、アルバムや実験映画、コンサートのプロデューサー、エイジアン・インプロブ・レコード社長兼プロデューサー、シカゴ美術館附属大学助教授としても活躍している。

一九五七年、東京都新宿区四ツ谷で料亭の子供として生まれた青木は太鼓や三味線を聞きながら育ち、

タツ青木

三歳から伝統お座敷芸能に携わる。この幼少期の日本伝統音楽との生活が今日の彼の音楽活動と強く結びついている。一九七六年に渡米、一九八五年シカゴ美術館附属美術大学大学院を卒業する。現在までに国内外で五〇枚以上のアルバムを発表し、それらの中には伝説的サクソフォン奏者といわれるフレッド・アンダーソンやヴァン・フリーマン等との共演も含まれている。映像作品も四五本以上発表している。

このような青木の活動に対して、一九九九年、プロデュースしたエイジアン・アメリカン・オーケストラのアルバムがグラミー賞にノミネイトされ、二〇〇一年には、シカゴ・ジャズ協会とアメリカ作曲家協会による「ジャズ・ヘリテッジ賞」を受賞するとともに、『シカゴ・トリビューン』紙による「年間最優秀シカゴ人賞」を受賞した一六人の中の一人に選ばれている。

青木がその活発な音楽活動を通して目指しているものは、エスニック・アイデンティティの主張としての新たなアジア系音楽の創造である。すなわち、アジア系伝統音楽とジャズの融合によって特色あるエイジアン・アメリカン・ジャズを創り、それをメインストリーム音楽へと押し上げ、それによってマイノリティであるアジア系アメリカ人・アジア人の社会的評価を高めるということである。これが青木の基本的姿勢であり、この姿勢が、彼がデレクターを務めるシカゴ・エイジアン・アメリカン・ジャズフェスティバルのプログラムやJASC司太鼓の演奏、そして青木自らの編成によるバンドが奏する青木のジャズ組曲に貫かれていて、高い評価も得ているのである。

例えば、一九九六年から始まったシカゴ・エイジアン・アメリカン・ジャズフェスティバルは、今やシカゴにおける極めて重要な音楽フェスティバルであるだけではなく、全米で最大規模のアジア系現代音楽の祭典となっているが、このフェスティバルには日本人である青木以外にも、日系、中国系、韓国系アメリカ人など多様なアジア系ミュージシャンが全米から集まり、アジアの国々から招かれたゲストとともに、ジャズの中にそれぞれの民族音楽やロックなどを織り込んだ演奏を数日間行っている。また、青木が率いるミユミ・プロジェクト・ビッグ・バンド（注：「ミユミ」は青木の次女の名前）は二〇〇一年、アジア人移民のアメリカ生活を描く青木のジャズ組曲「今日的草根階層」を演奏し好評を博したが、シカゴ・ジャズと融合する和太鼓のリズムと中国・韓国のメロディがそこに響いていた。

野毛洋子は「ヨーコ・ノゲとジャズ・ミー・ブルース」バンドを率いる独創的なブルース・シンガーでピアニストでもあり、シカゴの定評ある女性ミュージシャンの一人として知られている。『シカゴ・トリビューン』『シカゴ・トリビューン・マガジーン』『エイジアン・ウィーク』などの紙誌もしばしば彼女の活動を報じている。

野毛は一九五七年、大阪市住吉区で生まれ、大学ではブルース・バンドを結成し、二六歳の時、本場のブルースを求めてシカゴへ行く。黒人街のクラブを中心に三年間ブルースを学び帰国するが、三〇歳で再びシカゴへ戻り、ブルース・ピアニストの第一人者アーウィン・ヘルファーに師事するとともに、

野毛洋子とクラーク・ディーン

サックス奏者で現在の夫クラーク・ディーンさんと出会い、バンドを結成する。二〇〇五年までにリリースしたアルバムは五枚、コンサート・ツアーは一六回である。野毛が弾き歌うブルースは、スタンダード・ナンバーだけでなく、大阪弁も使う独特なものや、ブルースのリズムにアレンジした日本民謡もある。アジア系アメリカ人・アジア人が軽視されがちなアメリカ社会において自己の存在を示したいという彼女の意思がここに表れているといえよう。野毛のオープンでヒューモラスな熱い歌いぶりは聞く人たちの心を強く捉える。

野毛はシカゴ・エイジアン・アメリカン・ジャズフェステバルの共同創設者であり、一九九九年、シカゴ・ブルース・フェスティバルに日本女性として初めて出演し、毎週月曜日、著名なジャズ・クラブのホットハウスでコンサートを開いている。大阪を中心とする日本コンサート・ツアーも毎年行っているが、これはシカゴ姉妹都市プログラム大阪委員会共同委員長を務めている野毛にとって相応しい恒例の演奏活動といえる。野毛が日本経済新聞社シカゴ支局記者というもう一つの顔を持っていることも付け加えておきたい。

五　『シカゴ新報』

中西部唯一の日系新聞が『シカゴ新報』で、一九四五年一一月一五日、藤井寮一によって創刊された。現在、『シカゴ新報』は週一回の発行で、部数は五〇〇〇部、タブロイド版で二四ページである。社長および編集長を浦山美子が務め、社員は五名、うち三名が日本語編集を担当している（「海外日系新聞放送協会役員名簿」、二〇〇四年一二月）。参考までに、他の日系新聞の発行部数をみてみると、『羅府新報』（ロサンゼルス）が一万八〇〇〇部で突出しており、『日米タイムズ』『北米毎日新聞』（共にサンフランシスコ）はそれぞれ八〇〇〇部と七五〇〇部、『ハワイ報知』七〇〇〇部、『北米報知』（シアトル）は『シカゴ新報』と同数の五〇〇〇部、『ロッキーマウンテン時報』（デンバー）一二〇〇部となっている。

『シカゴ新報』について論じるとき必ずといっていいほど言及されるのが、創刊者の藤井寮一と彼の政治的信条である。藤井は一九〇五年、貧しい農家に生まれ、同志社大学神学部卒業後、布教活動を始めたが、厳しい労働条件の下で働く人たちを見て布教のあり方に疑問を感じ、一九三一年渡米。反ファシズム、反戦運動に取り組むアメリカ共産党員の日本人グループと接触して入党したけれども、一九四〇年、離党する。一九四四年、ハートマウンテン収容所からシカゴへ転住して、翌年、『シカゴ新報』を創刊した。

創刊号には全米日系市民協会のシカゴ後援会座長やシカゴ転住局長などからの発刊を祝すことばが載せられていて、創刊号への支持と期待が広範囲にわたっていたことが示されている。藤井も『シカゴ新報』の一つの使命として「転住の促進」を挙げ、「転住とは日系人が米国社会の一部となることを意味する」と述べている。

創刊号には藤井の左翼思想の姿は見えないが、その後、藤井の政治的思想がしばしば紙面に現われ、読者から批判が寄せられた。そしてマッカーシズムが吹き荒れる一九五〇年代、藤井は共産党員としての戦前の活動が調査対象となってFBIから呼び出しを受け、『シカゴ新報』を退社し、一時復帰したが一九五七年、『シカゴ新報』を再び去っている。

現在の第七代社長兼編集長は新移民の浦山美子である。浦山はサンスター株式会社に勤務し、ヒット商品を開発した後渡米。一九九七年シカゴ新報に入社して、二〇〇〇年から現在の役職を務めている。ジャーナリストとしての浦山の使命感は、シカゴにおける日米交流促進の重要性を認識し、日米の文化・教育・ビジネス交流をコミュニティ活動に焦点を当てて積極的に報道することである。二〇〇四年一一月に開催された「シカゴ新報六〇周年記念式典」で冊子『シカゴ新報の報道を通して見る日米関係六〇年の足跡』が配布されたが、その中で、過去六〇年間の日米関係に見られる日米文化交流と日米ビジネス発展の強い相互作用を指摘し、「シカゴで日米交流を志す人々の参加がなくては（シカゴ新報の仕事は）空回り」すると述べて、読者一人一人に日米交流の支援と参加を強く呼びかけている。当然のことながら、このような浦山の信条は『シカゴ新報』の紙面にもよく表われており、とりわけ編集長の考え方が明確に示される元旦号の特集記事の中で、二〇〇五年までの四年間、日米交流のテーマが連続して取り上げられていることに注目しておきたい。

六　文芸活動

シカゴにおける文芸活動は、現在停止状態といってよい。一九六〇年代半ば以降、加藤はるゑが指導的歌人として活躍した後、彼女の後継者である海野よしゑが主宰する湖畔短歌会が二〇〇四年に解散し、小林鎮香《しずこ》が代表者を務めるワーキガン短歌同志会もほぼその活動を停止しているというのが実情である。歴史的に文芸活動を支援してきた『シカゴ新報』に文芸作品が掲載されることも二〇〇五年以降なくなっている。このような状況に至った経過を、これまで書かれてきたシカゴにおける日系日本語文学史を補うものとして、簡単ながら辿ってみたい。

一九四五年に川柳シカゴ吟社が、一九四六年にはシカゴ俳句会が発足し、一九八〇年代半ばまでその活動は確認できるが、今日これらの結社は存在しない。

短歌の世界では一九四六年、北米短歌会が生まれたがその後の消息は不明であり、一九五四年に結成された北米歌話会はアメリカで生きる者の立場から歌を読むことを目指したけれども、一九六七年に解散している。加藤はるゑ（一八九八―一九九一）がリーダーシップを取り、日本の短歌結社「女人短歌」のシカゴ支部として北陽短歌会が発足したのは一九六三年である。その目指すところは、現代短歌の基準である写実に立ちながらもそこから一歩踏み出した叙情的表現であり、アメリカの風土、生活、社会を詠う作品であり、虚飾や遊び心を捨ててぎりぎりに自己を凝視する作歌姿勢である。そして空白期間があったとはいえ、一九九一年に亡くなるまでのおよそ三〇年間、加藤はシカゴにおける作歌活動の中心的存在であった。

加藤はるゑは一八九九年、鹿児島生まれの一世である。一九一八年の渡米後、カリフォルニアで短歌の結社に属し、戦時中のハートマウンテン収容所でも作歌に励み、戦後は再定住地のシカゴで歌人として活躍した。一九七〇年に詩集『大湖の韻き』を刊行している。ただ、収容所における加藤の作歌活動の詳細は不明で、収容所内の文芸誌『ハートマウンテン文藝』に彼女の名前はない。

加藤はるゑが主宰する北陽短歌会は一九八〇年に解散し、一九八三年、加藤の主導で「平和テラス」の中に、ここの居住者を会員とする平和テラス勉強会（後に湖畔短歌勉強会と改称）が生まれた。加藤が八四歳、一〇名の会員の平均年齢は約八〇歳という高齢者による短歌の勉強会であった。その目的として、加藤は「老後の生活を潤いのあるものにするために」「生きている日々を心豊かに過すために」を掲げた。

一九九一年、加藤はるゑが九二歳で亡くなると、加藤の後継者として選ばれたのが海野よしゑである。日本の短歌結社「短歌人」の会員であった海野は一九三八年、岡山県に生まれ、アメリカでの市場開拓を目指す夫と共に一九八〇年渡米した。加藤はるゑとの出会いは「平和テラス」で行われた湖畔短歌勉強会の例会であった。この会の創立一五周年を記念して、海野は一九九八年、合同歌集『詠はねば』を出版し、翌年、会の名称を湖畔短歌会に改め、同時に会誌『ほらいぞん』を発行した。

『詠はねば』は現存する資料で見る限り、シカゴの短歌史の中で唯一の同人歌集である。ここには旧会員として、物故者八名を含む一一名の作品と現会員一七名の作品が載っている。旧会員の作品は年齢上、老いや死、病について詠う作品が多いのはごく自然であるが、家族への想いを語り、世界の動きにも関心を示している。台湾出身夫婦の歌も見える。「交わりて共に歩まむ人の道持ちつ持たれつ平和めざして」。これはその台湾人の妻の歌である。

『ほらいぞん』創刊号には一〇名の会員の作品が載せられ、その平均年齢は六一歳で、湖畔短歌研究会発足時の会員平均年齢に比べて、二〇歳ほど若い。しかし老いや病を詠う作品も決して少なくなく、また、故郷日本の家族や友人への想いを示す歌も目立つ。また『ほらいぞん』は会員の作品発表の場であると共に、短歌についての学習の場であることが強調されている。例えば、創刊号では「短歌教室」を設け、日本の短歌史に触れながら短歌の形式や仮名遣いを説明し、秀歌鑑賞を行っている。「添削コーナー」もある。『ほらいぞん』は一〇号（二〇〇四年）まで続いたが、海野よしゑの病魔のために、心ならずもこの短歌研究会は解散となり、会誌も廃刊となった。二〇〇五年に亡くなった海野よしゑの歌を一首掲げておきたい。「知るまではやむ身にあらず今日よりはひとりの道をたどりゆくべし」（一〇号）。今日の海外移住者が辿る一つの人生として、読む人の心を強く打つ。

ワーキガン短歌同志会は小林鎮香を代表者として一九九〇年代半ばに発足した。小林は一九二四年、長崎で生まれ、平壌公立高等女学校を卒業し、一九六四年に渡米した。作品発表の場は二〇〇三年までは『シカゴ新報』であったが、その後、無料情報誌『パビリオン』に変わり、現在は会員も少なくなって活動は停止状態となっている。この短歌同志会でも老いや死、故郷日本がよく詠まれ、小林の作品には人生の回顧が多い。小林の作品をここに記しておきたい。「栄光の青春破りつぎはぎの衣替えし敗戦の罪」（『パビリオン』二〇〇五年一月号）。

ワーキガン短歌同志会の活動停止によってシカゴの文芸活動がほぼ終焉したことになるが、その理由として、活動組織の会員の多くが高齢者であったこと、西部沿岸地域とは異なり、シカゴへの新たな移住者が少なく、しかも彼らの中で他の州へ移動したり帰国したりする人々がかなり存在したこと、優れた指導者の数が限られていたことなどであろう。これは、短歌の場合よりも早くその姿が見えなくなった俳句や川柳の世界でも当てはまることである。

最後に、英語世界の作家、劇作家にも簡単ながら触れておきたい。現在、シカゴを拠点として活動しているのはドワイト・オキタ（一九五八―）とキース・ウチマ（一九五七―）で、共にシカゴ生まれの三世である。オキタは詩人であり劇作家、小説家でもある。彼は自己のアイデンティティを日系アメリカ人、ゲイ、仏教徒（創価学会インターナショナル）であるといい、戯曲『雨季』（一九六七）は人種を越えるホモセクシュアルな関係を描いている。

ウチマは劇作家、シナリオライターであるが、俳優として映画に出演し舞台にも立ち、CD制作も行っている。戯曲『負け数字』（初演二〇〇四年）は戦後、収容所からシカゴに再定住し、マフィアの世界に入った日系人を描き評判を取った。

七　フェスティバル

シカゴで催されている最も大きく最も伝統のある日本祭りが「銀座ホリデー」である。オールドタウンにある中西部仏教会が主催し、毎年八月中旬の三日間行われ、約二万人の参加者があり、そのうち九〇パーセントが日系人・日本人以外の人たちであるという。日系社会を大きく超えた日本祭りとなっているのである。

中西部仏教会は一九四四年、ジェローム強制収容所を出た河野行道によって設立された浄土真宗派の寺院である。「銀座ホリデー」が初めて開催されたのは一九五六年で、その目的は資金を調達することと日本の伝統文化を近隣の人々と享受することであった。このような試みが終戦一〇年後のシカゴ市民にどこまで受け入れられるのか危惧する声が強かったが、それは全くの杞憂であった。二〇〇五年、第五〇回「銀座ホリデー」を迎え、舞台では和太鼓パフォーマンス（日系人以外のメンバーも含む）、武道実演、日本舞踊などが行われ、寺院のホールでは盆栽や書道、生け花、伝統工芸品が展示された。また広場には人気のチキン・テリヤキやスシを含む様々な日本食、各種工芸品の販売ブースが設けられ、多くの人たちで賑わった。

この祭りの人気プログラムの一つに日本の伝統工芸職人が実演で示す「技《ワザ》」の鑑賞がある。毎年、東京浅草から数名の職人が招かれてきたが、この年は市松人形、手ぬぐい、絵馬、判子の四人の職人が招かれて、その「ワザ」を披露した。「銀座ホリデー」が大きな集客力を持つようになったのは、このような多様な日本の伝統文化の提示が一般市民にとって大きな魅力であっただけではなく、浄土真宗では行わない座禅プログラムの開設や日系人による他民族結婚の増加によって、今までとは異なる人々が中西部仏教会会員となり、これらの会員がその親族とともに「銀座ホリデー」に参加するようになったからである。

毎年六月に催されるミッド・アメリカ・ジャパニーズ／シカゴ日系人会の「日本祭り（ジャパン・フェスト）」も好評を博している。一九九二年から始まったこの「祭り」は二〇〇五年、開催地をいつも多くの人たちが訪れるシカゴ植物公園からシカゴ北西部のアーリントンハイツへ移したが、二日間のプログラムは大成功であった。「銀座ホリデー」とほぼ同じように、和太鼓パフォーマンス、武道実演、日本舞踊があり、種々の工芸美術品や装飾品の展示即売も行われた。予想以上の六五〇〇人が訪れ、しかもその大半は日系人・日本人以外の人たちであり、彼らは直接日本文化に触れることができたのである。会長の竹内清太は「コミュニティ全体が興味を持って協力してくれた」と述べ、共催者である地元の生涯教育提供団体のデレクターは「日本祭りはコミュニティが日本文化を直接学ぶ機会である」として高く評価した（『シカゴ新報』二〇〇五年七月一日）。

一九九二年に始まったミツワ・マーケットプレースの「盆踊り大会（ミツワ・ボンオドリ・フェスティバル）」はアーリントンハイツの八月の恒例行事となっている。浴衣を着てやって来る家族も多く、盆踊りだけでなく屋台で日本の料理を楽しみ、スイカ割りコンテストなどいろいろなゲームを競うが、「銀座ホリデー」や「日本祭り」とは異なり、日本の伝統芸術や工芸美術品に接することはできない。以前は日本人駐在員家族が多かったこの「盆踊り大会」も、今では日系人・日本人以外の参加者が半数近くを占めるようになっている。

シカゴ北部のスコーキーで五月に「スコーキー文化フェスティバル」が開催されている。アルメニア、トルコ、ドイツ、スウェーデン、メキシコ、イスラエル、中国、フィリピンなど世界二〇カ国以上の国のエスニック文化が集うフェスティバルである。日系人・日本人も参加し、日本の伝統文化を体験してもらう貴重な機会となっている。また定住者会は九月に資金調達を主要目的とする「富士祭り」を、一二月には子供たちを対象とする「ホリデー・デライト　子供祭り」を開催している。

八　おわりに

シカゴにおける日系人人口の少なさを考えると、シカゴの日系社会における文化活動はかなり活発であるといえよう。文化活動によって自らの伝統文化を再体験・再認識し、シカゴ社会の中で、そしてアメリカ社会の中で独自性を持つ自己の位置を確認すること、そして、その伝統文化を他人種・他民族の人々に発信し体験してもらうことによって相互の文化理解を深めることは、それが常に両者の新たな共同作業の出発点という意味で、多民族・多文化都市シカゴで生きる人々にとってきわめて重要である。定住者会やタツ青木、野毛洋子、『シカゴ新報』、各種フェスティバルの主催者がそれぞれ異なる文化活動論を持っているとしても、人種・民族の境界を越えた共同作業によって可能となる多文化主義の実現がそれぞれの重要な目標の一つであることは間違いないであろう。それにしても現在、シカゴの日本語文学活動がほぼ停止状態になっていることは、その活動が日系社会における重要な文化活動の一分野であったという歴史的事実を考えると、日系社会にとって大きな損失である。

今後、シカゴの日系文化運動はどのようになっていくのだろうか。日系人の人口が少ない上に、その拡散が進んで日系人同士の直接的な接触が少なくなり、また若い世代の同化が進み、異人種間結婚率が高まる中で、日系社会が保持する伝統文化から離れていく人たちが増えていくことは十分ありうることである。他方、シカゴ日系社会の構成員となる日本からの移住者の増加もそれほど期待できるとは思えない。このような状況の中で、多民族・多文化都市シカゴにおける日系社会の持続と発展を目指して、日系文化運動の更なる活性化の努力と様々な試みがなされるであろうが、強い関心と期待を持って事態を見守っていきたい。

（謝辞）本稿の執筆に当たり、次の方々から多大なご協力をいただきました。ここに記して深く感謝いたします。

川口加代子、浦山美子、竹内清太、青木達幸、野毛洋子、小林鎮香、尾関雄二、Debbie Mieko Burns, Tad Tanaka, Ellyn Iwaoka, Keith Uchima（敬称略）

（参考文献）

『シカゴ新報』一九四五年一一月一五日—
藤井寮一『シカゴ日系人史』シカゴ日系人会、一九六八年
伊藤一男『シカゴ日系百年史』シカゴ日系人会、一九八六年
Holli, Melvin G. and Peter d'A. Jones eds. *Ethnic Chicago.* Fourth ed. William B. Eerdmans Publishing Company, 1995.
Murata, Alice. *Japanese Americans in Chicago.* Arcadia Publishing, 2002.

（コラム）

新一世の家庭教育

平井英夫

はじめに、私達新一世の家庭教育は、基本的に同世代の日本に住む人達の行っていることとなんら変わりはないと思う。なぜなら人のマナー、モラル等は、親や周りの人間と、その育った環境によって形成されるものであるからである。当然日本で育った私達の基本的な家庭教育は、私達の親から伝授されたものを、今の環境の中でアレンジさせたものである。私達の子供には、それらを自然に教えていることになる。それが日本的と言われれば否定出来ないが、決して日本文化を意識しているものではない。日本に住んでいる人が、普段日本文化を意識しないで生活をしているのと同じである。

私達の子供に自分の国籍を問えば、まず自分は、アメリカ人である。そして東洋系民族、ルーツは日本という答えになる。アメリカの小学校の授業で自分達のルーツを調べる課題があった。これによると、一クラス中、地元で生まれその町の小学校に通っている子は少ない。それが、二・三世代さかのぼれば、殆どが外国からの移民になっている。だから、アメリカに住む人達にとって外国は、ごく身近な存在である。

アメリカで育った子供達は、外国文化を特に区別せず無意識に受け入れている。例えば、小さい頃から和太鼓の道場に通っている子供も、柔道、剣道、日本舞踊がみな日本文化であるという意識は薄い。サックスを吹く、ギターを奏でる、ピアノを弾く、皆同じ感覚である。始めたきっかけは、親の意志が反映されていたかも知れないが、そこには文化の意識というよりひとつの趣味として、またスポーツとして参加しているのである。ある意味では、言語もその一つである。バイリンガルである二世は、アメリカではそんなに珍しくはない。

私は、言葉というものは、一つの音楽のようなものだと考える。例えば、英語がマーチであれば、西語がマンボ、そして日本語はボレロと言う風に違ったリズムで無意識に反応するからである。生まれてから私達の息子の周りを空気のように包んでいる音楽は、両親が使う日本語である。私達の奏でるリズム、テンポ、音階は、彼にとって難しい言葉であっても親の言いたいことを感じ取れる最も大切なものである。彼をほめたり叱る時、喜び悲しみを分かつ時に、もっとも効果的なものである。日本語は、親にとっても子にとっても、素直に愛情を込めて自分の心の内を表現する大変重要な言葉である。それ故に私達は、彼が生まれた時から包んできたその音楽をいつもお互いに絶やさないことを最も大切にしてきた。

こうしたバイリンガルの環境に、彼は自然に順応して育ってきた。そのことを別に不自然だとは、思っていない。しかし学校に入り、英語での生活時間が長くなるにつれ、息子を含め、殆どの二世の子供達は、英語で物事を考え話すのが普通である。

私達の家庭教育は、前に述べたように決して日本文化を意識していない。しかし、日本語に関しては大変重要視してきた。新、旧一世も一代でゼロからこの地に生活の基盤を作るのは、そんなに易しいものではない。経済的な力はもとよりアメリカ社会の正しい情報等、他のアメリカ人と比べると大きな差があって当然である。そこで私達一世は、家族の強い団結を必要とし、子供達は親との相互理解のために日本語が、さらに現地を生き抜くための教育に英語が大切になる。

私達の息子は、サンフランシスコ市で生まれた。サンフランシスコ市内は、大人が生活するには便利で快適であった。しかし、子供は、郊外で伸び伸びと育てたい、極力ネイティブの英語を習得させたいと考え、二歳の時、通勤一時間程の郊外に転居した。幸い、地域でも評判の良い公立小中学校が歩いて行ける所にあり、はじめから環境による学校選びに悩まずにすんだ。

当時、近所に同年令の英語を話す遊び相手がいなかったこともあり、彼は保育園に行くまで日本語だけで育った。入園する時に初めて、英語で「おしっこ」と、いやなことをされた時に言う「ノー」を教えた。これは、まるで日本生まれの子供が初めてアメリカの学校に行くのと同じであった。私達は、意識して自分達の未熟な英語を子供に教えず、その代わり学校行事にはボランティアとして欠かさず参加し、それを通してアメリカの学校制度や子供の社会を理解するように努めた。それから二年後の幼稚園の時、彼は初めて複合文を完全英語の形で話せるようになった。現地の小学校に進み、時間と共に英会話での問題は殆どなくなり、高校生になった今では英語で文章を書くことに興味を持ち、時々、学校新聞や、地元新聞のコラムに積極的に投書するまでになった。今や息子は、私達がアメリカ社会をより良く知るための大切な情報提供者、そして解説者となっている。

私達の彼への家庭内での要望はたった一つ、両親とは日本語だけで話すことである。このルールを徹底させるため、英語が出たらその都度訂正し、小学校低学年まで就寝時には日本語で本を読み聞かせた。そして、親子だけの会話のマンネリ化を防ぐため、近所の同じ環境にある新一世の子供達と日本語で遊ぶ機会を多く持たせた。また、毎週土曜日に日本政府より教員派遣のある日本語補習校へ通学させ、小学校低学年の頃は、親子で日本語学習に取り組んだ。

アメリカに住む子供達の土曜日は、課外活動を充実させる重要な日で、スポーツの試合などは、この日に当てられることが多い。補習校に通う子供と親は、どちらを優先させるか選択を迫られ、現地生活を主にする子供達は、上級に進むに連れて国語力の低下も伴い、補習校を辞めていくことが多い。従って日本語補習校の高校まで進学して修了する子供は非常に少ない。

息子が、小さい頃よく見ていたテレビ番組は、アメリカの穏やかなクラシックの漫画やコメディだった。私達はこれに関し、ネイティブ英語を自然に取り入れる方法として歓迎した。

又、彼は英語の本をよく読む。ただ英語の子供向け出版物にほとんど知識のない私達は、中学校までは毎月学校より届く図書購入案内を利用した。それぞれの年齢に合った本を的確に選ぶことができ、ベストセラーや人気の定番シリーズなども知ることができて便利であった。さらに、日本の漫画も好きでよく読んでいる。これに関しても、日本語に馴染む手段として歓迎している。私達の住むカリフォルニアでは、若い世代に日本の漫画が浸透してきている。一般の本屋さんで英訳された日本の漫画本が簡単に買える。息子は日本の人気漫画を原語で読める楽しさと、優越感を満喫しているようである。

一六歳になった夏、息子はクラスメートと二人で日本へ旅行に行った。このアメリカの友達は、家庭の事情で幼いときから殆どファーストフードで育ち、食事に関する興味が殆どなく、ひどい偏食であった。日本食を受け付けず、せっかくのホストファミリーのもてなしも急遽、彼に合わせることになり、また、あまりにも自分本位の性格に、多大な迷惑をかけてしまった。旅行前、彼の母親には、食べ物の好き嫌いを尋ねたはずなのに、現実は違っていたのである。お陰で息子は、日本の美味しい物も食べられず、温かく迎えてくれた人達に謝るだけの旅行となった。普段の学校生活の中では目立たなかったことが、一緒に旅をすることによりマナーやモラル等、基本的なものの考え方の違いを知ることになったのである。つまり、今まで具体的に両親から教わることのなかった日本文化が、いつの間にか彼の中には育っていたのである。

この様に、直接自分自身で日本文化に触れた時、初めて彼の中に無意識に育っていたものが共鳴して感じ取れたのだと思う。また、英語社会の中に生活しているからこそ、その違いを、私達以上に持てたのかもしれない。

子供が日本語を話し理解して欲しいという私達の願いは、今のところ成功していると思う。ただ、彼の英語力が進むにつれて、時々日本語の表現が誤っていることがある。これに関しては、あまり厳しく訂正しようとは思わない。彼にとって英語で話す事が普通である今、かえって日本語が彼の口から出てこなくなる可能性があるからである。いずれ彼が家庭以外のもっと大きな日本社会に入り込む必要性があれば、自然とその誤りに気づき自ら訂正すると思う。

新一世の家庭教育の内容は、それぞれの環境やその語学力の違いで異なる。ここに書いたことは、私達が住んでいるカリフォルニア州という、日本に近く日系人の多い場所での話である。

私達が新二世の息子に望むものは、アメリカ人になれとか、日本文化を守れといったものではない。世界中の人種が移り住むこの国は、多くの違った環境の人達と生活を共にして彼らを理解する絶好の場所である。人種を超えた将来の一地球市民を目指して欲しいと思う。その中に私達の先祖から教えられたマナーやモラルの良い部分を大切にし、また、私達から教わったものを軸に、他の良いものをより多く自分なりに吸収して、新しい時代に似合う文化を育ててもらいたいと思っている。

Ⅲ ハワイ

ハワイ日系人の食文化
――エスニック・フードからローカル・フードへ――

篠田左多江

一 はじめに

移民としてさまざまな国に渡った人びとは、言語や服装などは比較的すみやかにその国に同化するが、最後まで出身国の習慣を保持するのは食物であると言われている。世紀の転換期に鉄道労働者としてアイダホ州で働いた日本人のグループは、労働者の斡旋人から、作業着はブルージーンズ、食物はベーコンやチーズなどアメリカ人と同じ物にせよ、米飯は禁止と固く命令されたという。アメリカ社会に同化しないとの理由で排斥された中国人労働者の轍を踏まないための「アメリカ化」奨励であった。しかし、彼らは休日に町へ出ると、米と酢、鮭の缶詰を買った。仕事場に帰るとひそかに米を炊き、ご飯の上に酢をまぶした鮭を乗せて「寿司」と言って食べるのがささやかな楽しみだったという。このように出身国でなじんだ食習慣は、容易に捨てられないという事実がある。

ハワイではどうであろうか。多くの日本人が製糖プランテーションの労働者として渡り、数の上でエスニック集団の第一位を占めた時期もあったため、彼らはアメリカ本土と比べ容易に日本の食習慣を保持することができた。しかし、手に入る食材は限られており、調理方法も少しずつ変えることを余儀なくされた。時がたつにつれ、それらは次第に変容をとげてローカルフードとして定着していった。この稿では、日本人移民の食生活と彼らがもたらした食物がローカルフードとなる過程をオアフ島およびハワイ島での調査をもとに検証する。

二　西洋との出会い

ハワイ先住民は、西暦二五〇年ごろマルキーズ諸島から渡ってきたポリネシア人で、一四世紀には移動が完了し、定着した人びとは他との接触がないまま、独自の文化を作りあげた。先住民の主食は、タロ芋を蒸してつぶし、水で薄めてドロドロにしたポイと呼ばれるもので、現在でも多くの人が好む食べ物である。ほかにさつまいも、ウル（ブレッドフルーツ）なども主食となった。蛋白源は豚と犬で、葉に包んで蒸し焼きにした。これらは高貴な人の食べ物で、女性が豚肉を食べることを禁じるタブーもあった。一般の人は、火を通すか、または塩をふって生のままで魚介類を食べた。魚の養殖も行われ、各地に養魚場があった。保存食として塩漬け、干物があり、海草、サトウキビ、ココナツ、ククイの実なども食用とされた。

一八二〇年代に、合衆国ニューイングランド地方から宣教師たちがやってくると、長い間続いた伝統的な先住民の食生活にも変化のきざしが現れた。宣教師たちによって牛、馬、羊、山羊などがもたらされた。主食のタロ芋はじゃがいもとパンに、マンゴーはりんごに代わり、シチューやチャウダー類がメイン・ディシュとなった。キリスト教が広まるにつれて、王族が次第にタブーを廃止し、カメハメハ一世の妃で、のちに摂政となったカアフマヌは自ら豚肉を食べてタブーが無意味であることを証明したという。コンビーフ、塩漬け肉、塩鮭も導入された。このようにしてゆっくりではあるが、たしかな変化があり、一九世紀末までにハワイの食べ物はニューイングランドから大きな影響を受けることとなった。

三　プランテーションの食生活

欧米人が往来し、ハワイは貿易の中継地、捕鯨基地として太平洋上で重要な役割を果たすようになった。転機が訪れたのは、製糖プランテーションの出現であった。カウアイ島コロアで最初の本格的な製糖プランテーションが始まったのは、一八三五年であった。一八五〇年、外国人の土地所有が許可されると、王国の土地制度が崩壊し、土地はあっという間に欧米人の手に渡り、先住民を労働力としてプランテーションがつくられた。しかし往来する人びとの持ち込んだ病気により、先住民人口は激減し、その結果導入されたのが移民労働者であった。一八八〇年代から一九二〇年代にかけて、多くの契約労働者が入国した。中国人、日本人、朝鮮人、プエルトリコ人、フィリピン人、ポルトガル人、ドイツ人などで、それぞれの特色のある食べ物をもたらした。

ハワイ島パホアのプランテーションで生まれ育ったヒロオ・サトウによれば、子供たちはそれぞれの人種を食べ物の名で呼んだという。中国系はチャプスイ、朝鮮系はキムチ、ポルトガル系はバカラウ(干し魚)、フィリピン系はバゴーン(魚醤)、日系は大根であった。日系人は大根を毎日の総菜として食べていたことから、日系人を連想する食べ物とされた。

一八八六年の第三回官約移民・川辺清右衛門が故郷、山口県大島郡の家族に送った手紙には、「……野菜物は日本とわ違ひ、いつもナスビ、ボウブラ（かぼちゃ）、ゴボウ、大根、ネギ、チシャ、小イモ、トンガラシ、セウガ、トウガ、時季が定めたるにていつも有之也」と書かれている。川辺は、日本で馴染みの野菜が季節を問わずにあることに安心したようである。（土井　一〇九）

一八九四年の『殖民協会報告』に掲載された恒屋盛服による「布哇《ハワイ》糖業報告」のなかで、各国の移民の一カ月の食料費が示されている。ポルトガル人が九ドル一六セント、中国人が六ドル四三セントで、日本人はそれよりも安い六ドル三二セントであった。他国の移民に比べて日本人の食べ物は粗末であったことがわかる。報告にはまた、「……移住民タルモノハ僻村ノ純農ニシテ白米ハ一歳中祝日祭時ノ外食セサル如キ輩ニ限ル可シ……」と記して、郷里では白米などハレの日以外は食べないような人びとが移民として相応しいと報告している。

森田栄は、その著書『布哇日本人発展史』のなかで、三年契約で来た日本人は、三〇〇〜四〇〇円を貯めるため、先住民が捨てたタロの根や葉まで食べて倹約したと記している。プランテーションでは労働者を効率よく労働させるために、まず米飯を食べさせて満足させ、さらに食べなれた食物を内部の店で販売した。日本人の多いところでは、ホノルルからソーメン、かまぼこ、味噌、醤油、梅干し、大根などを取り寄せたという。日本人は住宅の周囲の空き地を耕し、日本から持ち込んだ種を蒔いて野菜を栽培し、食材の確保に努力した。

初期には精米所がなかったため日本から白米を輸入していたが、精米所をつくって関税の安い玄米を輸入するようになり、価格は下がった。一九〇五年、日本人がハワイ島コナでコーヒーの間作として米を栽培したが、実入りが不十分で不成功に終わった。その後、試行錯誤を繰り返した結果ハワイでも米の生産が可能になったが、需要をまかなうにはいたらなかった。のちに米は増産され、農産物の第三位を占めるまでになった。ハワイ島のヴォルケーノ・ヴィレッジで生まれたギャレット・ホンゴウは自伝的著書『火山』のなかで、「ボタン」、「フクスケ」、「シラギク」、「ハクツル」などの多様な米のブランド名をあげている。

一九一六年にオアフ島ワイパフのプランテーションで、独身労働者に供される夕食は、牛肉と青菜の煮付け、みそ汁、たくあん三切れに食べ放題の米飯であった。昼食はコックが用意した弁当を職場へ持って行った。それはアルミニューム製、二段重ねの円筒形の容器で、上には焼き魚と赤豆の煮つけ、たくあん二切れが、下にはご飯がはいっていた。この頃は労働者の日給が一ドルで、食費は一カ月一〇ドルになっていた（津島　二三、三二頁）。

一九二四年に日本人移民の入国が禁止されるまでに、多くの写真花嫁がハワイ社会へはいり、出稼ぎの日本人は家庭をもって定住生活を営むようになった。一九一四年日布時事社は、家庭の主婦を啓蒙するため『布哇《ハワイ》家庭雑誌』を発行した。毎号「簡易和洋料理」と題して二ページにわたり、調理法が載っている。西洋料理は、ビーフステーキ、ハッシュドビーフ、フライドチキン、フィッシュ・チャウダー、スタッフド・トマト、マッシュルーム添えロールビーフなどアメリカ本土の白人の料理である。日本料理は、ごく普通の炒り鶏などもあるが、くわいの海老巻き、ぎんなん蒸し、冬瓜もみ、鰺の黄味酢かけなど入手しにくい食材を使い、しかも調理技術を要する料理が多い。くわい、ぎんなんはハワイにはないもので、輸入缶詰を使わなければならない。きゅうりならどこにでもあるが、冬瓜は入手が難しいと思われる。このような料理記事はいかなる読者を対象に書かれたものであろうか。この記事からは、プランテーション家庭の姿は浮かび上がってこない。これがどれほど受け入れられたかは不明だが、少なくとも大多数の日本人の生活とは無縁であったと思われる。

一九三〇年代、ヒロオ・サトウはプランテーションで、大根、人参、ねぎ、キャベツ、さといも、豆類からミョウガ、しょうが、ずいき、蕗、春菊、みつば、紫蘇まで栽培したという。これだけでなくタンポポの柔らかい葉、アマランサスの若芽、タロイモの茎、シダの芽などの野草も食べた。タロイモの茎は湯がいて豚肉や缶詰の鰯と煮付けにしたという。

ハワイ島の熱帯雨林に生えているハプウと呼ばれる巨大なシダは、先住民の食べ物であったが、日系人も好んで食べるようになった。巨大ではあるが、形がワラビやゼンマイに似ていることから、親しめたのであろう。ハプウは二月から三月と七月から八月の二度若芽を出す。サトウの時代には、茎を水で湯がいて柔らかくし、皮をむいて二インチの長さに切り、薄切りにしてから数日間水にさらしてアク抜きをする。これをカクマと呼び、豚肉か缶詰のイワシと煮て醤油、砂糖で味つけしたという。ギャレット・ホンゴウは、カクマはアーティチョークのようにサラダに入れて食べると書いている。昔は貧しい移民家族が無料の食材として利用していたのだが、時代が変わればデリカシーとして珍重されるようになったのである。

プランテーションの労働者家族は、定住後もおおむね質素な生活を送っていた。日本へ送金するため、貯金して将来の起業に備えるため、子弟の教育費にあてるためなど、その目的はさまざまであったが、できるだけ倹約して預金を増やそうと努力した。カルヴィン・スエダはハワイ島ニノレ・プランテーションで生活したが、米や調味料以外にお金を出して買うものはほとんどなかったという。彼は一九二六年生まれで、一四歳のとき母を失い、その後は姉妹二人の長男として父とともに、学校が休みの土曜日に時給一七セントで働いていた。鶏、豚、牛を飼っていたが、良い肉は売り、家族が食べるのは、売り物にならない部分だけだった。冷蔵庫もないので、豚肉はかめに入れて塩漬けにした。ときどき父が野生の豚を仕留め、それを干し肉にしたが、固くて棒のようだったという。釣ってくる魚も重要な蛋白源だった。食事は米飯中心で、朝食はご飯、みそ汁、たくわんと決まっていた。家の周囲を耕して、大根、ごぼう、白菜、人参などを栽培し、必要な野菜がなければ近所の人と物々交換した。たくわんも醤油樽で漬けた自家製だった。両親は広島県出身で、故郷では好んで食べたイリコも買わなければならないので食べなかったというほど、徹底した自給自足の生活であった。

サトウの回想によれば、ビン入りソーダ水は子供たちが一年に一度、正月に買ってもらえる贅沢品だった。ふたを開けて飲んでしまえば一瞬にしてなくなるので、ふたに釘などで小さな穴をあけ、時間をかけて少しずつ飲んだという。また、巻き寿司などもひとくちで食べないで、中身のたまごやしいたけを少しずつ取り出し、時間をかけて食べた。子供たちは質素・倹約の生活のなかでも、小さな楽しみを見つけて大切にした。

プランテーションでの食事について尋ねると、誰もが一様に「チャプスイ」と「ヘッカ」と答える。これらは少しの肉に野菜を混ぜて作った栄養価の高い簡単な料理であるから、たくさんの子供を抱えた家族には最適であった。チャプスイは中国風の煮物、ヘッカは肉とたけのこ、青ねぎなど手近にある野菜を砂糖としょうゆで煮付けたもので、すき焼き風に食卓で煮ながら食べることもあった。ヘッカということばはハワイ語にはない。島根県大田市あたりの人びとが常食にする「へか鍋」と調理法が似ていることから、結びつきも考えられるが、これを日本人移民がもたらしたという確証はない。

プランテーションではほとんどすべての家族が鶏を飼っていた。肉を食べて、骨をスープに、羽毛は枕に入れる。卵を食べてカラは畑にまく。フンは落ち葉と混ぜて肥料にする。オンドリは目覚まし時計の代わりになるし、メンドリを畑に放つと害虫を食べるので農薬が不要になるという理由から、パッツィ・サイキはその著書『ハワイの日本女性』のなかで、鶏はもっとも役立つ家禽であったと述べている。スエダとおなじく一九二六年、ハワイ島オーラア・プランテーションで生まれ育ったシズコ・ヤマモトは、和洋折衷の食事をしていたという。朝食にはイリコ入りオムレツ、ポルトガル・ソーセージ、ハムも食べた。プランテーションの繁栄にしたがって、食生活も次第に豊かになっていった。山城正雄は小説「移民時代」（『南加文藝』第一―八号）のなかで、白人の家庭に家事手伝いとして働く日本女性が、白人の主婦にパンの焼き方、シチュウ、マッシュポテトなどの調理法を習い、それを家でも作って食べたと書いている。当時、白人の食べ物は日本人の憧れであり、それを食べることは社会的上昇と感じたことから、その調理法は徐々にプランテーションに広がっていった。しかし、経済的あるいは嗜好の点からベーコンやハムはイリコで代用され、他には見られないイリコ入りオムレツが生まれた。完璧な西欧料理にならず、移民のもつ食文化と融合し、変容した点がハワイの特徴である。

四　ローカルフードの出現

レイチェル・ローダンは、「ハワイの料理はピジン英語と同様に間に合わせ料理である」と言う（ローダン　一七頁）。一世は日本の伝統的な料理を保持しようとしたが、変容を余儀なくされた。二世の時代になると新しい料理が現れた。それは三世、四世の時代である一九七〇、八〇年代になるとさらに変化をとげた。ローダンはそれらの料理をフュージョン・フードと呼んでいるが、これがローカルフードとなって定着していった。

日本人の食物からローカルフードへ変容した主な食物としてまず、米と生魚を中心にしたものがあげられる。もっとも一般的なものは「ムスビ」である。プランテーションの子供たちが学校へ持っていく弁当は、新聞紙に包んだ梅干し入りムスビであった。副食物としてイリコまたは干物がつくこともあったが、大抵はムスビだけだったので、他人種の学童から「オパラ・カウカウ」（粗末な食べ物）と呼ばれてバカにされたという。しかし、ムスビのおいしさは皆に理解され、淡泊な味を補うためにムスビの上にスパム（缶詰のランチョンミート）を一切れ乗せて海苔で巻いた「スパム・ムスビ」ができあがった。今ではハワイを象徴する食物として人びとに親しまれている。

米飯を使ったもうひとつの人気料理は「ロコモコ」である。どんぶりまたは皿に盛ったご飯の上にハンバーグを乗せ、グレイビーをかけ、さらに目玉焼きなどを乗せたものをロコモコと称する。中野次郎によれば発祥の地はハワイ島ヒロで、一九四九年から「リンカーン・グリル」を経営する二世のリチャード、ナンシー・イノウエ夫妻が考案したという。いつも店に来る高校生のアメリカン・フットボール選手たちに夫妻が安くて早く、簡単に作れる食事として出したところ、大好評となり、またたく間にハワイ中に広まった。これは若者だけでなく、パンよりもご飯を好む日系人の嗜好にも合ったため、多くの人から支持されたのであろう。「ロコ」はハワイ英語の発音でローカルを表し、モコは意味がないが発音上のゴロ合わせだという。「ロコモコ」こそ、日系と西欧の食べ物が融合したハワイならではの料理といえるであろう。

米をつかったものとして、「モチ」も一般的な食べ物である。正月でなくても一族が集まるパーティなどで餅つきをするなど、異人種間結婚の多いハワイでは日系人ばかりでなくモチを好む人は多い。本屋に並ぶエスニック料理の本には必ず「ゾウニ」のレシピが載っており、正月に雑煮を食べる習慣は、プランテーション時代をこえてまだ続いているようである。最近は餅つきをせずに、モチ・メイカーを使う人も多いようだ。伝統的なモチのほかに、リリコイなどを入れた甘い「リリコイ・モチ」など、「モチ粉」を使った食品すべてが「モチ」と呼ばれている。センベイもおやつとして日系人だけでなく広くローカルの人びとに好まれている。ホンゴウは独立記念日のピクニックのおやつはセンベイだったと回想している。

麺を使った料理には日本のラーメンに似た「サイミン」がある。ルーツは中国料理かどうか不明だが、ファースト・フード店のメニューにも加わっている。最近、人気のある麺料理は「ソーメン・サラダ」である。これはゆでたソーメンの上に生野菜、錦糸卵、鳴門巻きの細切りを乗せて中華風ドレッシングをかけたもので、日本の「冷やし中華そば」と似ている。麺はゆでたてを食べるという日本の食文化とはまったく異なる発想で作られていて、西欧の食物であるサラダとアジアの麺がひとつになった新しいローカルフードである。

生魚はもちろん「サシミ」である。現在は日本人経営の本格的な和食の店があるが、「サシミ」といえば、千切りキャベツの上にたくさんのマグロの薄切りを乗せ、練りわさびを山盛りに添えて出される。日本国内では到底見られない盛り方である。

生魚の料理で、ハワイの食習慣と日本人の食文化が融合してできたものは「ポケ」である。これは刺身から変化したもので、生マグロのぶつ切と細かく切ったオゴを醤油で和え、イナモナ（煎って砕いたククイの実）を振りかけた「アヒ・ポケ」が基本である。住民の食習慣により、欧米諸国と違ってハワイでは、生の魚を食べることに抵抗はなかった。カリフォルニアの『サクラメント・デイリー・ユニオン』紙の特派員として、一八六六年にハワイ島に滞在したマーク・トウェインは、『ハワイ通信』のなかで「現地人は魚が好きだ。おまけにこいつを生で食べる」と嫌悪感を表している。生魚に加えて、日本人が持ち込んだ醤油もプランテーション時代を通じてハワイ社会に浸透した。さらに先住民、日本人ともに海草を食べる習慣があった。ポケはまさに生魚、海草、醤油が一体となって生まれたローカルフードといえよう。

現在では多くの種類のマグロやカニ、タコ、オピヒと呼ばれる貝などを使い、さまざまなポケが作られている。青ネギのみじん切り、ゴマ油やニンニク、タマネギの薄切りを加えたものなどがある。ホノルルで鮮魚の卸小売会社タマシロ・マーケットを経営していたラリー、エレン・コニシ夫妻によれば、一九八〇年代に自宅で作っていたポケを売り出したところ、大変人気が出たという。魚は刺身用よりも安い部分を使うことができ、醤油で和えることで長持ちすることから手頃な値段の商品となり、スーパーマーケットでも売るようになった。それぞれの店が工夫し、競い合って新商品を開発したという。現在でもタマシロ・マーケットには一〇種類ものポケが並び、人びとが惣菜として買い求めていく。

生魚と言えば「寿司」で、現在ハワイのいたるところに「スシ・バー」があるが、これは一九八〇年代以降のアメリカ本土、とくにカリフォルニアのスシ・ブームの影響を受けた結果である。ハワイで寿司といえば、昔からいなり寿司と海苔巻きで、現在でもこれらが主流である。プランテーションで、新年のご馳走には、太巻きにいなり寿司がつきものであった。一般に生魚を食べる習慣があっても、握り寿司を食べることはなかったようである。握り寿司は江戸前の寿司で、移民の出身県ではなじみがなかったからであろう。

豆腐も日本人がハワイにもたらした食品である。近年、欧米で大豆製品が健康食品として評価され、トウフ・ブームが起こったが、ハワイではこれより一〇〇年も前から一般化していたのである。各プランテーションには必ず豆腐製造所があり、各種豆腐のほか、油あげ、さつまあげ（プランテーションでは天プラという）、こんにゃくなどが作られていた。今でも町で買う弁当に「オカラ入りコロッケ」がはいっていることもめずらしくない。中国人も日本のものとは異なる自国の豆腐を作っている。

トウフ製造所（ホノルル）

ホノルルの「アロハ・トウフ・ファクトリー」を経営するポール・ウエハラによれば、彼の祖父母にあたる沖縄出身の上原亀次郎・ツル夫妻がプランテーションで豆腐製造を手がけ、その後ホノルルの町に出て豆腐屋を営んだという。三代にわたって受け継がれた豆腐製造は、現在では機械化された工場となっている。健康食品ブームの影響か、ウエハラもライムで味付けした「トウフ・ジェロ」など低カロリーデザートを試作中だという。

スーパーマーケットのパン売場や町のベーカリーをのぞくと、必ずあんパンがある。これは明治時代に日本で考案されたパンで、日本人移民がもたらしたものであろう。ジャムではなく、あずきあんを使ったデザートは欧米にはない。ハワイではさらに「ココナツ・あんパン」という不思議な名前のパンがある。これはあんの代わりにココナツの甘いペーストをいれたもので、まさにハワイと日本の味の融合といえるだろう。また、ブレッドではなく、「パン」と呼ぶのもハワイ独特のピジン言語で、英語圏から来た人は戸惑ってしまうだろう。タロイモを入れて焼いたものは、「タロ・パン」と表示されている。最近では、グアヴァ、マンゴー、タロなどを混ぜて四色に焼いた「レインボウ・ブレッド」という食パンが流行している。

おやつとして日本人がハワイにもたらし、名物となったものに「シェイブ・アイス」がある。これは日本の「かき氷」であるが、ハワイでは器ではなく、アイスクリーム・コーンのような三角錐の形をした紙の容器にかき氷を入れて、シロップをかける。レインボウと称するあざやかな七色のシロップを使って、いかにもハワイらしい。地元の人びとにも観光客にも人気があり、有名な日系人の店には行列ができるほどである。バニラやココナツのフレイバーにまじって「アズキ・ビーンズ」がある。日本の「氷あずき」とは似て非なるもので、たしかに「氷あずき」から「シェイプ・アイス」への変容が明らかである。

五　「オカズヤ」とベントウ

ハワイの町を歩くと、「OKAZUYA」という看板を見かける。最近では「デリカテッセン」に変えたところもあるが、都会を離れると、まだ「オカズヤ」の看板が残っている。おかずとは副食物を示す女性ことばである。本来は「菜」または「総菜」と言う。日本では「総菜屋」はあるが「オカズヤ」という表現は一般的ではない。これはハワイ独特のことばといえよう。一九〇〇年ころから日本人のなかにはプランテーションを去って、町で小規模な商店を経営する者がいたが、このころ「オカズヤ」の原型ができたようである。契約労働が禁止された一九二〇年代になるとさらに多くの日本人が町へ出て、家族労働が基本の小規模な店を営んだ。主婦が料理の腕をふるって「オカズヤ」を開業すれば資本も少なくて済み、きわめて手軽な起業であったといえよう。

現在は日系人だけでなくあらゆる人種の人びとが「オカズヤ」の顧客である。ここで売られているのが「ベントウ」である。プランテーションで、労働者が耕地へ持参した弁当の伝統は、ハワイ社会に現在も生きている。人びとはプラスチックや厚紙の容器に、スパム・ムスビやいなり寿司などの主食を入れ、多種ある総菜のなかから好みの副菜を選ぶのである。どこにでも必ずあるのは、「ニシメ」である。たけのこ、人参、大根、はす、じゃがいも、こんにゃく、さつまあげ、油揚げなどの煮ものであるが、味付けはたいへん甘い。昆布がはいっているのは沖縄人の影響であろうか。名前は同じでも日本のそれとは違っている。味付けの甘さは、かつての「砂糖王国」の名残であろう。プランテーションでは、精白していない茶色の砂糖は安かったのでふんだんに使ったという。

「オカズヤ」の看板（ハワイ島ヒロ）

野菜、海老、魚などの天ぷらやフライド・チキン、豚カツ、オカラやポテトのコロッケ、豆腐の煮付け、キンピラゴボウ、卵焼き、ギンダラの照り焼き、紅白なます、ポテトサラダ、マカロニサラダ、キムチ、カルビ、ポルトガル・ソーセージ、酢豚、チャーシュー、照り焼きチキンなどのほか、ハワイアン料理の「ラウラウ」（豚肉をタロの葉で包んで蒸したもの）、「カ

「ベントウ」の看板（ハワイ島ヒロ）

ルア・ピッグ」（豚の丸焼きの肉を細かくほぐしたもの）なども並ぶ。ほとんどが日本の家庭で馴染みの総菜であるが、ニシメと同様、味は日本のものとはかなり異なっている。日本人がもたらした食べ物も、多様なエスニックの味の影響を受けて次第にハワイ独特の味に変わって行ったのである。ヨシイ・ミヤザキによれば、「オカズヤ」には、次第に多様なエスニック食品が加わり、健康食品として人気のあるオカラのコロッケやハワイアン・フードはごく最近加わったものだという。

　多種の総菜を少しずつ色とりどりに詰め合わせる弁当は日本の特徴ある食文化であるが、これは「プレート・ランチ」となってハワイに定着した。皿の上にさまざまな料理を盛りつけ、一皿で間に合わせるという方法である。ローダンによれば、一九三〇年代にプランテーション労働者に弁当を売るワゴンが現れた。米飯、マカロニサラダ、フライドポテト、肉と少量の野菜、それにデザートとしてパイとソーダがつき、二〇セントで売られたという。炭水化物が多く、栄養バランスの悪い食事であった（ローダン二〇頁）。

　このランチ・ワゴン・ビジネスは第二次大戦中も軍事基地の労働者を相手に繁栄した。一九七〇年代からアメリカ本土のファスト・フード店が次々に開店したが、プレート・ランチは淘汰されずに生き残った。現在でもフード・コートや気軽なレストランはプレート・ランチの形式を採用している。もっとも一般的な盛り方は、大量の肉料理にアイスクリーム型で丸く抜いた米飯とマカロニサラダを添える。マカロニの代わりにポテト・サラダかフライドポテトという選択もできる。少量のキャベツやレタスがついていることもある。肉料理はカルビ、チャーシュー、テリ・ビーフ、ポルトガル・ソーセージなど簡単に焼いたものが多い。カルビは朝鮮、チャーシューは中国、テリ・ビーフは日本の照り焼きで、大量の肉を食べる習慣は白人のものである。これに米飯というアジアの食習慣が加わったプレート・ランチこそ、エスニックの食文化が融合したハワイを象徴する食べ物と言えるであろう。脂肪が多く、繊維が少ない不健康な食べ物で、肥満の原因であると非難されながらも、人びとはこれがハワイの味だと好んで食べているのである。

スパム・ムスビの「ベントウ」

六　おわりに

ハワイは合衆国のなかで、もっとも豊かな料理の伝統をもつ社会のひとつであるとローダンは言う（ローダン一頁）。海産物、農産物など自然の恵みが豊かであることに加えて、各国からの移民たちのさまざまな食物が融合して、ハワイの食文化が創られた。

一九三〇年代、パホア・プランテーションで働いた帰米二世マサノブ・シモダは、フィリピン人の行商人が「バゴン、おいしいバゴンはいらないか」とタガログ語で売りに来たのを覚えているという。日系人は、日本の「塩から」によく似た味のバゴンを和え物の調味料に使った。中国人は天秤《てんびん》に茹《ゆ》でたピーナツを入れて売り歩いた。かつてプランテーションの居住区は、エスニック別に分離されていた。これは言語の違いによる誤解を招くのを防ぎ、エスニック内の緊密な関係を保つためとされているが、すべての労働者が団結したストライキの防止策であるとも考えられる。この結果、長い間それぞれのエスニック料理が保持されたと言われる。

しかし人びとの食べ物の交流は、前述のような行商人や学童の弁当、白人の家で働く女性たちを通じて徐々に浸透していった。故国で食べていた煮つけにも、現地で無料で手にはいる野生の植物を利用したり、冷蔵庫もない生活の中で生の魚をしょうゆ漬けにすることにヒントを得たポケなど新しい食物が生まれていった。さらに「オカズヤ」という販売形態が現れ、食事の供し方として弁当やその変容であるプレート・ランチが定着した。ハワイではレストランでフォーク、ナイフのほかに箸が出されるのはめずらしいことではない。西欧の食事作法にアジアの形式が加わって、人びとは何の違和感もなく食事を楽しむ。ハワイはアメリカ合衆国に併合されたとはいえ、かつては独特の文化をもつ王朝があった。のちにおもにアジアから多くの移民が導入され、西欧人がマイノリティであったため、同化すべき強固な西欧文化がなかったことが、このような食文化を創り出した要因であろう。

ハワイは観光産業と軍事基地に支えられ、昔と変わらずつねに多くの人びとが往来する場である。人びとは新しい食物をもたらし、それはさまざまな形で現地の食物と融合して別の新しい食物が生まれる。ハワイ社会はこのような創造のエネルギーをずっと持ち続けてきたが、これからもそのエネルギーを失うことはないであろう。次々と創りだされていくローカルフードは、ピジン英語と同様にハワイに生きる人びとのアイデンティティの証として、人びとに支持され続けることであろう。

〔謝辞〕この稿を書くにあたって、次の方々からご協力いただいた。お名前を記して感謝申し上げる。マサフミ・ホンダ（ハワイ・ジャパニーズセンター）、ポール・ウエハラ、ツヤコ・オガタ、ラリー、エレン・コニシ、ヒロオ・サトウ、マサノブ・シモダ、カルヴィン・スエダ、ヨシイ・ミヤザキ、シズコ・ヤマモト（敬称略）

〔参考文献〕

殖民協会『殖民協会報告』第六号、一八九四年一〇月
津島十吉『ハワイ移民の子』ホノルル、ハワイ移民の子刊行会、一九六八年
土井弥太郎『山口県大島郡ハワイ移民史』マツノ書店、一九八〇年
日布時事社『布哇家庭雑誌』第一巻第一号――八号、ホノルル、一九一四年
Laudan, Rachel, *The Food of Paradise*, Honolulu: University of Hawaii Press, 1996.

ハワイ日系人の記憶を求めて
――民間仏教歌と精神的伝統――

ウェルズ恵子

一　過去へ遡る旅

二〇〇二年、ヒロ

ハワイ島ヒロでは、湿っぽくて薄暗い安宿に泊まることになった。正面の道路の向こう側が湾になっていて、子供たちが水着姿で釣りをしている。私の部屋は一階で中庭に面していた。窓の外に人通りがあるのでカーテンを閉めたまま夜を迎えた。寝付いて夜半にふと目がさめた。窓の外で、ばさっ、ばさっ、とバケツで大量の水をかけているような音がする。ホテルの人が中庭の植え込みに散水しているのだろうと思った。いまどき、バケツで水やりなんて。どんな力持ちが。しかもこんな夜中に……。朝起きてわかったのは、あれが雨だったということ。「バケツをひっくり返したような雨」というが、まさに、数分おきに巨大なバケツから水を空けるような音だった。これがヒロか、と思った。よくあることだそうで、誰も驚いていなかった。

ハワイは不思議な土地だ、というのが数度かの地に足を運んで歌の調査をしてきた後の私の感想である。空は明るい。緑は鮮やかで、家々の壁は白く、花は大きく、鳥が美しい。人々の服装は軽く、多くの人が気取らないで親切だ。それなのに、夜はあんなむちゃくちゃな雨が降る（ヒロだけかもしれないが）。調査で会う人はみな、楽しく気楽に暮らしているようなのに、話が過去に及ぶと内容が暗い。いわゆる苦労話ではなくて、日系人の過去が霊のように重くのしかかっていると感じる。調査中、私は何度か自分の探しているものを見失いそうになった。人々の話が生死にかかわる真剣なもので、時として血生臭く苦しかったので、私が聞きたいのはその強烈な話なのかそれとも伝承の歌なのか、自分でもわからなくなってしまうのだ。ハワイの人々が語る一世二世の話は、彼らの時代が生活言語としての日本語の消滅とともに急速に遠のいているために、もはや個別の家族の歴史ではなく、日系人の集団的記憶になりつつある。

私がヒロへ行った目的は、盆踊り歌探しであった。ワシントン大学教授でアメリカ学会会長だったスティーヴン・H・スミダ氏から、ヒロには部外者が教えてもらえない幻の「二世部隊岩国音頭」があると聞いていた。

周知の通り、日系二世で構成された四四二部隊は、第二次世界大戦中ヨーロッパ戦線のうちもっとも危険で無謀な作戦を割り当てられ、多大の戦死者を出した。この部隊に関する盆踊り歌を二〇年以上前に研究者が教えてもらったが、地元の人が望まない利用の仕方をしたので、それ以来部外者には門外不出の歌となったという。何という研究者がどこでどうその歌を利用したかはわからない。でも、その日本語歌の意味をわかる人は地元にはもういないだろうから、いま記録しないと消えてなくなってしまうかもしれない、とスミダ氏は言う。それで出かけていったのだ。さまざまな下準備はしてあったが、私はおおいに不安だった。あまりにも多くの犠牲者が出た日系人部隊を弔う歌である。遺族たちが長く外部に閉ざしたその歌を、教えてほしいといって乗り込んでいくのに、勇気のいらないわけはない。

ヒロでの最初の晩は「バケツの水」の件もあってよく眠れなかったので、早朝、私は西本願寺ヒロ別院に向けて車を走らせた。着いたのはまだ六時少し過ぎだった。写真を撮ろうと思って車を降りると、建物の闇から朝の白い空気の中へ、黒い僧服姿の人が現れた。予想外のことに私はたじろいだが、その人は私に気づくとどんどん寄ってきて、英語で私の名前を呼んだ。この後、調査を積極的に手伝ってくださることになるミドリ・コンドウ開教師であった。確かに彼女に面会の申し込みはしていたが、もっと遅い時刻であり、どこの建物を尋ねていけば彼女に会えるのだろうと考えていたところだった。とっさに、何かがこの人を私に引き合わせたのだと思ってしまった。そんな、非合理で超自然な巡り合わせを信じたくなるようなことがこの後も何度か起こり、そのたびに私は、憑かれたような一目散に逃げ出したいような、えもいわれぬ気分になった。そういう自分が情けなくもなった。

「二世部隊岩国音頭」

コンドウ氏はあちこちに情報を求め、ヒロにこの歌を唯一歌える老婦人がいることをつきとめた。コンドウ氏が電話をかけてくれたが、その婦人はもう高齢だから誰にも会いたくないということで、歌を継承した中国系の人の連絡先を教えてくれた。その人にコンドウ氏から電話をしてもらうと、大変大事な歌だからよそ者には教えられない決まりになっているという。かつての事件以来、許された人（実際には、この中国系の歌手一人）だけが習えるのだそうだ。しかし、盆踊りのときに録音するのはかまわないという。ただし、どの会場でいつ歌うかは教えられないし、歌うか歌わないかさえその場次第でわからないという。日本に住んで仕事のある私は、盆踊りの季節をずっとハワイで過ごすことは望むべくもないので、この答えを聞いて絶望的な気持ちになった。同時に、おそらくは俗謡風に感傷的なその盆踊り歌が、これほどまで神聖化されていることに少なからず感動した。私はその場ではそれ以上の調査をあきらめて、いまだその歌を聴けないでいる。現在のヒロでは、この日本語の歌の意味をよくわかって踊っている人は皆無に等しいだろう。

ホノルルに行って、いくらか事が進展した。岩国音頭の歌い手として有名なジェイムズ・クニチカ氏を尋ねたとき、あるパンフレットに印刷された歌詞を見せていただいたのだ。一九七七年七月七日にホノルル、ベレタニア街の浄土真宗教会教団が、百大隊と四四二部隊の戦死者追悼盆踊りの催しで五〇〇部印刷したパンフレットだった。歌は、日系人部隊の活躍を追う劇的かつ勇壮な内容である。作詞、作曲者の記述はない。後に、この歌は、ハワイ在住の尾崎無音作詞で、一九五一年にテイチク・レコードから出されていると知った（中原ゆかり「歌われた太平洋戦争」『移民研究年報』第八号）。歌の一部を引用する。

「岩国音頭　二世部隊（四百四十二部隊）（百大隊）」
時これ昭和の十六年　こく（十二月）七日の朝まだき
世紀のあらし雲を呼び　夢を破ぶりし楽園は　遂に火を吐く真珠湾
汗と涙で五十年　わが同胞が築きたる　そのいしずえもぐらつきて（中略）
大義は親を滅すとか　国土の恩に身を捨てて　ようやく出征志願する
星条旗下の若人の　二世部隊のけなげさよ（中略）

焔熱焼くるアフリカを　二世男子の行くところ　鬼神をさけて火ともゆる
雪のカシノの戦いに　泥濘続くアンゼオに　立てる功《テガラ》の百部隊

先にハワイ島で探して出会えなかった四四二部隊の盆踊り歌が、右の歌と同じかどうかはわからない。しかし、ともかくハワイ諸島の複数の場所で、日系人の戦死を英雄化した歌が、きわめて大事なもの神聖なものとして伝えられてきたのだ。マウイ島でも四四二部隊は伝えられている（情報は与世盛智海氏）。四四二部隊についてのハワイ日系人の集団的記憶は、確かに人々に重くのしかかっている。それが盆踊り歌以外にどのような言い伝えや記録によって家族に継承されたかを、私は次の調査で知ることになる。

コナ、そして二〇〇三年再びコナへ

ヒロでの調査は思い出深かったが、研究資料はあまり手に入らなかった。同じ旅で私はコナへ向かった。宗藤達夫編のハワイにおける浄土真宗詩アンソロジーに掲載されている詩人のうち、松多ハルさんと佐々木チヨノさん（以下敬称略）の遺族に会いに行ったのだ。宗藤氏は一九八〇年から八六年までコナ本願寺の開教師を勤め、この本にコナの一世二世が作った歌や短歌などを記録、解説している。

二〇〇二年の最初の面会で、松多と佐々木の娘さんたちから印象深い話をたくさん教えていただいたが、何も書けないまま一年が過ぎた。ところがある日、宗藤氏からぽんと資料が送られてきた。松多の歌詞ノート、佐々木の歌詞ノート、佐々木の肉声でインタヴューと自分の歌を歌っているテープ、それから松浦秀雲の『法悦物語』だった。それらを調べ始めたときの気持ちは今でも忘れない。もやもやと不可解であったものがいっぺんに解けた。一方で、ハワイ日系人が今でも無意識に負っている深い傷を知って暗澹としたのである。〇三年三月に私は再びコナに赴いた。

二　松多ハル

一七七首の短歌

松浦秀雲は、一九三六年にコナ本願寺の開教師として着任した。文学的素養豊かな松浦は、熱心な信徒たちと関わりあいながら、彼らを詩歌の創作に促した。着任から太平洋戦争の勃発を経て四二年に他の聖職者や指導的立場の日本人らとテキサスへ強制的に送られるまでの六年間、松浦がハワイ信徒とどのように関わったかを『法悦物語』は詳しく伝えている。

松浦はこの本の第三編「法悦歌集」に八人の作になる仏教詩歌を載せており、松多ハルはその一人である。娘のクララ・ウエチによると、ハルはカタカナしか書けなかったので、夫が作品を口述筆記したという。宗藤氏が私に送ってくれた松多ハルの歌詞ノート（一七×二一センチ、一三四頁）には、松多の作品ばかりでなくさまざまな歌詞や短歌が書き写してある。お講（民家に僧侶を呼んで行う真宗の小集会。僧侶が不在なこともあった）で交換し合ったらしい歌詞や詩歌や、『呼び声』という日本の機関誌の投稿欄から写した作品がペンでびっしりと書かれている。

松多ハルは一八九二年生れ。山口県出身で、一九歳のとき写真花嫁としてハワイに来た。夫の伝之丞は七歳年上である。八人子をもうけ、五男の五郎丸（カール）を太平洋戦争で失った（五郎は四四二部隊に配属されイタリアで戦死した）。七番目の子供で次女のウエチによると、ハルよりもまず伝之丞が熱心な真宗門徒であったという。農作業をしながら「南無阿弥陀仏、南無阿弥陀仏」と念仏を称えている父をウエチは記憶している。ハルが真剣に真宗の教えを求めたのは、息子の出征と戦死がきっかけだったようだ。ハルは、五郎を出征させた後の苦悩を一七七首にのぼる和歌にしている。ここでは、五郎の出征に関する歌を中心に検討したい。

二六八六人の二世志願兵は一九四三年三月二八日、ホノルルから本土に出発した。その後、五郎の姿が幻のように松多につきまとって彼女を悩ました。

身はここに　心愛子のアバアト《(ママ)》に行きつ帰りつ今日も来る日も

目にうかぶあの日あの子のあのすがた　思ひ出しては又も目につく

松多家には、五郎の上に男子が四人いて、そのあと長女と次女のクララが生まれ、末に六男がいる。しかし母は不在の五郎を格別に思った。

朝夕を　しんしょく共にする子より　別れしあの子いつも目につく

戦線にいまだださざる愛子おば　たてて苦しむ馬鹿の親かな

目の前に　居らぬあの子目につけり　心のまなこ　とじて休めや

彼女は五郎の安否がともかく心配であった。

今頃は何所にどうしいて居るじゃろう　あんぴ知りたや様子知りたや

神通《ジンズウ》の力がほしや今の我れ　あの子の様子知りたさ故に

病《イ》たみてか　たよりなければ怪化《ケガ》したか　今日も来る日も不案《フアン》たへなし

一分の先をも知らぬ此のわれが　未来知ろうと思うをろかさ

松多は、五郎を戦地へ赴かせる状況を作った時代や政治を批判しなかった。もちろん望んでも公然と批判できる現状ではなかったろうし、なによりも五郎の選択を尊重するには、戦争を批判できない。閉塞的な気持の中で、五郎の不在がもっとも存在感のある松多の現実となっている。このとき松多は、ひたすら自分に向き合うことで苦悩を深めたようだ。彼の生還を切望する欲求や執着を持つ自分をあさましく思い、煩悩にとりつかれる業の深さを知って、彼女は苦しんだらしい。

　荒れ馬をはなせしような我が心　所ろきらわず　くるい　まわるか

　業じゃとて片づけられぬ我が心　行きつ帰りつ　ケート　ホナウナウ

　御六字［南無阿弥陀仏の六字］にだかれて不足言ふまじと　思ふて又も不足言ふかな

　年取れば体もよわる氣もよわる　よわらぬものは　ぼんのう乍《バカ》りか

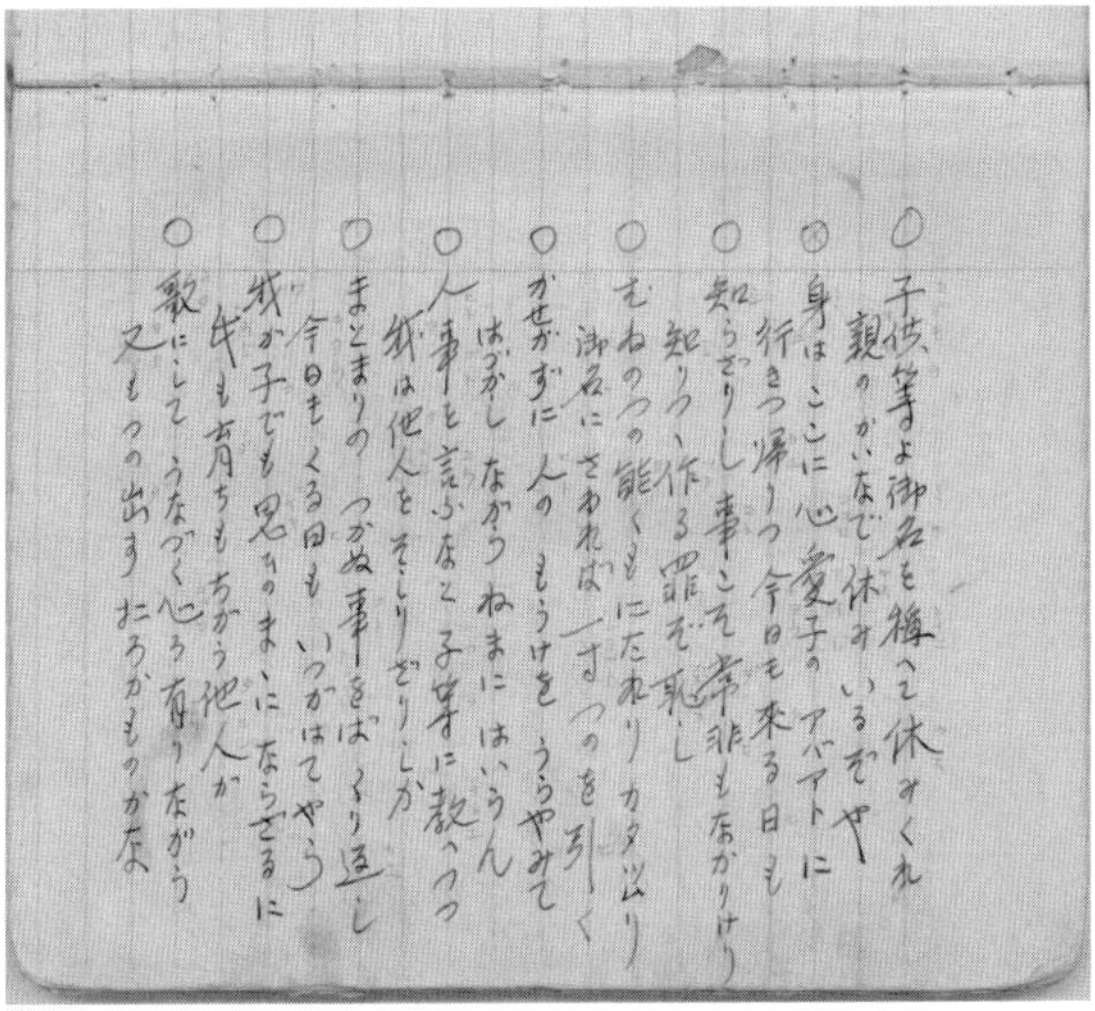

松多ハル自筆ノート（短歌）

五郎戦死の知らせを受けて何カ月もたってから、松多の家に突然、血染めの軍服が送られてきたそうである。ウエチはそのときのことをよく覚えている。

（戦死の知らせを受けた後）何カ月もたってから、

血まみれの軍服が送り返されてきました。なぜそんなことをしたのか。母が包みを開けた時のことをよく覚えています。腐った血のにおいが部屋に充満しました。兄は撃たれたのです。なぜあの軍服が送られてきたのか、私にはどうしても理解できません。さらに何カ月もして、遺灰が届きました。それから、葬式をしたのです。(原文英語、翻訳筆者)

五郎が銃撃されて死んだのは、軍服の様子から明らかだった。どんな状況で撃たれたのだろう、どんなふうに死んだのだろうと、想像力豊かな松多は思ったに違いない。

戦場のバラッド——息子の死を超えるために

松多ハルは、息子の戦死以後、自分の気持ちを書き残していない。ただ、日露戦争時に流行した日本の軍歌「戦友」の替え歌「軍歌」がノートに記されている。五郎の死から六年がたっている。

御国はなれて何千里　はなれて遠く伊太利の
赤い夕日に昭［照］されて　愛子はそこの石の下
思へはかなしい死す迄は　まっさきかけてとっしんし
てきをさんざんころしたる　愛子はそこにねむれるか
ああ戦の最中に　となりに居た戦友が
にわかにはたとたをれしを　カールは思はずかけよりて
軍りつきびしい中なれど　是が見すてて居られるか

しっかりせよとだきおこし　かりホウタイもたまの中
其時てきだん命中し　カール《アイジ》も其場にたをれけり
あーいとし子のあのカール　伊国の土となりにしか
年月流れ早六年　伊国に眠れる愛子をば
情けも深いアメリカの　慈悲の御手に連れられて
生れこきよの布哇《ハワイ》へと　待ちにまったる父母の手に
今こそ無言で帰りくる　今こそ無言で帰りくる
南无阿弥陀仏　南无阿弥陀仏

元歌の「戦友」（ここは御国を何百里　離れて遠き満州の……）は、一九〇五（明治三八）年に、明星派詩人の真下飛泉が作詞したものだ。一二編で構成される『叙事唱歌』中の一編で、関西の小学校で盛んに歌われていたといい、出身地が広島、山口、鹿児島に集中するハワイへの日本人移民には親しみ深い歌だったに違いない。戦友を失う悲しみと戦争の残酷さを表しているために、日本では昭和に入って軍国主義がピークに達すると歌うことが禁じられたという。しかしハワイでは一九一〇年代に一世が持ち込んだ戦争流行歌が、物語性と哀愁をエッセンスとして戦後まで継承されていった。

真下作詞の「戦友」では歌い手は生還した兵士で、前半は彼が負傷した友人を命をかけてかばおうとしたドラマを、引用で省略した後半は、やむをえず戦場に残してきたがそこで死んでしまった友人への感情を描いている。結びは戦友の親への手紙という形になっており、「どのように亡くなったのか」の報告であることがわかる。この歌を使って松多は自らを歌い手におき、息子がどのように死を迎えたのかを描き出す。彼は銃撃された友を介抱する最中に撃たれたのである。「戦友」の歌い手である情の厚い兵士がカールであって、元歌とは異なり、不幸にも戦死したことになっている。おそらくこの戦死のドラマが、松多には必要だったのだ。

彼女は短歌では息子を「五郎丸」と呼んでいるが、この歌では「カール」と英語名で呼んでいる。短歌では日本もアメリカも戦地であるヨーロッパも出てこずに、ひたすら息子の姿と自分の苦しみを追っているが、この歌ではアメリカへの忠誠心と息子の故郷はハワイであるという確認が行われる。短歌が発していたままならぬ苦痛の響きは失せ、もの悲しいが平和な調子がある。アメリカの「慈悲」に言及するとき、アメリカは阿弥陀に似た救いの手になっている。彼女は息子が忠誠を誓ったアメリカをとらえがたい強力な味方とすることで、彼の死を名誉な戦死として受け入れられたのだと思う。

「岩国音頭二世部隊」もまた、出征者の武勇をたたえ死を物語化して鎮魂を願ったものである。人々は、歌を通して傷に向き合い、その傷を集団的記憶として残していったのだ。ウエチの語る血まみれの軍服の話とハルの「軍歌」の内容が一致しているのは、「記憶された事実」が人の心にとっていかに大事かを知らせている。死の事情の真実は今更知る由もなく、知る必要も多分ない。日系人部隊に対するきわめて差別的な扱いに抗議することなく戦死者の武勇をたたえ悲しみに耐えようとした人々を、社会的批判力がなく妥協的だと切り捨てるのも可能ではあろう。しかし、貧困、戦争、死というような圧倒的不幸の前で苦しんだ凡夫を慰めたのが、大衆的な感性と連帯できる歌だったことは、きわめて意味深いと私は思う。

三　佐々木チヨノ

「このまんま」の浄土

私がコナで尋ねたもう一人は、佐々木チヨノの末娘、マーガレット・ササキ・キハラだった。佐々木チヨノの「このまま」という歌が不思議で、感動的だったからだ。

このままがうれしゅうて、あたまがさがる。
ようても、わるふても、このまんま。
うそでも、ほんとうでもこのまんま。
あっても、なくても、このまんま。（中略）
このまんまが、このままよ。
このままが、ふそくとは、どうよくな。
このままは、かわらぬ、かわされぬ。
おやならこそ、そのままと、よんで下さる。
このままを、このままと、しらぬゆへ。
あちら、こちらと、まよい、まはる。（中略）
おやと、二人のひぐらしで、
おやの、ごくろう、きく、たび、あさましやはづかしや。

あきれて、なをる、おねんぶつ。なむあみだぶつ（四回繰り返し）

「あちら、こちらと、まよい、まはる」魂の遍歴を歌っているのに、軽やかである。そのままで救われるという他力の教えと仏の慈悲にふれた喜びを表現しつつ、童謡のようなわかりやすさと、理屈をすり抜ける言葉遊びがある。「ようても、わるふても」「うそでも、ほんとうでも」とごく身近で対照的な事柄を並べては全部を「このまま」と肯定する。「おやも、よろこぶ、わたしも、うれしい」というのはびっくりするほど単純だ。「親」とは阿弥陀如来のことである。「おやと、二人のひぐらし」とは、阿弥陀と合一する神秘を経験した後の佐々木の精神のイメージであろう。

佐々木チヨノは一八九七年ハワイ島カウ生れの日系二世である。アメリカの公教育は受けておらず、日本語学校へも三年生までしか行かせてもらえなかったので、筆記はほとんど全部片仮名か平仮名だ。最初の夫は飲酒と暴力が激しく、殺されそうになって逃げたという（佐々木の耳の下には、最初の夫に斬りつけられた時の大きな傷跡があった。銃で撃たれたこともあった）。チヨノはその後、一世で一〇歳年上の佐々木氏と再婚し、一〇人の子をもうけた。太平洋戦争では佐々木もまた四人の息子を出征させている。四人目が戦地に赴いたとき、彼女は「頭がふらふらした」という。佐々木は亡くなるまで積極的な信徒であり、いつでも信心の歌を歌い、人々に「（法話を）聞かせてもらえ、聞かせてもらえ」と勧めていた。一九九三年に九五歳で亡くなった。

佐々木が片仮名で記述したきわめて小さなノート（七×一一センチ、七四頁）は、九編の歌と短歌を二首含んでいる。「佐々木チヨノ」と署名してある歌が一曲、「平野女史」と記されているのが二曲で、あとは作者の書き込みがないが、もう二曲が佐々木の作と思われる。一九八二年九月二六日に録音されたテープには七曲歌われており、ここにも平野ウメの二曲が含まれている。佐々木が尊敬していた「平野女史」とはいかなる人物だったのか。

平野ウメと地獄

平野ウメは、二〇世紀初めコナの仏教徒に少なからぬ影響を与えたと思われる人物だ。松多と佐々木のいずれの歌詞ノートにも平野の歌が手書きされている。宗藤氏によれば、彼女は一九一〇年前後に歌っていたそうで、ハワイ島における伝承仏教歌の先駆けとなる人である。コナの女性たちの間で尊ばれ、歌い継がれていたらしいこれらの歌は、驚くことに地獄のイメージを基調にしている。佐々木チヨノが特に好きだった「女人正客」には、つぎのような一節がある（平野の歌はどれも一九〇三年に広島で出版された『通俗仏教唱歌集』に載っているが、コナの人々は平野の作と思っていたようだ）。

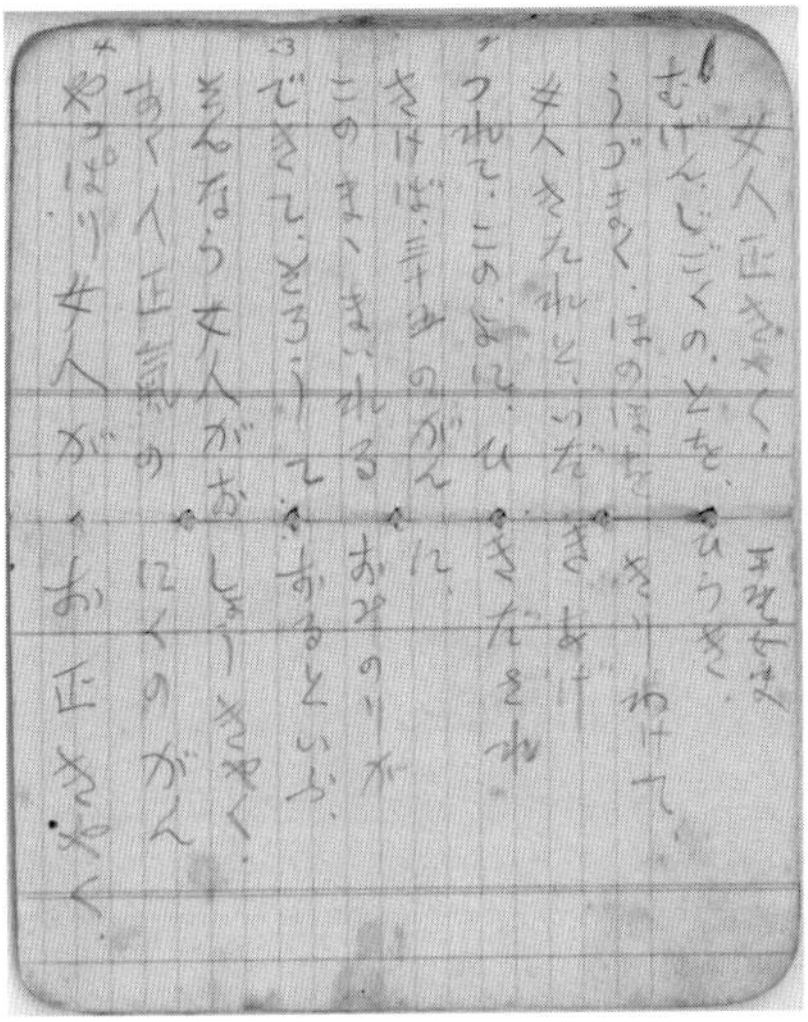

佐々木チヨノ自筆ノート（「女人正客」）

無間地獄の戸を開き　渦巻く炎を切り分けて
女人来たれと抱き上げ　連れて此の世に引き
出され

私はこの歌を見たとき、罪人が炎で焼かれ絶え間ない責め苦にあう地獄絵図を思い出して身震いした。比類なく美しい自然と温暖な気候に恵まれたコナに住んでいて、こんなおどろおどろしい歌がなぜ歌い継がれるのか。

平野はこの歌の後半で、仏教で不浄と定められた女性の我が身が救われるという約束の確認をする。この詩は、血潮と汗と油を絞って衆生救済の願をたてた阿弥陀仏の地獄的な経験と、炎渦巻く地獄への恐怖とを、救済の約束を信じる歓喜と対照させようとしている。読みとれるのは、地獄の身近さと常に社会の周縁にいることを強いられている女性の鋭い無念さなのである。

平野ウメのもう一つの作「御法義相續の歌」は親と子の関係をテーマにしているが、まず地獄の苦しみを描いてそこからの救済を歌う。たとえば「三千世界の親心　子よりも可愛ゆきものはない　胎内十月の頃よりも　我が身はなれぬ此の辛苦」と歌ったり、「親は無間の火にこがれ　其子は三途のやみに泣く　永劫あわれぬ西東　これでも親子といわれようか」と歌ったりする。この歌では、神と仏が「神佛」として一体化し、現実の親は日本仏教に特徴的な「親様」の概念と区別がつかない。「親様」とは、父でも母でもありうる「親」から子への無条件の愛情にたとえて仏の慈悲を理解させるものだ。仏が「親」であるということは、故郷を遠く離れたハワイの日本人にとって特別の意味を持っていたに違いない。現実の親が遠いほど、「親様」と一体になって感じられやすい。特に女性にとっては、実家は結婚後の唯一の逃げ場なのにそれが日本にあるのだから、親は浄土の親様ほどにも遠いのである。戦前の日本人移民にとって日本が一種神聖な土地と受け取られていたのも、親（様）のいるところすなわち日本（浄土）という感覚的な重ね合わせが影響していたのは疑いない。この歌では、自分の親と仏である親様との混同も読みとれる。「永劫あわれぬ西東」に別れ別れの親子とは、西方浄土にある仏（親様）と娑婆世界にある自分（子）であるとともに、西の日本にいる実の親と東のハワイにいる自分でもあるだろう。

こうしてみると、平野が表現するものの深刻さと真剣さに驚かざるをえない。平野が描くのは、地獄を足下において今を生きる姿勢や救済への必死な思い、現実に不足する道徳的秩序への希求である。そしてもっとも印象的なのが、成仏を切実に願いながら、浄土を軽々と花でイメージしたりせず、まず無間地獄の炎や三途の闇が歌われることだ。平野が地獄にこだわったのは、単に日本の感性を継続していたということではなく、それが自分と日本をつなぐものであり、ハワイにあって日本人としてのアイデンティティを確認できる強力なイメージだったからではないだろうか。

宗藤によれば、一九五〇年代のコナの婦人たちは、平野がいつも「落ちれ、落ちれ」と言っていたのを覚えていたそうである。「落ちれ」の意味は、極限まで自分の罪悪を認識してこそ他力本願がわかり、信心の歓喜に到達するのだからどん底を知れ、ということである。松多ノートには「自力心では　後生はこせぬ　我が身をせめて　せめあげて　手ばなしすれば　おちて行く」という歌が、「女人正客」のすぐあとに記されている。これが平野の歌である可能性は高い。仮に作者が平野だとすると、「我が身を責め」尽くして完全無力に落ちることこそ始めなのだという内容の歌が、半世紀ほどもコナで歌い継がれたことになる（松多は筆記の期日を記していないが、次の頁には一九六四年三月とある）。これがもし平野の歌でなかったとしても、彼女と同様の感性が受け継がれ、誰かがこの歌を創作したということだ。息子の出征に心を痛めながら、煩悩につきまとわれる自分を責める松多も、平野の言う「落ちる」ことの何たるかを知っていた人である。そして、佐々木も「落ちれ」の思想をよく受け継いでいる。

「落ちる」

佐々木は十分な教育も受けないまま若くして不幸な結婚をし、一五歳からほぼ二年おきに一〇人を出産し、ガスも電気も引かれていない時代に、家事育児をしながら借地のコーヒー農園で働き続け、息子は次々に出征した。何事も押さえつける日本生まれの夫とは心が通じず、隣家とも遠く隔たった山の中に住んでいた。男の子が八人もいて、どうしたら全うに育てられるのかと、深く悩んだという。相談相手がなく、子供を不良にしないためには信仰が大事でそれを自分が教えなければならないと思い、寺で聴聞する余裕がないので本ばかり読んでいるうち、別の悩みが深まってしまった。おそらくは、業が深くて苦悶続きの「落ちた」人生にあって、自分は往生できるのかという不安だったと思われる。浄土を知らないでは人生が無為になるような恐怖である。しかし彼女は他力本願を理解して救われた。恐れから救われたときの気持を、「安心」という歌はこう歌う。

したは、じごくときもつかで、こころへがほの、ふぜいにて、
しみじみ心にいれもせず　そのこととのみ、ききながし、（中略）
わがみのごしょうの、おうごとを、ぶっちの、ふしぎに、うちまかせ
つれられゆくみと、なりしこそ　さても、うれしや、なむあみだ

糖尿病の親類が両足を切断されたとき、見舞いに行った佐々木は、「あんたも落ちたなあ」と言って、「喜び合った」という。不幸に向き合って高慢さを捨て、とことん謙虚になることが、佐々木の言う「落ちる」の意味なのだ。

三　ハワイ仏教歌の伝統

西本願寺系浄土真宗寺の組織である本派本願寺ハワイ教団では、寺での日曜礼拝に歌う英語讃仏歌のコンテストを行って新しい歌を加えてきた。一九六四年受賞作の一つ、「この両手で」（原文英語）は、日系二世で英語新聞『ガーデン・アイランド』の校正員だったミエコ・タカミヤの作詩である。自分の手を見て自省し、阿弥陀如来と一体になる神秘体験を合掌の仕草にたとえて感謝で結んでいる。表現はおだやかで平和だが、日常生活と宗教生活とを引き離すことなく我が身を責める姿勢と神秘を求める喜びとを表現していて、ハワイ仏教歌の伝統を感じさせる。

この両手はわたしの一部　この手でわたしは、働き、遊び、感じます。
いつも忙しいけれど　じっとしていることもある。
合掌し、心をこめて言うときです。わたしは阿弥陀さまとひとつなのだ、と。（原文英語）

ハワイでは人種間結婚が進み、日本語は表現の場から消え、日系人にもキリスト教信者が増えている。しかしハワイで調査していて「このまま」と「しかたない」が美徳の表現であると、私は一度ならず耳にした。一世がハワイで生活の苦労を経験し始めてから約一二〇年。二世の若者がヨーロッパ戦線で多数犠牲になってから約六〇年。遠いようで近い昔の重い記憶は、日系人の文化に刷り込まれている。一世二世が経験した貧困、暴力、死、故郷の喪失、疎外といった深刻な問題は、絵解きに用いられるような地獄のイメージで表象された。日本語が生活の場から消えてゆくにつれ、地獄のイメージそのものは語り継がれなくなったが、デニス・M・オガワが本書で紹介しているような超自然的な現象を感じたり迷信に従ったりする精神性は、地獄を歌いつつ神秘の領域へ達し「このまま」浄土を得てしまった佐々木のような人の精神性と、どこか共通しているのではなかろうか。こうした精神風土が現存するのは、多くの日系人が集団的記憶や精神的伝統にこれからを生きていくための自己アイデンティティを探ろうとしているためだろうとわたしは思う。

（本稿は『アメリカ研究』第三八号に掲載した論文に加筆修正したものである。多くの方々のご協力に感謝申しあげます）

（一次資料）

松多ハル、自筆の歌詞集

佐々木チヨノ、自筆の歌詞集、歌の録音（一九八二）、インタヴュー録音（一九八三年一月九日）

（引用文献）

松浦秀雲『法悦物語——輝く地平線』百華苑、一九五五年

宗藤達夫編著, *Dharma Treasures: Spiritual Insights from Hawaii's Shin Buddhist Pioneers.* Buddhist Study Center Press, 1997.

Praises of the Buddha. The Hawaii Federation of Young Buddhist Associations, Honolulu, 1949.

ハワイ日系人の超自然信仰と迷信

デニス・M・オガワ
（ウェルズ恵子訳）

一　現代の民話として

ハワイの日系コミュニティで、面白いが文化的にはさほど重要でないと見落とされがちなのが、民間信仰的な一連の言い伝えである。それらは、時の流れに薄められてしまったとはいえ、二世や三世にとって意味がある。これらの言い伝えのうち、日本からの移民がハワイに持ち込んだ不可視な力への信仰は、超自然的な出来事と迷信に関連する信じ込みを通して新たな土地で何度も表現し直され、何度も定義し直されつつ、現代の民話となってきた。

超自然に対する信じこみは価値観の指標であり、人間の生活を方向付けている不可視で不可知な力に対する世界観と連動している。人の感覚の向こうには超自然領域が現実としてあるのだ。その異世界には悪霊や神々や幽霊や霊魂がいて、日常や自然の領域において人間生活に干渉したり人間の手助けをしなければならないとされている。日系アメリカ人の場合、超自然に対する信仰体系は、幽霊の形態を類型化することによって識別できる。特にハワイの風土においては、特別な超自然的目的や動機に関する言い伝えがいろいろある。

幽霊の類型として最初にあげられるのが、人格を持たない霊魂である。普通、ある民族集団の文化に属している幽霊神、すなわち人格を持たない霊魂は、土地と生活様式に対する文化的守護神として働く。ハワイのマダム・ペレは民衆を守る幽霊神で、いろいろな人間になって現れ、複数の場所で目撃されている。彼女は、文化を冒瀆する者に対する復讐を扇動し、アロハ（挨拶の言葉。原義は「愛」）が意味するところの自己愛性を思い起こさせ、信者に恭順と畏怖の念を抱かせる。同じようにして、幽霊神はハワイの祭壇を守る。古代のカフナ神殿で岩を動かすと、その侵入者に災いがあるとされる。

超自然の民間信仰を代表するもうひとつの類型はアニミズムである。アニミズムにおいては、動物、植物、昆虫は人間の霊魂や神の化身であり、良いことも邪悪なこともする。従って、犬が霊にとり憑かれることもあるし、犬が霊魂そのものの場合もあり、狐も、猫も、蛇もアナグマも、蛾も亀も蝶も、同様である。ハワイには不思議な失踪の話が多く、怪物のような犬、親切に守ってくれる海亀、死の前兆となる不吉な黒い蛾の話もある。アニミズムは日本の超自然的なものの見方に根ざし、ハワイにおける田舎型の重要な民衆伝統なのである。

最も一般的で、最もよく話題になる幽霊類型は、おそらく、永遠の休息を得られない不安な霊魂に関する信じ込みであろう。幽霊はしばしば、成し遂げ得なかった復讐を果たしに人間界へやってくる。あるいは不幸な霊魂が、生前犯した過ちを正しにやってきたりする。これらの霊魂が恐ろしいのは、出没が予期できないからだ。それは、超自然的な平穏を成し遂げるために人間を混乱に陥れる。生きている者は霊魂が求める超自然の平穏を理解できないことが多く、平穏成就に力を貸すこともできない。不安な霊魂は悪霊に大変近く、純粋に邪悪で自己中心的な目的によって人間を攻撃したり人間に乗り移ったりして、苦痛を引き起こすのである。悪霊憑きは、初期の日系アメリカ人コミュニティに顕著な特色であった。特に犬神は、一世たちを震い上がらせていたのである。

次に紹介する三つの話は二世と三世の生活に関するもので、ハワイ諸島で信じられていた「安息を得られない霊魂」型の優れた例である。話は、一九七〇年から九〇年に私がグレン・グラントから得た。

おじいさんの後妻

私の祖父の二番目の妻は奇妙な出来事について私たちによく語ったものだったが、結局それらの出来事が原因で彼女は祖父と離婚し、自分の国である日本に帰ってしまった。

私の祖母は、祖父と結婚して一七年を過ごし六人の子供を育てたが、重い病気にかかり、看病の甲斐なく入院することになった。死期を感じた祖母は、彼女の死後にもし祖父が再婚したら、自分はひどく傷つき悲しむであろうと告げたのである。

安らかな最期を願って、祖父は彼女の願いを受け入れ、再婚はしないと誓った。それに安心して祖母は亡くなった。

約二〇年後、子供たちがみな成長し結婚すると、そばで文句を言う女性もいないので、祖父の悪癖が毎日の習慣として復活した。彼は毎晩、高級なスコッチウイスキーから日本酒、好物のプリモビールへと飲み進んだ。タバコを吸い、賭け事をして、しばしば女たちとも遊んだ。彼は典型的な「一世のおじいさん」ではなかったのだ。

そうして夜遊びをしているある晩、彼は東京から来た教養ある日本の婦人と知り合った。この人は五四歳くらいで、ハワイに住んでいる子供たちを訪ねてきて四ヵ月ほどを過ごしたところだった。ちょうどその婦人も子供たちも、彼女がハワイに留まれるにはどうしたらいいか、真剣に思案しているところであった。

それでついに彼女の娘が、私の祖父と自分の母とに結婚を勧めたのである。母親がハワイに留まることができるように。最初から、二人の関係はほとんどプラトニックなもので、夫婦となるには程遠い組み合わせであった。この婦人はあまりにも洗練され教養があり、典型的に旧式の日本人妻だったのに対し、私の祖父は声が大きく自分のやり方を通す一匹狼だった。

結婚後数ヵ月同居すると、彼女はとうとう家を出て子供の家族の所へ行ってしまった。私の両親を含め祖父の子供たちは、結婚の目的がこの婦人の米国永住権にあったと知っていたので、誰もこの結婚に賛成していなかった。

さて、家を出た後妻は、ある晩、寝床に私の祖母の形をした煙のような生き物を見たのである。目に涙をためて離婚を求めてきた。しかし、後妻はハワイに留まりたかったので恐怖を乗り越えた。数晩して、泣きながらまた亡霊が現れた。婦人は幽霊が現れた枕カバーのところが幽霊の涙で濡れているのに気づいた。幽霊は現れ続け、後妻はやむなく離婚を受け入れ日本へ出立したのだった。

ある「生き物」

超自然的なこの話をはじめて聞いたのは一年半前、私は婚約者の家族と夕飯を取っていた。最初私には信じられなかったのだが、話によると執拗に起こったということで、ついに興味をそそられたのである。

この家族には一五歳の少女と一二歳の少年、五歳の少女の三人の子供がおり、子供たちにだけおこることだという。下の子が二歳のころに頻発するようになった。男が寝台を揺さぶるというのである。上の二人の子にも起こるが、それほどではない。ともあれ、この話に両親はたいへん心配した。子供たちは交代交代に病気になった。そのうち両親は、一番下の子が、男が寝台を揺さぶるといって叫び始めたことにも気が付いた。一番下の子もまた病気がちになっていた。それで、家に何か原因があるのではないかと、近所に尋ねて回ったのだ。

家族は一九六六年に築一二年ほどのこの家を買った。ロアー・セントルイス・ハイツにある。家は三度売りに出され、最後の所有者は病身のままこの家を去ったという。

父親は密教系の日本仏教寺に行き、何か、あるいは誰かがこの現象を起こしているのかどうかを尋ねた。尼は、非常に力の強い安息できない魂が家に憑いているけれども、鎮魂させることができないといった。あまりにも力が強いというのである。

それから父親は、助けになれるだろうと教えてもらったある女性のところへ行った。彼女は沖縄人で、ハワイ人の女性と協力してある合同宗教を実践している。その宗教は、仏教やキリスト教や他のいくつもの宗教を合わせたもので、この沖縄の女性は複数の宗教を合同させ超自然現象の原因を見極める降霊術師であった。彼女の話では、家に男が憑いていて下の娘を病気にしているという。少女の霊魂がこの「生き物」に持っていかれるというのだ。

父親は勧められて家の四方向に竹の棒を立てた。これによって、「生き物」が侵入するのを妨げ、少女への更なる被害を防ごうとした。また、昔、敷地内に墓があったので、供え物をして死者の霊を弔わなければならないと言われた。そこで父親はビールと食物を供えた。また、降霊術師が祝福した十字架を少女に持たせるようにと言われ、それを与えられた。十字架によって少女の霊魂が身体を離れないようにするためである。父親はこれに従い、また、寺からお守りも受け取った。

少女はいま五歳になり、身体は強く健康になってきている。今でも十字架とお守りを身につけている。あの「生き物」はまだそこにいるが、ずっと静かになって家族を脅かすこともほとんどなくなった。墓のあった場所には今でも供え物がなされ、父親は時々墓に話しかけている。

タバコケース

私は、咽頭ガンで終末期にある義兄の世話をしていました。入院中、隣のベッドにいた患者さんが、タバコケースを持っていました。義兄は、それがどんなものか見せてほしいと頼みました。彼はとてもうらやましがったので、あなたもそのようなものが欲しいかと私は尋ね、町へ探しに出たのです。時は第二次世界大戦のさなかで、そうした物資は貴重品でした。家族に話すと妹が、自分の夫の家族が経営している骨董品屋で探してみてはどうかと言ったのです。翌日行ってみると、幸いにも手に入れることができました。それは最後のひとつでしたが、義兄が見たのよりは質素なものでした。ともあれ私はそれを買って、義兄に贈りました。彼はとても喜び、とても大事にしてくれました。そのことで、私は悲しみと喜びをともに味わいました。

二週間後、義兄は亡くなりました。彼が死んだとき、私はタバコケースを一緒に埋葬してはどうかと彼の妻に言いましたが、彼女はそれを形見として、自分の弟である私の夫にくれることにしたのです。私はいけないと思いましたが、夫が受け取った以上、そのままにしておきました。

それから、間もなくのことです。三歳半だった私たちの息子が、寝かしつけたはずなのに叫び声をあげて起きました。あまりにも鋭い声だったので、あわてて駆けつけました。具合が悪いのだろうと思いましたが、触ってみると熱はありませんでした。私は彼を抱いて、落ち着かせようとしました。すると息子は、「おかあさん、何か大きいものが見えたんだよ。恐かった」と言うのです。

そのときは何なのか私にはわからず、ただ悪い夢を見たのだろうと思いました。それが何度も起こり、ひと月に四回起こっても、私は真の原因に気づかなかったのです。いつも子供が一人で寝ているときに起こるようでした。夜八時から九時の間です。

ある晩また叫んだので、トイレかもしれないと考え、トイレの電灯をつけドアを閉めました。戦時中で光を漏らしてはいけなかったのです。息子を便器に座らせ、その前にしゃがみ、身体を支えてやりました。彼が食い入るような目つきになったので、私は恐怖で仰天しました。なんとか気を取り直してどうしたのかを尋ねると、突然息子が「おかあさん、ぼくが何を欲しがっているかわかる」と聞いてきます。それで、理解したのです。メッセージを伝えようとしているのは、私の息子ではないことを。意味がわかったので、私は彼に服を着せてやり、腕に抱いて、大丈夫だよと慰めました。欲しいものはよくわかっているから、と言ってやりました。

私は息子を私の寝床に寝かせ、夫に、タバコケースのために息子を失いたいのかと尋ねたのです。もし息子を愛しているなら、タバコケースはあなたのお姉さんに返して、義兄の墓に埋めてもらうべきだと言いました。夫は驚愕し、翌日タバコケースを返しました。義姉がそれを埋めたかどうかは知りません。しかしそれ以来、私たちの息子は叫びながら目を覚ますことがなくなりました。

二　超自然信仰の機能

安息できない霊魂に関するこうした類型のほかに、超自然信仰について二つの大まかな機能が指摘できる。ひとつは心理文化的な超自然信仰が、鬱積した社会的抑圧のはけ口になっているということである。幽霊を見た人が失神状態に陥ったり、犬神に憑かれた人が四つ這いになったりするのは、社会的に是認された方法で心理的緊張を解放しているのである。田舎の小さなコミュニティに住んでいると社会的規律は動揺と欲求不満を生むので、集団の統制を守るためには解放行動が重要な機能を果たす。飲酒、薬物、宴会騒ぎなどは、暴力的で厄介な衝動を拡散する方法として、社会的に認められている。そして、超自然信仰も同様の機能を果たす。人は社会的非難を浴びず排斥もされずに常軌を逸した行動を取ることができる。超自然力がその人を支配していたのだから、何をしても個人的に責任はないのである。

超自然信仰はまた、異民族間の意思疎通媒体としても機能しうる。特にハワイでは、超自然信仰は最も一般的に異文化間で共有されている。人々がそれを教えあったり同時に信仰したりするわけは、面白いからというだけではなくて、自分の知っている他の話と似ていると容易に気づくからである。話が、異文化間に共通の類型をしているのである。加えて、ハワイの恐ろしい超自然環境に対処していくためには、あらゆる人がハワイの民俗文化に同化しなければならない。行ってはいけない所、敬うべき神々、助けを求めるべき原住民の特別な祈祷師などは、どの民族集団に属そうともハワイにいる限り早期に出会う異文化経験なのである。超自然信仰の知的基盤は、今日においても、人々の所属を決定するのに効果を及ぼしており、これは、日系人のみならず、文化的、人種的、社会的に多様で、受けた教育の背景もさまざまなハワイの人々全体に対していえることなのである。

三　迷信と厄年

超自然信仰と並び、ハワイの二世三世の文化的生活に影響力を持つのが迷信である。迷信とは、どのように自然の要素を操作すれば、自分の将来を変えて健康を得たり悪運を避けたりできるかの示唆を信じ込むことである。迷信は、幸運な人生を送るための道しるべの役を担う。以下に引用するような、二世と三世が知っている迷信は、迷信の重要性や合理性を示し、ハワイの人々の生活の様子を知らせてくれる。

1．食卓やカウンターに腰掛けてはいけない。悪いことが起きる。食卓とカウンターは装飾のためか実用目的のために置いてあるのであって、靴のように汚いものにはふさわしくない。また、強く叩いたりどんどん打ったりするようなことはせず、適切に使わなければならない。

2．ご飯茶碗に箸を立ててはいけない。この行為は、葬式でご飯茶碗と箸を供えるときのやり方に似ているために、家族に死があることを象徴する。家族に死のような不吉なことを呼び込まないために、これはしてはいけない。

3．食べてすぐに寝てはいけない。これは、家に死があることを象徴する。葬式のお供えご飯と箸に似ている。世帯の一員に死の不幸が訪れないように、こうした行為を避ける。

4．手のひらを上に向けてお茶を注いではいけない。死ぬ。

手のひらを上に向けて茶碗をもつと、親指がカップの端にあたる。お茶がこぼれると手のひらにやけどをする。こうした不器用で下手な茶の入れ方は、通常、死が間近な人のすることだから、死人のしるしでもある。

5．臍《へそ》を見せてはいけない。

ハワイは暖かいが、日本の寒い気候の地域では、特に子供が一番してはならないのが、臍を出したまま寝て、冷えて風邪を引くことである。大人の男性、また時には女性も腹巻をする。

6．夜お金を数えてはいけない。

他人がそばにいて暗がりにお金を落としたとき、誰のお金かわからずに面倒をおこすから。

7．妊娠中は、大きな茶碗で食べてはいけない。生まれる子供の口が大きくなる。

妊娠中は腹が膨れている。大きな茶碗でたくさん食べると、病気になるかもしれない。妊婦の胃は大きくなり、子供は障害を持って生まれてくるだろう。だから妊婦は小分けにして回数を多く食べ、いちどにたくさん食べてはならない。

8．妊娠中は狩りに行ってはいけない。子供にあざがつく。

動物が殺されるのを見ると、妊婦は精神的な負担を感じる。これが子供に伝わるのである。

9．妊娠中に猫を殺してはいけない。子供は身体的な障害を負うか、猫のような性格になる。

動物を殺して妊娠中の女性に血を見せるようなことは、決してしてはいけない。妊婦は驚いて流産してしまう。猫は魔力を持っていると信じられていて(化け猫)、殺した人を呪う。

10. 妊娠中は焚き火をしてはいけない。
妊婦は火災と延焼を心配するだろう。これは、妊婦に対して火を見ることや火に近づくことを禁じた項目の変形である。この項目は、市街地を焼き尽くした関東大震災の後に言われるようになった。
11. 食事に招かれたときは、ご飯は一膳でなく二、三膳いただかなければならない。
最初の一膳は死者へのお供えだからである。多くの世帯で、最初の一膳は幾度にも分けて盛られる。飯を盛る者は、一度で茶碗をいっぱいにしてはならず、常に二度か三度に分けて盛る。また、盛った飯を叩いて押し込んだり、てんこ盛りにしてはならない。
12. 六日ごとに「友引」という日がめぐってくる。この日に日本人は葬式をしない。
中国から来た習慣である。「友引」とは友人を招き寄せるという意味である。だからこの日に葬式をすると、友人の死を招きかねない。
13. 人が死んだときは、頭を北向きにして寝かせる。
仏陀は北向きで亡くなったといわれている。
14. 正統的な日本人は、一切れと三切れの食べ物を出さない。
「ひときり」は人を切ることを意味するし、「みきり」は自分の身を切ることを意味するため。
15. 日本人は夜を越す茶を飲まない。
死刑を宣告された罪人に、夜を越す茶を飲ます習慣がある。
16. 夜、口笛を吹くと、死者を起こしてしまう。
夜盗は合図に口笛を使う。子供たちは、身の安全のための口笛が死者を起こすと教えられる。
17. 子供をまたいでしまったときは、親は逆方向へまたぎ直さなければならない。さもないと、子供の発育は阻害される。

人をまたぐべきではない。昔は明かりがなかったので、人をまたぐと怪我をさせる危険があった。
18．夜、爪を切ると、親の死に目に会えない。
これも、光の乏しい夜に爪を切って怪我をしないようにという警告の迷信である。
19．墓や寺を指差したときは、指を噛まなければいけない。
人を指差すのは失礼であり、相手が目上のときは特にそうである。指差さずに手のひらを挙げるのがよい。
20．死後三〇日間は、家族のうちの誰かが家にいなければならない。
友人がお悔やみに来るかもしれないからである。また、死者をあの世へ送るために仏壇のろうそくに灯火を絶やしてはならないから、安全のためでもある。
21．死後四九日間、霊魂は地上に留まる。
これも中国の信仰である。死後四九日間は霊魂が地上に留まると信じられている。その後は、霊魂は天国へ行くことになっている。
22．葬式に参列した後は、清めの塩を使わねばならない。
多くの民族で塩は清めの媒体となる。葬式の後は特にけがれているので身を清める。水や香、多種の木も清めに使われる。
23．神々には幽霊が見えると日本人は信じている。伝聞によれば、犬の涙を取って自分の目に付けると、霊魂が見えるようになるという。
これは山口県の犬神信仰に基づいている。犬は第六感を持っていて、死を予言するという。

24. 夜半過ぎに、女の幽霊は墓から出て髪を洗う。
これも中国の信仰である。零時を過ぎるとすべての幽霊が出てくる。男の幽霊は酒を飲む。
25. 線香に火をつけると霊魂を避けることができる。
これは、日本人が「線香は仏陀と人の架け橋である」と読み替えた中国信仰であるのかもしれない。
26. 食物を踏んではいけない。特に、神からの贈り物とされる米を踏んではいけない。
日本では戦争や飢饉があった。人々が食物を大事にするようにこの信仰が起こった。また、米粒を落したときには、拾って食べなければならない。
27. 賭け事で金儲けしたときは、使ってしまわねばならない。
「悪銭身につかず」。どのような金を手に入れたかわからない。早く使ってしまうに限る。
28. 日本では七と七を含む数字、一七、二七、三七、七〇などは不吉を意味する。
この迷信は他の民族では信じられているかもしれないが、日本人は気にしていないようである。しかし、三は不吉な数とされることがある。日本で最初に撮られた写真が三人の侍だった。一ヵ月後、三人とも死んでしまった。それで、この迷信が今日に伝わっている。
29. 男の人生で、二五歳と四二歳は不運に見舞われる。女は一九歳と三三歳の誕生日が危機である。
日本人の「厄払い」は、これらの年齢に当てはめて行われる。理屈は、一九「じゅうく」と三三「さんざん」が度重なる悲しみと絶望的な悲惨を意味するからで、四二「しに」は死を意味するからだ。

ハワイの二世三世の迷信の中で、日系アメリカ人のみならず他の民族にもよく知られているのは、厄年に関するものである。厄年とは、もともと男性の二五歳と四二歳、女性の一九歳と三三歳を不運な年齢とするものだが、ハワイ諸島では「厄年」とは盛大なパーティを意味する。

典型的な厄年パーティは、さまざまな点で普通の誕生会と似ている。食べ物や飾りつけがあり、好みに応じてパーティの仕様や内容を決める。一方伝統的な厄年の祝いは、悪運を払いのけるためにいろいろな古い習慣を取り入れて行われる。パーティの企画者が聡明であれば、次のような勧めを支持するだろう。

・厄年の数え方

日本での伝統的な年齢の数え方は、合衆国やハワイでの数え方と異なる。胎児は出産までに母親の子宮に九カ月いるので、日本人は新生児を一歳と考える。従って、ハワイ人が正しく自分の厄年を数えようとするなら、年齢から一歳を引くか、一年早く厄年の年齢が来たと思えばよい。

・パーティの日取りを決める

厄年パーティを誕生日の前にしてはいけない。生まれる前にひよこを数えるな、という諺を忘れてはいけない。普通は、誕生日に厄年パーティをするか、誕生日のある週末に行う。

ハワイでは、大半の厄年パーティは、男性が四一歳になった誕生日を祝って行う。妻が主催者である。厄年の祝いでは普通は男性が主賓だが、妻が三二歳のときは彼女もまた危険にさらされていることを忘れないのが賢い夫というべきだろう。

・飾り付けをする。

日本人は、さまざまなものに特別な意味をもたせて縁起をかつぐ。ハワイの厄年パーティで最もよく飾られるのが、鶴、亀、竹、松である。それぞれが祝われる人の幸運を呼ぶような象徴的な意味をもつ。

・服装

誕生日の人は赤を着る。赤は血の色で、健康と活力と命の保存を意味する。

四一歳の誕生日には、赤いシャツと赤いレイで派手に楽しんだりする。

招待客の服装は、アロハシャツでよい。

・料理
厄年の祝いにはどんな食べ物を出してもよいが、鯛、赤飯、餅、寿司は縁起がよいとされ、好まれる。鯛の変わりに、地元産のオナガが使われることもある。

料理を盛るときは、奇数の器に奇数だけ物を載せる。奇数は半分にできないので、割れにくく壊れにくく、幸運を呼ぶと、ハワイでは信じられている。

・乾杯
島で祝うときはいつでも万歳三唱で乾杯する。厄年パーティで主人公の紹介があり、客のスピーチがすむと、みながグラスを挙げて「万歳」と三回叫ぶ。一回ごとに声を大きくする。

万歳での乾杯は、いまでは、日本よりハワイのほうがよく行われている。厄年パーティで行われる万歳三唱の変形では、まず客が厄年の人に万歳し、次に厄年の人の家族が客に万歳するというのがある。年かさの男性か重要な立場の男性が音頭を取るのが普通である。

・お返し、お土産
手ぶらでパーティに行く日本人がいないように、ちゃんとした主催者ならお返しの品を用意する。よく用いられるのが名入りのマッチや、箸や茶碗や皿などの食器である。

厄年の祝いは、ハワイの文化で最も盛んになった日本の迷信といえる。もとはハワイ日系人の伝統だったが、幸運を招くという点ですべての人々に受け入れられ、ハワイでの生活を独特なものとする民間信仰なので、現代でも価値を置かれているのである。
ハワイの多文化環境の美しさは、ポリネシアと西欧およびアジア文化の習慣や価値観が、人種や年齢や性別や民族の別で拘束されていないところにある。旅行者や愛する人にはレイを掛け、赤ん坊の一歳の誕生日はルーアウ（伝統的なハワイ料理の宴会）で祝う。アロハの精神は、昔のハワイ人から現代ハワイへの贈り物である。同様に、現在のハワイの生活習慣や言語は、アメリカの主流文化に大きく影響されている。そして、二世と三世の民族生活習慣に表現される超自然信仰と迷信が、島の文化生活習慣に対して特別の貢献をしているのである。

（参考文献）

グレン・グラントの業績は、お化け話の類型に光をあて、後世のためにそれらを保存したという点で、非常に大きな価値がある。グラントのお化けに関する著書には以下のものがある。

Glen Grant's Chicken Skin Tales: 49 Favorite Ghost Stories from Hawaii. Honolulu: Mutual, 1998.

Obake: Ghost Stories in Hawaii. Honolulu: Mutual, 1994.

Obake Files—Ghostly Encounters in Supernatural Hawaii. Honolulu: Mutual, 1999.

The Secret Obake Casebook: Tales from the Dark Side of the Cabinet. Honolulu: Mutural, 1999.

厄年の詳しい説明は以下を参照。

Ogawa, Dennis M. and Glen Grant. *Hawaii's Yakudoshi Guide Book.* Nippon Golden Network, 1990.

（コラム）

日本映画館にみる日系文化の変容
――ハワイ島ホノカアの事例から――

権藤千恵

はじめに

かつて、日本映画はハワイに住む日本人移民の大切な娯楽だった。ホノルルなどの都市部では、都市開発や日系二世たちの社会進出とともに日本映画がビジネスとして大きく発展してきた。プランテーション労働者が多く定住したハワイ各島のプランテーション・タウンの多くは、大きな発展こそなかったが、映画や娯楽の受容においては、都市部以上の賑わいを見せており、戦前に建てられた映画館が、近年まで大切に使われてきた。多くの日系の若い世代がプランテーション耕地を離れ、過疎化し、映画館が閉鎖され、衰退の一途を辿る過程にあってもなお、劇場はとりこわされることはなく、そのまま風化していこうとしていた。

現在、マウイ島、ハワイ島に点在している旧プランテーション耕地は、リゾート化や、新しい移民の流入によって、転換の過渡期にある。開発により取り壊された建物も多いが、一方で、かつてのプランテーション文化や建物を受け入れながら、町の再活性化に取り込む動きも増えている。

本稿では、建物の保存活動が行われているハワイ島ホノカアの旧日本映画館の事例から、日本人移民、特にプランテーション耕地でどのように日本からの映画が受容されてきたのか、また、コミュニティの中でどのような役割を果たし、現在どのような取り組みが行われているのかについて、映画館の足跡を追いながら、検証してみたい。

ハワイ島における日本映画上映とタニモト・ファミリーの活躍

かつて、日本人移民が定住したプランテーション耕地の多くの町には、必ずと言ってよいほどに日本映画を上映するための施設があった。その数がもっとも多かったのはハワイ島である。ハワイ島は、ハワイ諸島の中で最も大きな島である。一九四一年版『日布《にっぷ》時事布哇《ハワイ》年鑑』には、ハワイ島にあった二三ヵ所の映画館で、日本映画の上映が行われていたと書かれている。「布哇《ハワイ》日本人史」によれば、一九〇六年に平野隆吉が日本映画（サイレント映画）を弁士つきで上映して以降、日本映画は本格的に巡回上映されるようになったという。

ハマクア・コーストと呼ばれるハワイ島の北東海岸一帯の地域は、官約移民の時代から、多くの日系移民がプランテーション・ワーカーとして定住してきた。このハマクア・コーストを中心に、ハワイ島各地の日本映画上映を手がけたのは、ヒロ近郊のホノムで、雑貨店と劇場経営を手がけていた谷本初蔵とその家族（タニモト・ファミリー）だった。谷本初蔵がどのような経緯で雑貨商から映画関係の仕事を始めたのかについては不明な点が多いが、谷本初蔵に端を発したハワイ島の映画館経営が、彼の死後、彼の息子たちへと受け継がれていったことは新聞資料や証言から容易に推測できる。

タニモト・ファミリーは、劇場を経営する以前から、また、後に数軒の劇場を経営するようになってからも、トラックに映写機とスクリーン（白布）、弁士を乗せ、各地のプランテーションでの巡回上映を行っていたと多くの人々が証言している。ホノムのダウンタウンで一九一〇年から営業を続けるイシゴ・ベーカリーでは、巡回上映に同伴して、パンや菓子の販売を行っていたという。映画『ピクチャー・ブライド』（一九八五年、カヨ・マタノ・ハッタ監督）で三船敏郎扮する弁士がプランテーションで映画上映を行う一シーンさながらの光景が、ハワイ島の各地で実際に展開されていたのである。

タニモト・ファミリーが経営する劇場は「プランテーション・シアター・チェーン」と総称されていた。劇場が各プランテーションに建てられたことから、このように呼ばれていたという。加えて、タニモト・ファミリーが経営していたこれらの劇場は、合同娯楽会社（コンソリデーティッド・アミューズメント）と提携していたことから、ハワイ島各地で安定した作品上映が行われていた。日本映画だけでなく、アメリカ映画の上映も手がけていた。

一九一六年からハワイの多くの劇場経営を手がけている映画興行会社大手の合同娯楽会社は、一九三〇年代には当時日本からの映画フィルムの輸入を手がけていたホノルルの澤村商会との提携をきっかけに、日本からの積極的な映画フィルムの輸入を開始する。このように澤村商会を通じて輸入された日本映画フィルムは、ハワイ各島の合同娯楽傘下の映画館で上映されていった。ニュース映画を含むフィルムは日本から月に数十本の単位でハワイの合同娯楽会社へと輸出されていた。戦後もこの勢いは衰えることなく、一九五〇年代に入ると、合同娯楽会社は日本部門として東映と提携。ホノルルの東洋劇場の他、ハワイ各地の映画館で東映映画を中心とした日本映画の上映を展開していった。

ところが、日本映画上映館の多くは、一九六〇年代半ばから急速に衰退する。日本映画のアメリカへのフィルム輸出数は一九六三年をピークに一気に落ち込んでいく。この理由として、日本映画輸入エージェントの中心である、ホノルルの日本映画上映館を含む多くの商業施設が都市改善計画による各地への移転を余儀なくされ、日系コミュニティが分散化したこと、また日本映画そのものの衰退も、ハワイの日本映画上映が衰退する一つの原因となった。加えて、ハワイ島を始めとする、隣島の多くの劇場の場合は、プランテーション会社が閉鎖され、人々の都市への流出が急速に進んだこと、それに伴い、合同娯楽会社が経営していた劇場の経営が困難になっていったことも衰退の大きな原因となった。このようにして、一九七〇年代にはハワイ各地のほとんどの劇場が廃業へと追い込まれていった。

ホノカア・ピープルズ・シアターの歴史と現在

ハマクアコーストの北側、ホノカアに位置するピープルズ・シアターは総座席数七五〇席の、タニモト・ファミリーが建てた大劇場のひとつだった。一九三〇年に建てられたこの劇場は、タニモト・シアターとも呼ばれ、地元の多くの人々に愛された。

ホノカアは、一八七三年にホノカア・シュガー・カンパニーが創業して以来のプランテーションの町である。第一回官約移民をはじめとする、多くの日系移民がこの地で労働者として働いた。一八八〇年代に形成されたダウンタウンは、ハマクアコーストでも屈指の賑わいを見せていたという。通りには多くの日系商店が立ち並び、町の海側に位置するハイナと呼ばれるエリアには、広大なサトウキビ畑、シュガーミル、キャンプがあった。

ホノカア・シュガー・カンパニーは一九九三年に閉鎖され、多くの住民がすでに町を離れたが、ダウンタウンの町並みや建物は一九二〇年代からほとんど変わらずに残っている。

かつてはこのダウンタウンにも、ピープルズ・シアターの他、ホノカア・シアター、ドック・ヒルと呼ばれた二つの劇場が存在していた。建物はいずれも現存しているが、現在も劇場として使用

ホノカア・ピープルズ・シアター（2004年　筆者撮影）

されているのはピープルズ・シアターのみである。

谷本初蔵の死後、ピープルズ・シアターを引き継いだのは息子のクリスチャン・タニモトで、一九七四年に亡くなるまで、この劇場の経営を続けていた。

ハマクア・メディカルセンターに赴任したトーン・キーニー医師がピープルズ・シアターを買い取ったのは、二代目オーナーのクリスチャン・タニモトが亡くなってから一五年以上過ぎた、一九九一年のことである。クリスチャンの死後、劇場は閉鎖されていたが、クリスチャンの妻が劇場の二階に一人ひっそりと住んでいた。

クリスチャンの息子であり、劇場を開いた谷本初蔵の孫にあたるクリスチャン・タニモト・ジュニアからシアターを買い取ったキーニー医師は、自らの手で改修工事を始め、毎年少しずつ、上映の機会を増やしてきた。劇場の経営は医師になるのと同様に、彼の子供の頃からの夢であったという。一九九九年には、映写・音響機材を新調して、本格的に映画の上映を再開するようになった。

劇場のロビーには「谷本」と漢字で書かれた椅子とアーク式映写機の他、クリスチャン・タニモトや、谷本初蔵の写真、往年の劇場の写真が飾られている。いずれもプランテーションタウンとして賑わっていた往年のホノカアの姿を彷彿とさせるものばかりである。

劇場内の座席は木製で、レザーでカバーされている。古い建物であるにもかかわらず、細かいところにまで手入れが行き届いているという印象を受ける。

劇場は現在、キーニー・ファミリーによる家族経営である。劇場内には子供達のアイデアでオーガニック食材を使ったメニューが提供されるカフェが開設され、評判も上々だという。最近は、経営が軌道に乗ってきたことから、平日はアート系や独立系映画会社のフィルムを上映し、週末には家族向けに大手映画会社配給のフィルムを上映するなど、上映作品の選定にも工夫をこらしている。観客の八割以上がホノカアとその近郊の住民で、劇場を訪れる人は皆、キーニー医師を敬愛しており、開演前の劇場は町のコミュニティ・スペースとしての賑わいを見せる。劇場のスタッフ、観客が互いに言葉を交わし、最近の出来事や映画について語り合う。これは、タニモト・ファミリーの時代から続く、この劇場の日常の光景なのだろう。

長年使われていたアーク映写機と映写技師用の椅子

おわりに

クリスチャン・タニモトは、父である谷本初蔵からピープルズ・シアターを引き継ぐまでは、ヒロ近郊の町、ホノムで教師をしていた。クリスチャン・タニモトは、地元の子供達のために文化映画を上映したり、町の重要な会議のために劇場を提供するなど、さまざまなイベントへの協力を惜しまなかった。そこには、彼の教育者としての一面があったためかもしれないが、多くのプランテーション労働者の日本人移民がそうであったように、子供には十分な教育を受けさせたいという熱意が、町の人々にも、クリスチャンにもあったのではないだろうか。

このようなクリスチャンの劇場経営への熱意は、幸運にも、キーニー医師によって引き継がれた。この地域の一大イベント、ハマクア・ミュージック・フェスティバルには、ピープルズ・シアターが毎年メイン会場として使われる。このイベントの収益は、ハワイの子供達への音楽教育、奨学金の基金となる。その他、町に住むアーティストの自主制作映画の上映会なども劇場がサポートしている。

キーニー医師は、機会があれば、タニモト・ファミリーが上映していたという日本映画や彼らが劇場経営以前に携わっていた弁士付映画の上映なども行ってみたいと語る。劇場のルーツでもある日系の映画文化を発見することもまた、この劇場が掲げる使命のひとつである。

〈参考文献〉

木原隆吉『布哇日本人史』文成社、一九三五年（『初期在米日本人の記録《布哇編》第六冊：布哇日本人史』文生書院、二〇〇四年）

ケン・オキモト『エクスプローリング・ザ・ハマクアコースト』ウォーターマーク出版社、二〇〇二年

ジャック・Y・田坂『ハワイ文化芸能百年史』イースト・ウエスト・ジャーナル社、一九八五年
『カアウ・ランディング』オーシャンビュー社、一九九九年八月四日号
『ハワイ・トリビューン・ヘラルド』ハワイ・トリビューン・ヘラルド社、二〇〇〇年一月一一日付

Ⅳ 南米各国

日系ペルー人家族の一五年の軌跡から
——日本における生活・アイデンティティ・文化——

柳田利夫

一　はじめに

一九九一年にポルトガル語で創刊、その後スペイン語版も刊行されるようになったラテン系エスニック・メディアの最古参『インターナショナル・プレス』では、数年前から同紙のウエッブ・サイトでリアルタイムのアンケート調査を行っている。ポルトガル語版、スペイン語版で質問内容は異なったものになっているが、スペイン語版では、「引退後はどこに住みたいと思うか」という調査が二〇〇四年八月一三日から始まった。二カ月ほどで五五〇を超える反応があったが、一〇月末現在で、「生まれた国」という回答が一位で五三％、「日本」は二位につけて一八％を得ている。「アメリカ合衆国」は日本の半分の九％、次いで「ヨーロッパの国」八％、その他の国一二％という結果になっている（http://www.ipcdigital.com/es/）。かつては、３K労働、斡旋会社のピンハネ、日本人からの差別などなど否定的なイメージが持たれ、金を稼いだらさっさと出て行く国日本が、ラテン系の人々のあこがれの地アメリカ合衆国やヨーロッパを押さえ二位につけたことは興味深いが、それ以上に、在日スペイン語話者に対するアンケートに、引退後の生活についての質問が現れたという事実の持つ意味は小さくない。

日本国籍を持つ日系人を嚆矢とする南米からの日本出稼ぎの大きな動きが始まった八〇年代末から数えて、既に一五年の歳月が流れた。本稿の目的は、出稼ぎブームの初期から現在まで、ほぼ一五年にわたり栃木県足利市で生活してきた日系ペルー人家族の生活を素描することを通じて、その生活戦略、アイデンティティ生成及び文化戦略のかかわりを議論してゆくための糸口を提示することにある。

二　在日南米出身者の人口動向と足利市

二〇〇三年末現在の外国人登録数を見ると、メキシコを含む南米国籍のそれは三四万三六三五人であり、ブラジル二七万四七〇〇人、ペルー五万三六四九人の両者だけで全体の九五・五%以上を占めている。このほかに法務省では、ブラジル四七二八人、ペルー七二三〇人のオーバーステイを「確認」しており、それらを合計すれば、日本には二〇〇三年末現在で、約二八万弱のブラジル国籍、六万強のペルー国籍の長期滞在者が生活していることになる。アジア系と比較すれば、南米諸国出身者の外国人登録数の増加率は近年落ち着きを見せてきてはいるものの、再入国者と日本における出生の増加などにより依然として増加傾向は続いている。外国人登録の数字には、一世の日本へのUターン、日本国籍を持つ南米出生の二世、既に日本へ帰化した者などは含まれておらず、実際に南米から日本にやってきて長期にわたり生活を続けている人数は統計の数字よりもはるかに多いものと推測される。それらの外国人統計からは見えてこない部分が、南米人の日本への出稼ぎの先鋒として、またその後の日本への定着傾向に極めて大きな役割を担ってきたことは後述する通りである。

栃木県足利市は、関東平野の北端に位置し、ブラジルタウンと呼ばれる群馬県大泉町に隣接し、群馬県伊勢崎市、太田市など周辺の北関東の地方都市同様、出稼ぎブームの初期から多くの日系ペルー人が就業してきた町の一つである。出稼ぎ急増による様々な社会的軋轢が議論されていたさなかの一九九二年には、「ボーダレス時代における犯罪の変容」というタイトルで外国人犯罪のケーススタディーとして足利市の事例が『警察白書』に取り上げられている。若年層の人口流出が続きながら、郊外地域へ新たな住宅地が拡大し、比較的安価な土地と労働力を求めて各種の工場が進出するといった日本の地方都市における構造変化と外国人犯罪の関連性や、県境を越えた外国人犯罪の「広域化」などに群馬・栃木県境に位置する足利市が格好の事例を提供すると考えられたからである（警察庁編『平成4年　警察白書』大蔵省印刷局、一九九二年）。

電機メーカーや中規模の自動車部品メーカーなど、製造業における労働力不足が日系人の日本出稼ぎをもたらし、斡旋会社の存在がその初期から大きな役割を演じてきていることは周知のところである。後に具体例を述べることになるが、足利に定着している日系ペルー人家族の大部分も、何らかの形で斡旋業者の仲介で職を得ており、なかでも、一九八六年に設立された新日本工業株式会社の存在が大きな意味を持っている。同社は栃木県足利市と群馬県太田市の県境に本社を置き、足利市での日系ペルー人の最大の就業先であった三洋電機足利工場への人材斡旋（生産工程の業務請負）を続けてきた（二〇〇四年三月、三洋電機足利工場は完全に閉鎖され、職を失った日系人たちの多くは大手コンビニエンス・ストア系の食料品製造工場へと移っている）。いみじくも同社のホームページで、「ムダを省いた減量経営によって成長性をつづける為に」「企業の合理化と雇用対策の一貫として、工場内作業の業務請負を主体として」事業展開を行っているとうたわれているように、いつでも人員調整可能な労働力として外国人労働者を提供ないし、業務請負してゆくことが事業の主体であり、本社の脇には外国人労働者のための社宅が設けられていた（http://www.ryomonet.co.jp/shinnihon/）。このほか、小規模な会社形態をとるもの、個人的なネットワークを使って労働者を集めるものと、様々な形態の斡旋業者が生まれては消えていったが、初期の南米人労働者は、それらの斡旋業者の仲介によって日本に出稼ぎに来たものである。

二〇〇三年一〇月末現在の足利市における外国人登録数統計によれば、市内には七一ヵ国三二三二人の外国人登録者が居住しており、同市の総人口一六万四一二一人の約二％を占めている。同期の日本全体における外国人登録者数の人口比は一・五％であるから、足利市には全国平均を若干超えた外国人が居住していると言えるが、その割合は全国平均から突出しているという程ではない。外国人居住者の国籍別を見てゆくと、全国レベルでは朝鮮・韓国、中国、ブラジル、フィリピン、ペルーの順になるが、足利市の場合には、第一位をブラジル（七四九）が占め、次いでフィリピン（五六二）、ペルー（五二七）、そして中国（三五三）、朝鮮・韓国（二五七）となっている。地域別では、全国レベルではアジア系七四・三％、南米一七・九％の順になっているが、足利市ではその順位は変わらないものの、アジア系の割合は五三・六％にとどまり、南米が四一・三％をしめ、全国平均のほぼ三倍となっている。南米出身者の割合は、入管法の改正によって急激な日系南米人の日本出稼ぎブームが始まった一九九〇年には、アジア系を超え過半数を占めるに至っていた。その状態は一九九八年まで続いていた。このように近年では次第にその位置をアジア系に譲りつつあるが、足利市における外国人の中で南米出身者は現在に至るまで大きな位置を占め続けてきている。既に述べたように、日本出稼ぎの先駆けとなった日本国籍を持った日系一世・二世は当然「日本人」として計上されており、超過滞在者の多くは統計そのものに含まれていないので、足利に実際に居住している南米出身者の割合は統計の数字よりもかなり高いものになると推測される。

前述したように全国レベルではブラジル、ペルーの上位二者だけで南米系外国人の九五・六%を占めているが、ペルー人はブラジル人の五分の一以下にすぎない。しかし、足利市では、両者で南米系の九五・八%を占めている点は全国の趨勢とほぼ同じであると言えるが、ブラジル七四九人に対し、ペルーは五二七人で、ペルー国籍の人数はブラジル国籍のそれの七〇%以上に達している（企画部企画調整課『統計あしかが（一九九七年版）』足利市役所、一九九八年三月。総務部企画課『統計あしかが（二〇〇四年版）』足利市役所、二〇〇四年四月。法務省入国管理局「平成一五年末現在における外国人登録者統計について」二〇〇四年六月、http://www.moj.go.jp/PRESS/040611-1/040611-1.html）。

外国人人口が住民の一五%を超え、ブラジリアン・プラザといったマーケットやポルトガル語の看板を掲げた商店、駅前には黄色と緑のブラジルのナショナルカラーで彩られた大きなブラジル・レストランが並ぶといった、小規模で散在的ながら「チャイナタウン」を連想させる大泉町のような地域とは異なり、足利市の生活空間においてラテンアメリカを連想させるような存在を確認することは容易ではない。注意深く観察してゆけば、ペルー・レストランも南米人のための職業斡旋業者の事務所も存在し、ペルーの国旗やブラジルの国旗を見つけ出すこともできるが、象徴的な建物も目立つ広告もほとんど見られない。このことは、いささか逆説的ではあるが、生活上の直接の便宜は少ないものの、定着志向を持つ外国人労働者にとって「生活しやすい」空間を提供することになっているとも言える。入管の手入れが比較的少ないため、近年オーバーステイの人々がひっそりと住みつき始めているようだという意見を持つ日系ペルー人もいるほどである。

以上、外国人登録数をもとに足利市における外国人集団の特徴を概観したが、そこから、足利市では、①南米出身者の割合が全国平均よりも格段に高く、出稼ぎ最盛期にはアジア系をしのいでいた。②実数ではブラジル人に及ばないものの、全国平均と比較するとペルー人の占める割合が格段に高い地域である。③にもかかわらず南米系の存在が表面的にはほとんど見られず、南米系の居住者は余り目立たない存在となっている、などの点が特徴として指摘できるものと思われる。言うまでもなく、これらの特徴は、日系ペルー人家族が足利市に定着していった原因でもあり、また結果でもある。

三　タキザワ・ファミリアの人びと

現在、足利市の郊外で二階建ての一軒家を借りて生活しているタキザワ・ファミリアは、日系二世から四世まで日本人だけの血を引く三世代一〇人家族で構成されている。そのタキザワ・ファミリアの主人、日本国籍を持つ日系二世のエルネスト・タキザワ（六九）は、足利における出稼ぎ日系ペルー人の草分けとでも言うべき存在である。

静岡県人の両親のもとにリマ旧市街に生まれたエルネストは、幼くして中央アンデスの高原都市ワンカヨに移り、その後母方の親族の住むリマ近郊の港町カリャオに転居しその地で青年時代を過ごしている。後に述べる、同じく現在足利に定住している日系二世のフランシスコ・ハマムラとは直接的な姻戚関係こそないものの、共にカリャオで生活していた静岡県人のネットワークの中で育ち、ワンカヨでも知己の間柄であった。二人とも日系二世としての意識とともに、チャラコ（カリャオっ子）、ワンカイノ（ワンカヨっ子）としてのアイデンティティを共有して生活を続けてきた人物である。成人となったエルネストは、母の実家の家具工場でしばらく勤めたあと、リマの旧市街で父が持っていた家具店に移り、やがてその店を改造した小さな食堂を経営するようになった。やがてペルーは、政治経済社会全般にわたり大きな危機の時代へと突入していった。テロリズム、インフレ、犯罪、貧困、ラテンアメリカにおける「失われた一〇年」の時代である。

八〇年代のペルー経済の混乱の中で、八六年に食堂の閉店を余儀なくされたエルネストは、働き始めた子供たちに頼る生活をしばらく続けていた。八九年、五三歳になっていたエルネストは、たまたま邦字新聞で五八歳までを対象とした日本での労働斡旋記事を見つけた友人に誘われ、半信半疑で斡旋業者のドアをたたいた。記事を掲載したスペイン人の旅行会社でエルネストたちを迎えたのはボリビアに住む日本人で、横浜に住む日本人の斡旋業者と連絡を取り合い、日本国籍を持つ日系人の出稼ぎ希望者を募っていた。その斡旋業者のすすめでリマの日本領事館に問い合わせたところ、自分の日本国籍が保留されていることを知ったエルネストは、日本のパスポートを手に五八歳までの数年の滞在のつもりで、友人とともに八九年一〇月、日本へ「帰国」した。

日本の仲介者に連れられ成田から直接足利に向かったエルネストは、駅で自分が勤めることになる小倉クラッチの人事部長たちに迎えられている。想像もしなかった好意的な待遇と高給に、一人で寮生活を始めたエルネストの決断は早かった。その年の一二月、出入国管理法の改正法案が成立し、翌年六月には日系三世までの日本での就労が事実上可能になることがわかると、三月に会社の人事部長と相談の上、働き手を欲しがっていた会社側に旅費を立て替えてもらって次男のハビエルと義兄ホセ、その息子ロベルトの三人を足利に呼び寄せ、小倉クラッチで一緒に働き始めた。改正された出入国管理法が施行される頃には、家族全員の日本での永住を前提に、家財整理のためリマに戻ることを決心していた。八月に四ヵ月の休暇をもらった彼は、日系人募集のためにリマに赴く斡旋会社の日本人社員とともにリマに戻った。エルネストは知己のフランシスコの家族に日本での就労の極めて有利なことを伝えるとともに、斡旋会社が急増する日系ペルー人と現場の日本人の間の通訳ができる日本語の堪能な人物を物色していることをフランシスコに伝え、斡旋会社の社員に彼を紹介した。斡旋会社の社員は、日系人の日本出稼ぎ希望者を募り、足利方面へと送り出した後、エルネストが紹介したフランシスコを通訳として日本へ同道することになった。その二〇日ほど前には、エルネストの長女ルス・アンパロとともにフランシスコの長女ロサも同じ足利で就労するためにリマを離れていた。リマの家財を整理したエルネストは、妻のルミと長男のエルネストを伴い一一月には再び日本に向かった。その間、次女ノルマリナもまた足利に向かってペルーを離れていた。こうして、タキザワ・ファミリア全員が、一九九一年の正月をそろって足利の地で迎えることになった。

後に詳しく述べることになるが、足利ペルー協会が一九九四年四月に設立されたときには、エルネストは会長のフランシスコを助け、協会の活動に家族ぐるみで参加し、日本の生活に慣れないペルー人たちのための各種の行事を中心になって切り盛りしていった。

九五年には、日本に到着したときには日系二世と三世から構成されていたタキザワ・ファミリアの次女ノルマリナにルイス・セバスティアン・ヒデオが生まれた。九八年、二〇〇一年には長女ルス・アンパロ・ヒカリにそれぞれユリ、ナオミ（アメリカで出生）の二人の娘も生まれている。現在、この三人の日系四世は、家の外では無論のこと、家の中でも日本語を流ちょうに話す祖父母と、三世ながら一五年近い足利での生活で少しずつ日本語を覚えた両親に囲まれながら、ほぼ日本語だけの生活を続けている。

タキザワ・ファミリアは、四世が誕生した一九九五年に、現在住んでいる二階建ての一戸建て住宅を借りて住みはじめたが、その家は、たまたま彼が立ち寄った電化製品店の主人の家で、エルネストが何げなく身の上話を始めたことが切っ掛けで次第に懇意になり、彼が都合で足利を離れる機会に持家を貸してくれることになったものである。早くから定住を決めていたエルネストは、多くのペルー人が少しの給料の違いによってごく簡単に職場を変え、ほかの町に移ってゆくのを横目で見ながら、一五年の間ずっと小倉クラッチで働き続け、「自動販売機については自分以上に分かっている者はいない」との自負も持って仕事を続けてきている。それと同時にできる限り周囲の日本人とも良い関係を作ろうと努力もしてきた。持ち前の社交性と、温和で誠実な人柄から、これまで「誰とも対立したりけんかしたりしたことはな」く、会社の内外で周囲の人々との良好な人間関係を築いてきたようである。長男と二人の娘もまた、エルネスト同様ずっと小倉クラッチでの仕事を続け、職場で十分の信頼を受けているという。

今年で六九歳になり、「気がついたら、今では会社で一番の年寄りになってしまった」エルネストは、「退職したら何にもない。年金も何もないから」働ける限りは働き続けたいと言う。家族の足利での平穏な生活のために働き続け、足利での生活には「ほんとに、全く、何の問題もない」というエルネストだが、目の前に自分の老後の問題が広がっているのを強く意識している。「多分息子たちは、今でもまだペルーに帰る夢を心のどこかに持っていると思うが、俺たちはもう全くそういう夢は持っていないよ。ここで死んで骨を埋める」のだという。

繰り返し、日本人との交際には全く何の問題もないと言う彼が、少し悲しいのは「こちらが挨拶しても無視する」人がいることだと言う。「いろいろな行事には積極的に参加してる。いつもできるだけ自分の方から挨拶するようにしてきているのだが……」、これはかりはどうしようもないのだと言う。

三世代が共棲する家では、二世と三世の間での会話には日本語がたくさん混じるものの、基本的にはやはりスペイン語である。しかし、一度四世の子供たちが加わると、会話はごく「自然に」日本語に変わってゆく。幸い三人の子供たちに対する「いじめ」もなく、エルネストには「まだ小さいから、この子らがどう育ってゆくのかまだまだ分からない」けれど、「普通の日本人」として育っていってくれれば満足だと言う。日本で生まれ日本で育ったペルー国籍のタキザワ・ファミリアの子供たちが、成人となって日本社会へ出て行く日も、そう遠い未来のことではない。

四　ハマムラ（メリノ）ファミリアのひとびと

足利の旧市街地と、工場の立ち並ぶ郊外地区のちょうど境界に当たる場所にあるマンションに居を構えるハマムラ・メリノ一家は、三世代六人家族。日系二世でペルーと日本の国籍を持つフランシスコ・トモオ（八二）、アリシア・ツグヨ夫妻に、その娘・日系三世のロサ・カズヨと非日系ペルー人の夫カルロス、そして、ロサ、カルロス夫妻の二人の息子、大学院を出て日本企業に就職している兄セバスティアンと、大学一年生のアルドの六人である。セバスティアンは同居している祖父母が日本国籍を持っていることから、自分たちをずっと三世と思ってきたというが、一般的には日系四世ということになる。

一九二二年、リマ郊外のカリャオ生まれのフランシスコは、両親とともにアンデスの高原都市ワンカヨに移っている。そこでワンカヨ生まれの日系二世アリシアと出会い、ペルーの日系社会が何とか立ち直りを見せ始めた一九五〇年に結婚している。子供が成長していく過程で、一九六四年、ほかの多くの地方在住のペルー人同様、教育、就労などほとんどの「機会」が集中しているリマに家族で移り住むことになった。やがて、長女ロサは東京銀行リマ支店に勤務、非日系ペルー人のカルロスと結婚して一家を構え、七八年には長男のセバスティアン、八五年に次男のアルドが生まれている。二人の子供が生まれるのと相前後して、ペルーはテロリズムとインフレに象徴される「失われた一〇年」の時代を迎える。長男セバスティアンはペルーの名門進学校イマクラーダ校に合格し、ペルーのエリートコースを歩み始めたが、ペルー経済は破綻しインフレはとどまるところを知らず、政治・経済の混乱に乗じてテロリズムは猖獗を極めた。ロサの勤務していた東京銀行リマ支店も支店長がテロリストに狙撃されるという事件も重なり、一九八八年には閉鎖。ロサは職を失い、カルロスも友人と経営していた会社が倒産するという憂き目をみる。

九〇年六月には、後にペルーの日系社会を根底から変容させる結果になる大きな出来事が続いた。日系二世アルベルト・フジモリの大統領当選と、日本における改正出入国管理法の施行である。ペルーで失業生活を続けていたロサは、八月に一時帰国してきたエルネスト・タキザワから日本の情報を聴き、日系人の労働斡旋会社の仲介で三洋電機足利工場への就職のためエルネストの長女ルス・アンパロと同じ飛行機でリマを離れた。それから二〇日遅れで、フランシスコも斡旋会社の社員とともに、三洋電機足利工場の通訳として勤務するためにペルーを離れた。程なく、フランシスコの妻アリシアも同じ三洋電機足利工場へ向かって海を渡った。残されたカルロスとセバスティアン、そしてアルドの三人も一九九二年三月には祖父母と母の待つ足利に向かうことになった。こうして一九九二年の春には、ハマムラ・メリノ一家三世代六人が揃って足利での生活を始めることになった。

祖母、母は三洋電機の生産ラインに入り、祖父フランシスコは日本語能力と持ち前の社交性を発揮して通訳兼出稼ぎ労働者のまとめ役として活躍、父カルロスは別の自動車部品工場の労働者として就労を続けるという環境の下で、ほとんど全くと言ってよいほど日本語を知らず、一四歳、七歳で日本に着いたセバスティアン、アルドの兄弟は、それぞれ、足利市立第三中学校（二年）と助戸小学校（二年）に入学することになった。

フランシスコは、フジモリ政権下で在日ペルー大使に任命されたビクトル・アリトミとは、ワンカヨ時代に「ワンカヨ二世協会」を設立し、日系社会と現地社会との仲介者として活躍して以来の友人であった。このため、同大使の懇請で領事館業務の代行や諸手続きの仲介を行うとともに、足利在住のペルー人を組織し、一九九四年「ペルー足利協会」を設立し、在日ペルー人の互助活動、日本人との共生の切っ掛けとなる文化活動などに尽力することになる。ハマムラ・メリノ一家は、同協会の行事には家族総出で参加し、運営にも積極的に協力していった。エルネスト・タキザワも同協会の副会長として、その家族とともに活動の中核を担っていった。

同協会設立の九四年春には、長男のセバスティアンは足利南高等学校に進学、その後生徒会会長にも選出され、九七年には群馬大学工学部に推薦入学を果たした。二〇〇三年春には同大学大学院修士課程を終え、三洋電機に入社、社会人として多忙な生活を送っている。次男のアルドは兄と同じ南高等学校を卒業後、今年（二〇〇四年）四月から白鴎大学法学部に入学、司法書士か警察官への道を目指し大学に通う毎日を続けている。

日本国籍を持ち、日本語も日常生活上ではなんら問題のない祖父母は、来日の当初から日本永住の可能性もいくぶんか念頭に置いていたようであるが、ペルー国籍で日本語をほとんど知らないロサ、カルロスの二人は、日本での生活をあくまでも「出稼ぎ」として認識し、そう考えることで生活戦略を立てていた。それぞれかつては銀行員、経営者であり息子を私立の名門イマクラーダ校に入学させた両親にとって、工場労働者としての日本での生活は一時的なものに過ぎず、彼らの人生の中心に位置づけられるべきものではないはずだった。彼らの日常生活は、できるだけ短期間に収入を増やしペルーに戻るために、夜勤、残業を少しでも積み重ねることにそそがれていたと言える。しかし彼らの日本に対する意識は、子供たちの教育現場での日本人教師たちの献身的な努力を知ることで、新しい方向性を与えられることになった。

カルロスは「最初の一年は何も知らない、何も分からないから、ただ全く働くだけで何も考えられなかった。息子セバスティアンは、なぜ日本に連れてきたのかと泣いて私に抗議していた。そして、最初の二、三年間は現実を見つめる時間だった。自分自身について言えば、とにかくただただ働くことだけだった。しかし、学校の先生たちの息子セバスティアンに対する態度を知るようになって私は考え始めた。中学校の先生は放課後、息子のためにその日の復習を根気よく時間をかけてやってくれた。（中略）三中の先生は、セバスティアンの実力を認めてくれ、南高等学校への進学を勧めてくれた。南高等学校なら一番になれる、大学への推薦入学の途も開かれると、南高等学校の先生たち……彼らに私はどんなに感謝しても感謝しすぎることは絶対にないと思っている」。

息子のために親身になって考えてくれる先生たちに対する強い感謝の念がカルロスの意識に少しずつ影響を与え始めたようであるが、セバスティアンが高校に進学した九四年の時点では、彼の生活戦略が大きく変化することはなかった。子供たち、特に日本で小学校に入学し早くから日本語の世界にとけ込み、少年野球にも参加するようになっていった次男のアルドの日常的な世話は、日本語に堪能で両親ほどハードな就業状態になく、比較的時間のあった祖母が中心となってみるようになっていた。ペルーへの帰国を夢見て夜勤を繰り返す生活を続けていた父カルロスとは、次第に言語の上でのコミュニケーションに困難をきたすようになっていった。父がアルドにスペイン語を強要すると、「日本にいるのだから父さんの方が日本語を勉強すればいい」と反論するようになっていった。ちょうどそのころ、筆者はカルロスとのさりげない立ち話で、カルロスがテレビゲームに夢中のアルドを横目に見ながら、「やはりペルーには帰りたい。不景気になってエクストラ（残業）もなくなってしまったし……。しかし息子たちはもう日本に根を張りはじめている。今は私には本当にどうなるのか分からない」とため息混じりで話してくれたことを記憶している。

九四年四月はまた、ペルー足利協会が設立された年だった。翌年の大統領選挙の準備もあり、大使館の依頼で足利在住のペルー人のため、身分証明書を兼ねる選挙人手帳の交換作業にフランシスコ・ハマムラが中心となって尽力していたものが、ビクトル・アリトミ大使の懇請によって、ペルー足利協会の設立へと結びついていったのである。

ペルー足利協会の目的は、一義的には足利在住のペルー人たちの連帯と相互扶助にあったが、同時に日本人社会に共棲者としてのペルー人の存在と文化とを認知して貰う点にもあった。相互扶助と親睦活動によりペルー人としての文化やアイデンティティを確認しつつ、居住者としての新たな認知とアイデンティティ形成を目指していたとも言える。これは、「国際化」、「外国人との共生」をうたいはじめた行政の側の意図とも重なるものであった。ビンゴなどの事実上ペルー人向けの閉ざされた行事のほかに、行政の主催による「足利祭り」などの行事にも、行政側の呼びかけに応じて積極的に参加し、ペルーの歌や踊り、食べ物の販売などを、協会の活動資金集めの目的も兼ねて行っていった。一般の市民たちもペルーの料理を味わい、歌や踊りを見ることを通じて遠い国ペルーを次第に認識していったが、それが日本人ペルー人相互の理解や交流にまで発展することはあまりなく、レジャーの少ない近隣のペルー人、ブラジル人たちがペルー足利協会の出店の周辺でペルー料理を食べながら時間をつぶす場を提供する結果となった。協会の活動は、会長のフランシスコや副会長のエルネストの家族を中心とする出稼ぎの初期から足利に定着し始めていた一部の日系ペルー人家族の献身的な努力に支えられていた。一方、僅かな給与の違いで頻繁に移動を繰り返す流動性の高い多くのペルー人たちは、協会活動を「利用するだけで、支えようとはしなかった」。九六年末から九七年にかけて起こったリマの日本大使公邸人質事件の影響で、例年四月の協会創立記念日前後に開催されていたビンゴ大会が一〇月にずれ込んだのを契機に、同協会の実質的な活動はほぼ停止してしまった。この年の春、セバスティアンは日本での就職を念頭に群馬大学に進学し、一家はほぼ永住を決意することになったと思われる。

カルロスはその頃、「出稼ぎからペルーに戻ってうまくいったという話を聞いたことがなかった。ペルーの状況はいっこうに良くならず、日本はすべてがうまく動いている国だった。安全で健康、社会保障制度もしっかりしている。不景気だといっても、仕事はちゃんとある。両親（祖父母）の手助けもとても大きかった。私はすごく幸運だった。私にはもう後戻りすることはできない。前に進むしかない。この国が私たちに与えてくれるなら、それを掴んでいこうという気持ちになっていた」と語っている。

現在、ペルー足利協会は事実上機能を停止している。かつては同協会の活動を通じて、足利在住の多くのペルー人の連帯を深め、一般市民との懸け橋になろうと努力してきたフランシスコも既に八二歳になった。会長職も既に別の日系ペルー人に譲り、以前は市役所に外国人登録しているペルー人の数をすらすらと教えてくれた彼が、「なんとか知っているのは二〇家族くらい。その他に十数家族は住んでいると思うが……」とほかのペルー人たちに対する関心も少しずつ失い始めているようだ。ハマムラ、タキザワ一家を中心に一五年の間に築きあげられてきた足利における日系ペルー人家族間のネットワークは極めて固く、緊密で、簡単に崩れてゆくことはないだろう。しかし、それがかつてのように、足利やその周辺に居住する不特定のペルー人に向かって開かれることも、また自らの存在の認知を一般市民に向けて働きかけていくような姿勢も、今はほとんど見ることができない。

五　生活・アイデンティティ・文化

エルネストの二人の娘は、それぞれ日本生まれの日系四世になる子供を日本で育てている。二人の息子たちはまだ未婚だが、日系人の友達と結婚するかもしれないという。そうなれば、タキザワ・ファミリアにはまた、日本生まれペルー国籍の日系四世が増えることになる。二世のエルネストや、その三世の息子たちを日系ペルー人の日本移民一世と考えれば、いま日系ペルー人の日本移民二世が続々と誕生しているわけである。エルネスト一家の場合には、足利での永住をかなり早い時期から決意しており、日本生まれの子供たちに対しても、家の中でもほとんど日本語での会話を続けている。子供たちの親はスペイン語を理解しない子供たちに寂しい思いを抱いているのかもしれないが、子供たちが幼いせいもあり、彼らに対してスペイン語やペルーの文化を身につけてほしいという姿勢を表面に出している様子はうかがえない。

一方、ペルーで育ってきた子供たちを日本に呼び寄せたハマムラ・ファミリアの場合には、長男のセバスティアンと次男のアルドとではかなり異なった道を歩んでいるように見受けられる。来日当初、ペルーのエリートコースから外れ、日本語が全く分からず途方に暮れ、「自分の人生が駄目になってしまう」という危機感に襲われたセバスティアンは、周囲の人々の好意と持ち前の克己心で日本語を習得してゆき、高校、大学と進学してゆく中で、日常生活上の日本語はほぼ完璧に習得している。しかし、彼は自分の文化的なバックグラウンドの違いや、「国語」や「社会」といった科目における実力不足をしっかりと認識しており、それが一番の原因とまでは言えないにしても、実力の差を感じない理科系の分野への関心を深め「日本で学べる最先端の学問」を目指して理工学部に入学している。彼は日本語による入学試験に日本人と一緒に臨むことのハンディを早くから認識しており、まわりの日本人たちの好意的なアドバイスを受けつつ、大学への推薦入学が可能な道を意図的に選択したと言える。

これに対して、弟のアルドの場合には、日本社会に対する適応も知識も時間の経過とともにほとんど自然に身につけていったもので、結果的にではあるが、大学も自分の「興味の赴くままに」法学部を選択している。司法書士か警察官になりたいという夢を持ち、その意味では他の日本人と全く同じ土俵で戦ってゆこうとしている。そんなアルドは大学入学に前後して、スペイン語への興味を持ちだしてきている。また、ペルーでカトリック系の進学校で学び、敬虔なカトリック信者となっていた兄と比較して、家族に従ってカトリック教会のミサに参加していたものの、これまではっきりとした姿勢を示してこなかった彼が、信仰にも積極的に目をむけるようになってきている。早くから日本国籍になりたかったというアルドも、今スペイン語を「回復」することのメリットや、生活倫理の基礎としてのカトリック信仰を持っていることの重要性を意識しはじめているように感じられる。そのことは、彼のアイデンティティ再構成作業の一環であるとともに、彼の日本での将来を見据えた冷静な生活戦略でもあるだろう。その摺り合わせには、後述するように異なった文化を持つことのメリットを、兄のセバスティアンの就職にいたる経緯から学んだ経験が影響しているようである。少し前まではスペイン語には見向きもせず、むしろ忌避していたかのような態度を取っていたアルドは、大学で外国語としてスペイン語を選択しようとしている。「母国語」は選択できないといわれて拒否されたときのことを面白おかしく語りながら、「スペイン語は母国語じゃない！」と冗談半分に笑う。大学生になり、人生の進路を真面目に考え始めたときに、スペイン語の知識、ないしバイリンガルであることのメリットや、両親や祖父母の生活の支えとなっているカトリック信仰の意味を意識し始めたのかもしれないが、それが結果的に「失われた」ペルー人としてのアイデンティティの「新しい再構築」に繋がる可能性は小さくはない。

一方、将来のことを考えて日本への帰化をすすめた父カルロスに対して、「自分がなくなってしまうような気がした」ためそれを拒否し続けてきたセバスティアンは、就職活動を開始するに際して、ペルー国籍であることが不利にならないかと危惧していた。しかし、実際にはかえって「意外にめだってよかった」。会社に入っても、「仕事でスペイン語の姓のために名前を覚えてもらえるので、やりやすい」のだと言う。会社に入って毎日遅くまで仕事を続けていく中で、「仕事を円滑に進めるために必要だ」という理由で、日本国籍を取った方がよいと感じるようになってきている。それは日本社会が閉鎖的で国籍を取らないと不利になるといった理由からというよりは、「海外に出たりしたときに日本国籍を持っている方が便利だから」という現実的な理由だという。「日本人」になることは、「自分が逃げている」のでも「なくなってしまう」のでもないと自信を持てるようになったからだともいう。彼は、日本帰化の手続を具体的に進め始めている。

セバスティアンが日本での生活に「適応」し、若者らしい青春の充実感を味わいながらも国籍にこだわり、ペルー人としてのアイデンティティに拘泥していた理由のひとつに、心のどこかでずっと帰国を夢見ている両親への想いがあったことは想像に難くない。高校時代のセバスティアンは、リマにいたときから抱いていた医師になりたいという夢をどこかで持ち続けつつも、「両親のためにも、何とかペルーと日本の両方で働けるような仕事」をしたいと考えていた。理工学部での学生生活、大学院での研究生活を通じて自分自身の得た知識や能力を十分に活かせる場所として、最終的に三洋電機を選択することになったが、そのプロセスには、どんどん日本の社会に根を広げていく息子たちの将来を考えた両親が、次第に日本永住の意識を固めていったことが間接的にしろ影響を与えていると考えられる。

子供たちがそれぞれ日本社会で自分の位置を築き始めるのを見ながら、両親は「自分たちが〝労働者〟として、子供たちの未来のためにもう少しだけがんばって働き続けなければと思う」と同時に、少しずつ広がってきている不安がある。他ならぬ、自分たち自身の将来の問題である。永住を受け入れても、いや、永住を受け入れたからこそ、今度は、いつまでこうした仕事を続けてゆけるのかという不安、年金や社会保障のない自分たちの将来の生活についての不安が心をかすめるようになり始めている。セバスティアンに日本への帰化を勧めてきた父カルロスは、最近、彼が付き合っている女性の家族から、息子を婿養子に求められ、大きな動揺を感じている。

「メリノという姓がなくなることは、私にとって重大なこと。私の祖先はドイツ系のユダヤ人で、ドイツを出てチリ経由でペルーに移住してきた。メリノの姓はペルーで初めて得たものだ。でも、それでも息子がこのメリノの姓を失うことは、私のこれまでの生活の意味を失わせてしまう」とカルロスは言う。彼は今、自らの過去と未来を見据えつつ、深く逡巡している。

六　おわりに

足利市における二つの日系ペルー人家族の生活を通して、彼らの生活戦略を基軸に据えて、ほぼ一五年におよぶ歴史をいささか乱暴に素描してきた。生活が文化を一方的に決定するわけでもないし、逆に文化が一方的に生活を決めてゆくわけでもない。その間にアイデンティティを挟み込みながら、彼らが維持してきたアイデンティティに規定されながらも、同時に新たなアイデンティティの再構成をもたらす彼らの生活と、アイデンティティに規定されながらも同時に新たなアイデンティティの再構成をもたらす彼らの文化という、規定しつつ規定されるアイデンティティを間に挟んだ彼らの生活と文化の相互規定性を彼らの生活戦略の歴史の中に描こうというのが、本論で試みてきたところである。

その作業を通じて感じられたのは、生活と文化に基づくアイデンティティ生成のさまざまなベクトルがこの二つの家族には凝集して現れていることであるが、それは何も「彼ら」外国人に固有のことではない。「彼ら」を含む、「私たち」自身が、実は日常的に不断に繰り返している作業に他ならない。「彼ら」の事例では、それが相対的に見えやすくなっているというだけのことである。

多文化教育や多文化理解というコンセプトが議論され、現場で「実践」されて久しいが、その理念の当否はともかく、現実には観念的で抽象的な啓蒙に陥りがちなばかりでなく、生活空間から「文化」を取り出し、「私たち」が、「彼ら」のことを考えるという、外国人や異文化に対する更なる「対象化」をもたらしがちであった。本稿では、日本人の側からの多文化認識といった視線や、多文化と言いつつ、他文化としてより客体化してしまうような認識上の陥穽をできるだけ迂回するために、生活に重心を置きつつ「彼ら」の視点を仮想経験することで「私たち」という理念そのものを相対化してゆこうと試みたつもりである。それが成功したとは到底思えず、忸怩たる思いのみ残るが、「彼ら」が定住を決意してゆくまでに、そして定住を決意してから、直面してきた様々な問題は、じつは近代家族制度が行き着いた果てに抱えている「私たち」の極めて歴史的な問題なのではないか、という点はもう一度ここで繰り返しておきたい。「日系文化の現在」を問うということは、「私たちの現在」を問うことに外ならないのだと思う。

（注記）連絡もせず突然に現れる筆者を、十年以上にわたり家族の一員のようにいつでも暖かく受け入れ続けてくださった、ハマムラ・ファミリア、タキザワ・ファミリアの皆様に、この場を借りて心からお礼を申し上げます。

なお、本文中に括弧付きで引用した会話は、一九九四年から二〇〇四年にかけて筆者が行ってきた聴き取り調査のテープ、ノートからのものである。スペイン語からの翻訳もすべて筆者による（二〇〇四年一一月二五日稿）。

（参考文献）

柳田利夫・義井豊『ペルー日系人の20世紀』芙蓉書房出版、一九九九年

柳田利夫「ペルーの日系社会」、増田義郎・柳田利夫『ペルー　太平洋とアンデスの国』中央公論新社、一九九九年

柳田利夫編『ラテンアメリカの日系人——国家とエスニシティ』慶應義塾大学出版会、二〇〇二年

赤木妙子『海外移民ネットワークの研究　ペルー移住者の意識と生活』芙蓉書房出版、二〇〇〇年

ペルー日系社会における「先没者慰霊」行事

――アイデンティティ形成と第二次世界大戦、そして移民史――

赤木妙子

一　はじめに

現在のペルー日系社会において、主要な《年中行事》となっているものに「オボン」（お盆）や「オヒガン」（お彼岸）がある。この日、移住初期に多くの日本人が入植した故地カニエテに建立された慈恩寺に多数の日系人が集い、仏式の法要が営まれる（二六一頁写真）。こうした「慰霊」行事はまた、毎年四月三日の「日秘友好の日」関連イベントや、県人会、婦人会といった日系諸団体の定例行事、創立○周年などの記念行事に付随して、あるいは各種式典のなかに取り入れられて、行なわれている（次頁写真）。本稿では、ペルー日系社会において営まれてきた（いる）各種《会合》や《行事》を、第二次世界大戦前と後とに大別してその変遷を追いながら、現在の日系社会のありようを考える上で重要な意味を持つ「先没者慰霊」行事について、日系ペルー人のアイデンティティ形成という観点からの考察を試みるものである。

日本人ペルー移住八十周年記念式典「仏式による先没者慰霊祭」1979年8月21日、リマ・日秘文化会館（『アンデスへの架け橋』より）

二　戦前期日系社会における行事・会合

日本からペルーへの出稼ぎ渡航の歴史は、一八九九年にはじまる。それ以降、太平洋戦争勃発による日本人ペルー入国の途絶までの期間に、契約移民としてペルーに渡航した日本人はおよそ一万八〇〇〇人。これに契約によらず渡航した者（自由渡航、呼び寄せ渡航）を加えると、三万二〇〇〇人余の日本人が戦前のペルーに渡った計算となる。

ペルー沿岸部のサトウキビ耕地やアマゾンのゴム林へと配耕された初期の出稼ぎ契約移民たちは、単身渡航男性が多かったこともあり、配耕地への定着率は低かった。よりよい労働条件を求めて脱耕・転耕を繰り返し、その動線が国境を越える場合もままあった。しかし、一九〇九年に東洋汽船会社が日本と南米を結ぶ定期船を安定的に就航させたことを契機として、リマをはじめとしたペルー各地に日系社会が形成される。耕地での契約労働を脱した日本人移民の多くが、都市部に出て小規模な商業活動に従事するようになったのである。そして、一九一七年にリマで設立された秘露《ペルー》中央日本人会（通称・中日会）が、戦前期のペルー日系社会を中心となってまとめあげ、そのイニシアチブの下に、各県人会や職業別団体が活発な活動を展開していった。

契約移民のなかでも古参に属する人びとと自由渡航者からなる、中日会や県人会の幹部たちは頻繁に会合を開き、会の運営方針をはじめとするさまざまな議事をまとめていった。そして、決定事項の伝達・承認の場として「定期総会」が開かれ、一般会員も含めた人びとが集うのである。これら日系団体の主たる結成目的は《相互扶助》にあった。ペルー契約移民を特徴づけるのは、単身渡航男性の占める割合の高さである。単身渡航男性は契約移民全体のじつに七三パーセントを占めていた。脱耕して移民会社の管理の外に置かれた、身寄りのない単身渡航男性が病に倒れ、あるいは亡くなった場合などに、入院や送還手続き、葬儀や墓地の手配などを執り行なうのが初期の日系団体の主たる任務であり、それらの実行と会の維持のための会合なのであった。

日本とペルーを結ぶ定期船は、多くの「呼び寄せ」渡航者を運んできた。そのことが、やがて日系団体の運営目的を変質させることになる。なぜなら、「呼び寄せ」には保証人が必要であり、ゆえに身寄りのない、寄る辺なき移民は呼び寄せ移民中には存在せず、かれらは日系団体による援助を基本的には必要としないはずだからである。日系団体は「会員間の親睦」という新たな存在意義を得た。「運動会」や「清遊会（郊外へのピクニック）」といった《年中行事》を主催し、呼び寄せ移民間の親睦を図るようになったのである。

呼び寄せ移民たちの就労先は、自分たちを呼び寄せた保証人である先行移民たちが経営する店舗であり、そのため渡航後の交友範囲は、大勢の日本人（他県人を含む）が働く耕地労働を体験した初期契約移民に比較して狭いものであった。なぜなら、商店主が主として同郷の親族知己を呼び寄せたため、店員のほとんどが同郷人であり、渡航以前からの知り合いであったからである。運動会や清遊会は、契約移民世代たる先行移民たちが、後続移民である呼び寄せ世代（家族であり、あるいは自分の店舗の店員であった）のために設定した《交流の場》であり、呼び寄せ世代が配偶者を得るための《お見合いの場》としても利用されていくのであった。

三　戦後の日系社会と行事・会合の変質

第二次世界大戦時、ペルー日系社会で指導的立場にあった人びとが根こそぎ北米の収容所へと強制送還されている。そのため、戦後、日系諸団体が復活した際にその中心を担うことになったのは、送還を免れた中小以下の商店主や大商店の店員層であった。それは、かつて契約移民としてペルーへ渡ってきた人びとよりも、ひとつ下の世代――呼び寄せ移民として入国後すぐにリマでの商業活動に従事した、耕地労働未経験の世代、あるいは初期契約移民の二世や携帯児の世代――であった。二世はもちろんのこと、若年で渡航し都市部での商業活動に従事してきた呼び寄せ移民世代は（契約移民世代に比べ）ペルー社会への同化が著しく、日系諸団体の活動も当然、変質していくことになる。

戦前の日系社会の中心的行事であった「運動会」や「清遊会」が持っていた、《親睦》や《お見合いの場》としての機能は不必要なものとなる。（日系）ペルー人としてペルー社会で暮らす戦後の「ニッケイジン」には、「日本人」あるいは「同県人」のなかからわざわざ配偶者を選ぶための場も、「日本人」「日系人」のみが集まって親睦を深める場も必要ではなかったからである。その結果、現在でも日系社会の主要《年中行事》として行なわれている「ウンドーカイ」や「セイユーカイ」は、(日系) ペルー人である二世以下の若い世代と日本人先輩移民(一世)たちをつなぐ《世代間交流》《国際交流》の場となったのである。戦前は「定期総会兼清遊会」のような開かれかたをしていたものが、戦後は「敬老会兼清遊会」というように変わってきたことも、そうした事態を端的に表しているだろう。

戦後、興隆をみるようになった会合に、「同航海者のつどい」がある。ペルーまでの一カ月半に及ぶ船旅を狭い船中で共に過ごした仲間という「同航海」意識は、契約移民、呼び寄せ移民ともに認められるものである(一等船室を利用し、行き来も頻繁な自由渡航者にはほとんどみられない)が、そもそもの母集団が大きく、渡航後にはペルー各地の耕地に散り散りになる契約移民にとっては(「同航海」かつ「同県人」あるいは「同耕地」であればともかくとして)、「同航海」という意識(だけ)にもとづく会合は開かれる機会がほとんどないものであった。しかし、多くが学業を終えたばかりというような若年層からなる呼び寄せ移民が不安な船旅のなかで得た新たな友誼は、ペルー上陸後の勤務先が同じリマ市内であるという物理的近さも手伝ってその後も暖められつづけたのである。そして、かれらが日系社会の中心に躍りでた戦後、頻繁に開かれるようになった「同航海者のつどい」が、戦後の日系社会を支えるニューリーダーたちのネットワークをつなぐコアとなる会合になっていったのである。

新リーダーとなった呼び寄せ移民たちは、自分たちの「同航海者のつどい」だけでなく、契約移民世代の生き残りである先輩移民のために、彼らの「同航海者のつどい」を主催しはじめた。たとえば一九四九年四月一六日、ペルーに現存していた「第一航海」移民二八名のうち、リマ近郊に居住していた一二名を集めて「第一航海者を囲む祝賀慰安謝恩会」が開かれている(『秘露新報』一九五〇年七月一日号記事)。後続世代の招待を受けて集った彼らのなかには、そのときはじめて顔を合わせた者もいたかもしれない。初期の契約移民――就中、定期船就航以前の移民団は一船に五〇〇人以上は当たり前、時には一〇〇〇人以上が乗り込むという大所帯であり、配耕地もペルー全土に散らばっていたため、戦前、みずからが「同航海者のつどい」を開くことはほとんどなかった。県人単位で同航海の絆を深めた例は見ることができるが、あくまでも「県人」というくくりの下での集まりであった。定期船就航により同航契約移民が小グループ化してくる契約移民期の後期以降は、戦前に「同航海者のつどい」を主催する集団も出てはくるのだが、もともとが同県人の多い航海である場合が多かった。

そんななか、戦後の日系社会を指導する立場にたった「呼び寄せ」移民世代が、先輩世代のために開いた「同航海者のつどい」とは、なんだったのか。「敬老会」のバリエーションとも見ることはできるが、現存する高齢者すべてを対象とするのではなく、「第一航海」「第二航海」「第三航海」といった冠をつけた先達を集めたことの意味は、後続の呼び寄せ世代が、ペルー日系社会のルーツをかれら初期契約移民のなかに「発見」し、その「歴史を継承」することを企図したものといえるのではないか。初期契約移民から歴史のバトンを受け取り、受け取ったことを日系社会全体に宣言する、お披露目の場としての《集い》なのであった。

四　戦後日系社会における「先没者慰霊」行事

戦後日系社会の担い手である呼び寄せ移民世代による「歴史の発見」、そして「継承」――同じ構造を、日系人協会（戦前の中日会にあたる組織）や県人会の主催する「先没者慰霊」行事にも見ることができる。

カニエテ・慈恩寺での彼岸法要、2000年３月19日（筆者撮影）

物故した移民たちへの供養自体は、以前からあった。戦前には、「追悼会」の名のもとに、近親者や縁故者による個別的な祭祀供養を受けられない死者（初期の単身渡航男性移民の場合、こうなるケースが多い）を対象として行なわれており、県人会が同県人の物故者を、あるいは地方の日系組織がその地での物故者を、追悼するものであった。いわば、名前と顔の一致する死者に対する供養といえる。

戦後になると、自分たちより先に死んだ《不特定多数の先輩移民たちすべて》を対象とした法要が営まれるようになる。ここでは、「先亡《せんもう》」あるいは「先没《せんぼつ》者《しゃ》」（ペルー日系社会では主にこちらの語が使われる）と呼ばれる物故移民すべてが追悼の対象となるのである。

日系社会の追悼行事を考えるうえで、日本人耕地労働者を最も多く受け入れたカニエテ地方の行政中心地であるサン・ビセンテ・デ・カニエテ町に建つ「慈恩寺」の歴史は無視できないものであるが、紙数の関係で深入りせず、現存するペルー唯一の仏教寺院である

彼岸法要にあわせて行われた「さくらちゃん　カニエテ」像の除幕式。幕を引いたのは、当時九六歳の呼び寄せ移民一世・増岡栄次氏と夫人、日系五世（４歳と３歳）の子どもたち。2000年３月19日、慈恩寺（筆者撮影）

同寺が物故日本人移民祭祀のためのセンター施設として機能していることのみに注目する。「慈恩寺」での法要は、現在でもお盆とお彼岸との年二回、盛大に行なわれており、リマからも日系人協会のチャーターした大型バス数台が出るのをはじめ、各地から多くの日系人が集合し、郊外カサブランカ耕地の日本人墓地への墓参、町内の公共墓地に建てられた日本人慰霊碑への献花のあと、慈恩寺での仏式法要を粛々と執行するのである。

カニエテに集まるのは、そこに自分たちの家族や知り合いが葬られている人ばかりではない。多くが「ニッケイ」であるからという理由でその法要に参加しているのであり、具体的な《だれか》を追悼しているわけではない。また、位牌を慈恩寺に預けていたり、先祖がカニエテ耕地で働いていたという日系人であっても、本人はすでにカトリックの洗礼を受けており、彼らには自分の両親や祖父母を仏式の先祖供養というかたちで祭祀しているという意識はないようである。では、彼らはなにをしているのか。

「慰霊」の対象となる人びとが「先没者」と呼ばれていることに、そのヒントが隠されている。筆者の個人的経験だが、この用語を使用した文章を印刷に回すと必ずといっていいほど「戦没者」に直されて戻ってくる。「戦没者」という誤植のまま印刷されてしまったことも一度ではない。前章で紹介した「第一航海者を囲む祝賀慰安謝恩会」について書かれた『秘露新報』の記事中には、会のなかで「故人となられた先輩諸氏の英霊に対し一分間の黙祷を捧げた」ともあった。つまり、戦後の日系社会は（おそらくは暗黙知のレベルであろうが）初期契約移民を「戦没者」「英霊」イメージになぞらえ、「戦没者慰霊」に倣って行事を執行していたのである。

五　戦後日系社会の担い手と第二次世界大戦

第二次世界大戦によって、ペルー日系社会の構成メンバーに大きな転換が起こったことはすでに述べた通りである。よって、戦後すぐの復興期を中心となってささえたのは、若い呼び寄せ移民世代と古い契約移民の二世たちであった。また、日本からの帰国（入国）が許されて以降は、戦前に教育などを目的として日本に送られ、戦時下を日本で過ごした二世たちが「帰来二世」として日系社会に加わり、その再建に手を貸すことになる。同じペルー移民、ペルー日系人といえども、彼らの戦時下の「体験」は一様ではなかったのである。

本章では、戦後の、そして現在のペルー日系社会を支える「日系人」たちの「戦争体験」を、インタビュー調査により収集したかれら自身の言葉によって振り返ってみたい。

まず最初は、太平洋戦争の開戦直前に一〇歳で日本に帰されたペルー生まれのある二世の、戦時体験に関する語りである。

（兄弟三人で日本に渡ったときは）まさか戦争がはじまるとは思わなかったしね。とにかく、昭和一六年、日本へ帰って。「先、帰って勉強しとけ」っていうことで……そいで、兄弟三人、男だけで帰ったんです。そうして、九月に到着。で、一二月に、もう戦争はじまっちゃったでしょ。でも、そんなこと、全然わからないでしょ、一〇歳じゃからね。あまり気にもしてなかったけど、だんだん、だんだん、日本もえらい（笑）たいへんなことになってね。（戦争中の両親との音信は）なんにも……ただ、ちょうど二年目ぐらいやったかね、葉書は赤十字のあれで……交換船で、送れるいうことじゃったから、ぼく、書いたのよ。葉書にね、兄貴が死んだことも書いて。たら、一年……一年やっとかかって（ペルーに）到着した。あの当時は、みんな、歳がいったものは、どんどん、どんどん、徴兵されて。（長兄は）神戸の駅で仕事をしとったの。だから、仕事がきつかったらしいのよね。で、急性肺炎で、ポッと死んじゃった。で、そんときに次男が一七歳で、もう愛媛の松山航空隊に行っとって。（三男の）ぼくは海軍の試験受けて、待機しとった。（次兄は）「一一月に出るぞ」って。（そうしたら戦争が）終わっちゃった、八月に。あははは（笑）。（戦争が終わって）よかったぁ。しかし、ひっぱたかれたです。いい加減、ひっぱたかれたですよ、軍事教練で（一九九五年、帰来二世、六四歳時点での聞き取り）。

一九五九年に帰秘し現在はリマで暮らしているこの帰来二世は、共に帰国した長兄を戦時下に失ない、また、親族や友人たちの出征や戦死を目の当たりにした日本での経験を淡々と語ってくれた。一九五七年に帰秘した、同世代のべつの二世はまた、兄弟二人で過ごした日本での、以下のような体験を語っている。

物資のないときに居候でいるのは、ほんと、つらいですよね。邪魔者扱いされるから。表面的にはしないけど……たとえば、ペルーから送ったんですよ、私らと一緒に、缶にチョコレートとかなんかをね。学校から帰ると、従兄弟の子たち、こう、食べてるんだよね。（しかし、自分たちに気づくと、それを）パッパーっと隠すのよ。こっちは、もらえないのよね。だから、兄貴と二人で「まぁ、いいや」って、そんな思い出があるよね。（田舎の親戚宅を飛び出して、街場に働きに行った）兄貴は、そこで空襲にあってる。なんか、友だちね、同僚とかなんか死ぬのは目の前で見たって。終戦になって……あんとき暑い日だったけどね、天皇が話すっていうんで、なんか、仕事、みんなやめて、たしか校庭に集まったのよ。ラジオの前で聞いたけど、全然意味がわからんのよ、あの、話すことね。なんだろーと思って、子どもたち同士で話してたら、そのうち、先生が泣き出したでしょ、「戦争が終わったー」って。暑い日だったよね。いっぽうではホッとする……親がこっち（ペルー）にいるからね。（いっぽうでは）残念なあれも……もう、だいぶ軍隊教育が染みこんでたからね。それで、来年は予科練、受けるっていうつもりだったのよね。それから、やっぱり戦死とかなんかね、部落のなかの人が亡くなった、戦死した、戦死したって。（戦時中の両親との音信は）全然（なかった）。たぶん、あの、排日暴動ありましたでしょ。だから、「案外、ペルー人に殺られたんじゃないか」っていうことをね、兄貴と二人で話してたんですよね（一九九六年、帰来二世、六三歳時点での聞き取り）。

戦時下を日本で過ごした二世の「体験談」には、飢餓、空襲、徴兵、出征、戦死、さらには満州への渡航と戦後の引き揚げや被爆まで、日本人が戦時下に体験したほとんどの出来事が網羅されている。ある帰来二世は「ペルーの二世っていうのは、まあ、苦労したっていうけど……やっぱり、戦時中にね、われわれのように、他人の家に行って苦労したのと違って」両親と一緒に過ごせていたではないかと、ため息混じりに語ってくれた。逆に、連合国側に立ったペルーで日本人学校が廃止されたため、ペルーの公立学校に通い、ペルー式の教育を受けることとなったペルー残留二世の側から見れば、戦時下の日本で「軍隊式の教育」を受け、ペルー生まれでありながら、スペイン語よりも日本語を得意とする帰来《きらい》二世は「とっつきにくい」存在に見えたという。

同じペルー生まれの日系二世でありながら、戦時下を日本で送り戦後ペルーに戻った二世と、戦時下をペルーで過ごした兄弟姉妹、友人たちとのあいだには、微妙な溝が生じていた。「帰来二世は《嫌い》二世」などというフレーズとともに、両者の確執を伝える記事が、この時期の日系新聞の紙面を賑わせ、長いあいだ離れて過ごした家族やペルー（日系）社会に、結局は馴染むことができず、再び日本に向かった帰来二世も少なくなかったという。

受けた「教育」という観点から見れば、帰来二世のバックボーンは、戦前の教育を受け、開戦前にペルーに渡ってきた、若い呼び寄せ世代のそれにより近いことになる。事実、戦後の日系社会を担う呼び寄せ移民世代を実務面で支えたのは、日本語に長けた帰来二世であったし、日系諸団体の活動を縁の下で支えているのは、現在でも彼ら帰来二世である。しかし、呼び寄せ一世と帰来二世のあいだにも、軋轢は存在した。

一世もね、（帰来二世は戦中・戦後の）日本でなにをやってたとか……あの、なんていうの、嫌味のようなこと言うわけね。そういう人が（二世でなく、むしろ）一世のほうにいましたね。（また、好意で日系団体の仕事を手伝っていると）「役員になって、名誉に思いなさい」って言うのよね。こっちは、あの、お手伝いしようと思ってね、引き受けたのに、そんな名誉に思いなさいっていうんだったら……っていうように、なんか、カチンとくるのよね。（あるときは、日系団体の会合で）みんなに日本からのお土産あげてる。私にはくれないでね。そういうのあれすると、やっぱりね、こう、カチーンとくるよね（一九九六年、帰来二世、六三歳時点での聞き取り）。

帰来二世たちは、日本滞在時、「外国帰り」としていわれない差別を受けた経験を多かれ少なかれ持っている。しかし、国籍上「外国人」であるという立場をうまく利用して、戦後の混乱期を乗り切った者も多かった。前記語りのなかで、一世が嫌味を言ったのは、彼らが「進駐軍」の仕事を請け負っていたことに対してであった。

では、戦時下をペルーで過ごし、戦後日系社会を担うことになった呼び寄せ移民世代にとっての「戦時体験」とは、どのようなものであったのか。彼らの言い分を、いくつか聞いてみよう。まず紹介するのは、日本で兵役を終えてからペルーに渡ってきた、ある呼び寄せ一世の言葉である。

わしゃ、ペルーには、来たのは……兵隊終えてすぐ来たから、ベンテトレス・アーニョ（二三歳）ですよ。昭和三年に兵隊を除隊して、そうしてここへ来たんですよ。わしゃ、酒はやらない、タバコはやらない。とにかく、わしゃ、兵隊、軍隊出てから、一生懸命、やったことはやったんですよ。ただ食わんがために、子どもらを教育するがために、やったようなもんで……。もう、語ることもないのう、軍隊のことを語ってみたところで、もう、あんたらには、わかるわけないよ。シー、昔のわしは「騎兵第二連隊、第二中隊、上等看護兵」だ。昔は、星三つもらうまでに、うんと殴られたから。一年間、殴られた……あれは、ここへ来ても、わしゃ絶対、しゃべくらないが、日本の兵隊はひどかったのよお。わしゃ、朝の起きるから、寝るまでから、もう、頭から取り柄なかったばい、無理矢理。シー、ひどいなあ、実際。そりゃ、もう、兵隊は、もう、な、ポル・エソ、ヤー……こんな、昔の兵隊のことも考えないし、一生懸命、まぁ、子ども育ててるだけよ、シー。うん。まぁ、なんにもいらない、へへへ（笑）（一九九六年、呼び寄せ移民一世、九〇歳時点での聞き取り）。

戦後世代の筆者に対して、「軍隊のことを語ってみたところで」「わかるわけない」と言う語り手は、まるで独り言のように訥々と語っている。しかし、「騎兵第二連隊、第二中隊、上等看護兵」という軍隊時代の肩書きだけは、自ら筆記用具と紙を所望し、しっかりとした筆跡で書き記してくれた。つづく語りは前記の一世と同世代の呼び寄せ移民のものだが、彼に兵役経験はない。しかし、自身の「丁稚奉公」体験を「兵隊式」にたとえて語っている。

日本のかたがた、戦争に行って、気の毒に、戦死したかたもあることはあるだろうが、私らだってねぇ……だいたい、この戦争があったとき、敵国民だから、戦争中はアメリカのほうにひっぱられて……強制収容だからね。そういうふうに（収容所に）入った人は、かなりおるんですよ。それからね、日本人排斥の暴動があったの。そういうこともあってね、ようやく、店、経営できるようになったたなと思うような人が（その）店、とられてしまった、ここの政府から。（中略）（ペルーに来る前に）経験したのは丁稚奉公。五カ年やっておってね。兵隊式でいや、初年兵、一年兵、上等兵、伍長、軍曹、こういう具合で。そうすと、初年兵は、使われて使われて、ホントに……ちょっと、なにか間がおけば……あとは、もう、平手いくから。平手くらいならいいが、拳骨、喰わされて。そうしてからね、御飯食べるには、いちばーん最後に御飯食べる。そういう時期、してきたんだ（一九九六年、呼び寄せ移民一世、八九歳時点での聞き取り）。

この一世は、戦時下のペルー日系社会の様子を長時間にわたって筆者に語ってくれた。しかし、引用した部分からも理解できると思うが、それは彼自身の体験ではない。呼び寄せ移民として渡航後、親戚の店の店員として日系社会の下部にいた彼自身は、排日暴動の直接的な被害を蒙ることもなく、戦時強制収容や資産凍結の対象ともならず、戦時下を無難に乗り切った、多数の若年移民のひとりであった。

つづいて引用するのは、小学校卒業後すぐに呼び寄せ移民としてペルーに渡航してきた一世の言葉である。インタビュー当時、自分自身の体験を記した手記をまとめつつあり、その原稿を一部読みあげながらの語りである。

一九四一年一二月八日午前一〇時頃、『秘露《ペルー》時報』からの号外で（開戦を知って）血が逆流するほど感激し、涙が出て、ああ、カモメのように翼がほしい、祖国の国難に尽忠報国、戦って戦死したい、日本に行きたいと、心は逸ったけれども、遠い南米にあったため、如何ともできなかった。夜、店を閉めてからミラフローレスの海岸に行って、太平洋をぼんやりと眺めて、あの水平線の裏では、朝夕、爆撃また爆撃で、死力を尽くして（日本人が）戦っているのだと、手を合わせて皇軍の武運長久を祈るほかに道がなかったんだ。（そして）終戦になったら、がっかりしてしまって……こっちの新聞なんかみると、日本は降伏した（と書いてある）。オレも腹切ろうと思った。腹切って死んだ人、おるんだから。うちから（通りを）曲がったところに、バサル・トウキョウって（店が）あったよ。そのバサル・トウキョウの店員、大動脈切って、血を流して。遺書には「皇国と運命を共にする」って、なあ。そして、一年たった。人間っていうものはね、たとえ、お母さんが死んでもね、息子が死んでもね、そりゃあ、一週間くらいは、まあ、涙がたれる。ところが、一週間たち、二週間たつ。一カ月たち……そうすと、誰でもそうよ、ね、忘れて……だんだんと、その悲しみが、忘るることができるのよ。だから、人間っていうものは、忘るることができるから、生きていくことができるっちゅうわけだ（一九九五年、呼び寄せ移民一世、八二歳時点での聞き取り）。

戦前の教育を受けた呼び寄せ世代の彼らにとっては、日本で同胞とともに戦時下の体験を共有できなかったことは大きな負い目であり、その体験をもつ、自分たちよりも若い、ペルー生まれの「二世」を素直に認めることは難しかったようだ。折に触れ、「戦前の日本人の美徳」を誇らしく語る彼らの言説が、軍隊あるいは軍隊的な体験を語る際には、歯切れの悪い、分裂したものとなるのは、その心の葛藤のあらわれといえるのかもしれない。

戦後日系社会を支える彼ら呼び寄せ一世世代が中心となって営まれた、新しい日系社会の「伝統行事」――そのなかで、「先没者慰霊」行事が大きな意味を持つようになったのは、その意味で必然であった。太平洋戦争を直接に体験していなくとも、ペルーにいても、自分たちは「日本人」であり続けたのだという自負を、ペルーでの体験もまた、日本での体験と同様の重みがあったのだと意味づけることで確かなものに昇華する。太平洋の向こう岸の「戦没者」ではなく、此岸の、自らの紡ぐ歴史の流れの中に「先没者」を持つことで、祖国での戦時下を体験していない負い目の解消が図られたと言ったら、それは言い過ぎであろうか。

六　おわりに――「移民史」を紡ぐということ――

ペルーの耕地労働を体験した実際の初期契約移民は、非常に流動的な存在であり、ペルー国内のみならず他の南米諸国へも流れていき、錦衣帰郷の夢半ばで帰国する者もあれば、成功して帰国する者もあり、ペルー在留を望みながらも戦時の強制送還で追放された者もあった。結果、初期契約移民の直系の子孫は現在のペルー（とくにリマ）日系社会ではごくごく少数派に過ぎない。現在のペルー日系社会を構成する大多数の日系人にとっての直接の（血統上の）先祖は、若年で渡航し、耕地労働を体験せずに直接リマでの商業活動に従事した呼び寄せ移民たちなのである。ゆえに、彼らの《祖父の物語》は、いわゆる《移民の物語》ではなかったし、日本人と同じ戦時・戦後体験を持たず、またペルーへの同化の度合いも高い《祖父の物語》を《日本人の物語》と読み込むのも難しかった。

ペルー日系社会として語り継ぐべき《移民の物語》《日本人の物語》として「発見」されたのが、「第一航海」移民に象徴される《初期契約移民の物語》であった。現在のペルー日系人の（血統上の先祖ではなく）理念上の先祖となった彼ら初期移民は、「戦没者」「英霊」のイメージを重ねられたこともあって、雄途半ばに生命を散らしたことで日系社会の礎となった先達として、現実以上に強調された「悲惨で苛酷な移民史」を紡がれ、「伝説化」「神話化」されていったのである。

そしてこの《移民の物語》《日本人の物語》を《自分たちの「歴史」として語り継ぎ共有する場》として、「先没者慰霊」行事をはじめとする日系社会の諸行事は機能することになった。この「歴史の継承」によって、（日系）ペルー人である彼らは「日系人」としてのアイデンティティを確認し、日系社会は「日系社会」たりえているのである。

（謝辞）本稿は、立命館土曜講座での講義「ペルー日系社会における「先没者」慰霊行事」（二〇〇三年五月）をもとに書きあげたものである。熱心に聴講してくださったみなさんにこの場を借りてお礼申しあげたい。本文中に登場する日系人・日本人の方々のなかには、この本の刊行を俟たず亡くなられた方もある。謹んでご冥福をお祈り申しあげます。

（参考文献）

赤木妙子『海外移民ネットワークの研究――ペルー移住者の意識と生活』芙蓉書房出版、二〇〇〇年
増田義郎・柳田利夫『ペルー　太平洋とアンデスの国――近代史と日系社会』中央公論新社、一九九九年
柳田利夫（編著）『リマの日系人――ペルーにおける日系社会の多角的分析』明石書店、一九九七年
『アンデスへの架け橋――日本人ペルー移住八十周年記念誌』日本人ペルー移住八十周年祝典委員会（リマ）、一九八二年

ブラジル、パラナ民族芸能祭にみる文化の伝承

――日系コミュニティの将来とマツリ、そしてニッケイ・アイデンティティ――

小嶋　茂

一　海外日系社会におけるマツリ

現在、海外の日系社会において行われ比較的歴史の古いマツリは、大きく二つの型に分類できる。屋外の広場や通りを中心として行われる広場型と、劇場や会館のステージなどで行われる劇場型である。

広場型はかつて日本人町が栄えていた地域を中心とした場所で行われるものがほとんどである。広場での太鼓のパフォーマンスや、通りを行進しながら音頭や踊りを披露するイベントが中心になっている。場合によっては、屋内での生け花や書道などの作品展示、ダンスや劇の舞台公演などが含まれることもある。こうしたマツリが始められたきっかけはさまざまだが、現在においてはどこでも、日系コミュニティの中心であった日本人町の「心の故郷」としての活性化を、その大きな目的として行われている。言い換えれば、日本人町がどこも衰退の道を辿り、あるいは消滅し、それに対するコミュニティあげての対応策の一環として営まれている側面を読みとることができる。この型には、戦前の一九三二年から

始められたロサンゼルスの二世週祭（アメリカ）や、サンパウロで一九七二年に始まったサンパウロ仙台七夕祭（ブラジル）、一九七七年にバンクーバーで開始されたパウエル祭（カナダ）などが含まれる。

劇場型には歌謡や民謡のコンクールのかたちを取るものと、他のエスニックグループと共同で行われる民族芸能祭のかたちを取るものがある。前者は市・州・全国など様々なレベルで行われる民謡や歌謡大会で、日系コミュニティ内で行われ、参加者の趣味や娯楽としてのイベントである。単発的なものも含めると、数の上ではおそらく一番浸透している。後者はブラジルやカナダといった多文化社会を反映した、様々な民族文化を紹介するイベントとして行われ、各々のエスニックグループのフォークロアを披露する場でもある。また、日系人にとってはそのアイデンティティを表現する場ともなっている。この型には一九五八年から始まったクリチーバのパラナ民族芸能祭（ブラジル）や、一九七〇年に開始されるウィニペグのフォークロラマ民族祭典（カナダ）などがある。

ここではブラジルで行われているパラナ民族芸能祭を例に、日系コミュニティとマツリの関係について紹介する。

二　パラナ民族芸能祭とは

ブラジルといえばサッカー、サンバ、カーニバル、アマゾンというイメージで捉えられることが多いが、南部三州においては移民の導入が積極的に行われ、他の地域との文化的な相違が顕著に見られる。その一つパラナ州には一番多様な移民が入り、およそ六〇のエスニックグループがあるとされている。そのため州都クリチーバはその構成員の多様性から「エスニック・ラボラトリー」との異名もある。パラナ州立銀行の広告コピーに、"Somos tantos mas somos um. Somos o Paraná de todos os povos"（いろいろいるけれど私たちは一つ。パラナはすべての民族のもの）とあるが、これは典型的な移民州であることを如実に表している。そして今日、この移民という存在を身近に感じさせるイベントの一つがパラナ民族芸能祭（以下、民芸祭）である。

パラナ州立劇場前に掲示された民族芸能祭のポスター（2003年）

民芸祭は一九五八年、オランダ領事夫人の発案で慈善事業として始められた。しかし、当時は娯楽らしい娯楽がなかったこともあり反響が非常に大きく、ある有名雑誌の特集としても取り上げられ、州政府が関心を示して後援するようになった。その結果、毎年八月のフォークロアの日を挟んだ約一〇日間に渡って州立劇場で公演が行われるようになった。一九七四年にパラナ・エスニック連合協会が設立されると、互いに協力しながら文化的伝統を守ろうとする動きも現われ、各グループとも自分たちの民族芸能を次世代へ伝えていくための格好の機会として民芸祭を捉えるようになっていった。現在では州内に定着した主要なエスニックグループ八つを中心として、民族舞踊や歌謡を各グループ二時間の持ち時間で披露し、競い合いの舞台ともなっている。

三　内なるイベントから外に開かれたイベントへ

日本人移住者がかつて移住先の奥地においてコミュニティを形成していた頃には、日本における村落社会と同様に、夏祭りや盆踊りなどの祭りを行っていた。人々がみんなで助け合い、ともに祝い祈る場としての祭りは、母国を離れ孤立したコミュニティにおいては欠くことのできない儀式だった。そしてそれは今日に至るまで農村地帯における一部の日系コミュニティでも、同じように行われてきている。しかし、その多くは今まで「内なるイベント」としてエスニックコミュニティ内で自分たちが楽しむだけの、楽しむことができれば満足できるものに過ぎなかった。演じる者も見物する者も同じ日本人仲間で、純粋に楽しみを目的とした、いわば祭りそのものが目的のイベントであった。

しかし今日、祭りを取り巻く状況は一変した。日系人が行うほとんどすべてのマツリは、非日系の人々に対しても開かれており、エスニックコミュニティを越えて一般市民に向け開催されるようになった。その結果、単なる自己満足としての楽しみを越え「外に開かれたイベント」となり、非日系の人たちに対してもその意義や内容を理解してもらい、さらには参加してもらうという側面が強くなった。言い換えれば、自分たちの文化を一般大衆に紹介するという重要な目的をもつことになったのである。

民芸祭も例外ではない。当初は民謡や踊りなどに心得のある人たちが中心となって参加し、関係者が見物に来るというかたちで行われていたが、現在ではコミュニティ内の単なる年中行事ではなく、自分たちの文化を外に向け、社会に積極的に披露する貴重な機会へと変貌した。それはさらには、現実的な問題として、年間を通して準備を整えていくことを意味し、毎週末、場合によっては週数回といった頻度でトレーニングを積むことを意味していた。この過程で、マツリの中で披露される芸の一つひとつが、より本格的そして本式になった。具体的には、「師匠」の登場である。それまでは、仲間内を見回して芸に嗜みのある先輩を先生として習っていたものが、日本においてその道の権威としての資格を取得した「師匠」から指導を仰ぐことになった。日本舞踊の名取や日本歌謡の師範である。また、衣装や道具も、当初は現地の生地や材料を工夫しあるいは間に合わせて毎年同じものを使用していたものが、日本から取り寄せるようになり、高価で派手な本場のものを使うようになった。演じる者にとっては、よりいっそうの日常の鍛錬が不可欠となり、また経済的にもその負担が増すことになった。こうしてより明確な目標が設定され、献身的な努力を必要とするものとなったにもかかわらず、多くの日系人にとってその努力はやはり甲斐のある活動ともなったのである。さらには、若い三世にとっては、日系人であることの証しを晴れ舞台において堂々と顕示する機会となり、アイデンティティを主張する場ともなった。

四　コミュニティ維持装置としてのマツリ

日系人のホスト社会への拡散化とボーダレス化が進むにつれて、若い二世、三世が一世を中心としたコミュニティから距離をおくようになり、かつての日系コミュニティは縮小の一途を辿っている。そのため日系人としての団結はもちろんのこと、日本文化における優れた遺産が受け継がれていかず、コミュニティそのものが消滅してしまうのではといった危機感が各地で生まれている。こうした傾向に歯止めをかけるための方策として、移住先のどの国どの地域においても最優先されてきたのが、日本語教育の充実であった。日系コミュニティの後継者を育成するには日本文化を理解してもらう必要があり、そのためにはまず日本語の理解と習得が欠かせないというのが、その大義であった。しかし現状は、子どもが幼く親の意のままになるあいだは日本語学習が続いても、受験期以降は特別な動機や利点がないかぎりは、やめてしまうのが通例である。そして、日系コミュニティで行われるイベントにおいても若い世代の参加が次第に減少傾向を示してきた。こうした趨勢に各地の日系のリーダーたちは危惧の念を抱き、様々な対策を模索してきた。

民芸祭においても一九八〇年代以降、イベントへの参加者の減少は明白となり、二世や三世のリーダーたちは日系コミュニティの将来に対して次第に危機感を抱いていった。一九九〇年代の前半まで、このイベントの参加者はそのほとんどが中年以上の二世女性か、移民である一世のお年寄りたちであった。一世は日本に対する郷愁もあり、歌ったり踊ったりすることに愛着があり、ごく自然に芸能に親しんでいる。そして「文協」（日系団体を統括する文化協会の略称で、ブラジルでは一般的に各地域名のあとに日本文化協会という名称が付けられ、通称としてこういう呼び方がされる）の施設では、いつもお年寄りの一世あるいは二世が集い、女性たちが踊りの稽古をしたり、県人会の仲間が民謡を歌い三味線や尺八を奏でたり、カラオケの練習に励んでいる。クリチーバの日伯文化援護協会（クリチーバ・ニッケイ）でも、市内中心部と郊外にそれぞれ会館とスポーツクラブをかねた文化活動施設を備えており、そうした光景が普通に見られる。しかし、そこに子どもたちの姿を見ることはほとんどなかった。すぐ隣のグランドでは野球の練習をしたり、プールではしゃいでいる子どもたちは見られるが、老若一緒ということは起こらなかった。移住者である老一世は孫と日本語で話したいと願いつつも、その孫の三世とのあいだにはほとんど接点が存在しなかった。一世が練習を積んで披露するイベントにも、三世の姿を見ることはまれにしかなかったのである。

しかし、コミュニティ活動が衰退し知恵を絞っていく中で、誰かが妙案を思いついた。三世の孫が一世の祖父母といっしょに同じ場所で時間を過ごすことができて、しかもおじいちゃん、おばあちゃんから何かしらのことを学べるようにするには、マツリという仕掛けがきっかけにならないかと考えたのである。つまり、歌や踊り、楽器演奏の稽古を一緒に取り組むことができたら、世代間で触れ合い交流する場が増えて、同じ価値観や感受性を育み、ひいては仲間意識やアイデンティティの醸成にもつながるのではないかと着想したのである。それ以来、子どもや若い世代が魅力を感じ、何らかの日本の文化に関心をもってもらうために、様々な試みがなされてきた。「春マツリ」に「寿司マツリ」、「移民マツリ」といったマツリを次々と企画し、食文化や日本の伝統文化、日本移民の歴史を紹介するとともに、同じ場所で舞踊や歌謡の発表の場を設けていった。そして、民芸祭がそうした活動における一年の総決算の場と化していったのである。

そうした取り組みの中でうまく機能したものの一つが、カラオケである。カラオケは一世のみならず、二世や三世のあいだでも人気があり、世代を越えて一緒に練習ができる。また、海外の日系人が歌うカラオケには、日本で日本人が歌うカラオケとは本来異なる意味合いが含まれている。奥地の移住地で父母や祖父母が聞いていたレコードや口ずさんでいた歌謡曲。時には親がそうした音楽を聴きながら涙していたるのを見て育った体験は、単なる幼少時の淡く懐かしい思い出ではない。二世や三世にとっては、たとえその歌詞の意味が分からなくとも、親や身内との一体感を呼び起こすものであり、日系としての共通のアイデンティティにも通じるのである。日本でのカラオケブームが去った後も、海外の日系社会で根強くカラオケが続いている背景にはこうした側面がある。

ここに一つのエピソードを紹介する。民芸祭に参加するようになった一〇代後半の従姉妹である三世二人の話である。彼女たちは幼い頃から互いに祖父の影響から家庭で日本の歌謡曲を聴いて育ち、歌謡教室に通うようになった。歌謡曲の歌詞の意味は分からなかったが、日本語で歌っていた。歌謡教室の師範から、民謡を歌うことは発声法や技術面で歌謡曲を歌うことにも役立つといわれて民謡も始めた。そしてカラオケのコンクールに参加するようになった。入賞すれば褒美として日本に行けるチャンスにも恵まれるし、歌唱の面白さも分かり始め、民謡大会にも参加するようになった。文化協会で民謡を練習するようになると、そこでは一世が三味線を弾いており、三味線も関心をもつようになった。そして三味線の手ほどきを受けるようになると、今度はその場に舞踊があった。そして舞踊にも関心を広げ、日本舞踊もまた習い始めるようになったのである。こうした出会いの中から彼女たちの日本文化の世界は次第に広がり、その関係分野の知識を深めていくとポルトガル語で書かれたものだけでは物足りなくなり、そこで初めて日本語を学習する必要性を感じるようになったという。つまり、歌や踊りや楽器に関心をもつことから始まり、そうした芸を追い求めたさきに、結果として言葉を学習する大切さに到達していったのである。

このエピソードは、海外の日系社会で日本文化を継承していく上で日本語教育の重要性が叫ばれるなか、日本語をどのようにして教えるか、日本語にどうやって関心をもたせるかについて貴重なヒントを与えている。つまり、日本語が分かって初めて日本文化に関心を抱くのではなく、日本文化に触れて興味を引くものに出会うことで日本語学習に関心をもつようになるということである。

文化協会でカラオケの練習が頻繁に行われ、ブラジルでは毎月のようにして、地元、州、全国レベルのカラオケコンクールが開催されている。この機会は、カラオケをカラオケに終わらせず、日系人の日本に対する関心を引き出す重要なきっかけとなり得るものである。そして文化協会において一世や二世が取り組んでいる様々な芸能や文化活動に、三世が触れる機会を作り出していく必要がある。

五　「ばあさんたちの踊り」とフォークダンス――日欧の対比

筆者が初めてパラナ民族芸能祭を見物したのは一九八〇年代始めだったが、その際に一種のショックを覚えた。当時は誰もが同じ感想を抱いたことと思う。なぜならば、日系以外のヨーロッパ系グループではどのグループにおいても、子どもたちがたくさん参加しており、若い男女が各々の民族衣装をまとってフォークダンスを華麗に、時にはアクロバティックな演技を披露しながら様々な演目をきびきびと踊っていた。これに対し日系グループでは、中年とお年寄りの女性たちが日本舞踊や音頭を、優雅ではあるが、ゆっくりとしたテンポで踊っていたのである。その年齢構成、男女比、そして動きの緩急における対比は誰の目にも明らかで、強い印象を残さずにはいられなかった。日系人のあいだでさえ、「ばあさんたちが毎年同じ踊りを踊っている」という酷評が囁かれていた。

なぜこのような顕著な対比が生まれたかを考えてみると、第一に、日本の舞踊に、ヨーロッパのフォークダンスに相当する郷土舞踊であれ伝統舞踊であれ、男女がペアで一緒に踊るという機会がほとんどないことが挙げられる。そのために若者にとっては、参加してみたいという魅力に乏しいものになっていると考えられる。フォークダンスには、民族衣装や踊りの華やかさもさることながら、男女が手を取り合いペアで踊る魅力がかねそなわっている。

しかし、他のエスニックグループの内情をより詳しく調べてみると、日系グループとは異なるもう一つの相違を見つけることができる。他のすべてのグループにおいては、参加者の約半数が他のエスニックを背景にもつ人々によって占められていることである。言い換えれば、彼らの多くにとって何らかの民族芸能を踊り歌うのは、それが彼らにとって最も魅力的であり一番愛着を抱いているからである。イタリア系グループにはドイツ系やポーランド系子孫の参加者がいて、ウクライナ系グループにはイタリア系やスペイン系の参加者がいるといった類のことである。実際のところ、ドイツ系、ポーランド系グループには日系人の参加も見られた。これらの参加者にとっては、イタリアやウクライナ、ドイツのそれぞれの踊りが自分にとって一番魅力的であり、格好良いものと了解されているのである。彼らはその具体的な踊りが好きでたまらず、それが一番好きだからこそ踊っているといえる。そして、各々のグループにとっては、こうした他のエスニックを背景にもつ参加者が存在することで、グループとしての存続が可能になっていることをそれぞれの関係者は認めている。

それでは、中年以降の女性しかいない日系グループはどのようにして生き残っていくことができるであろうか。日系グループがグループとして存続し、その文化的な伝統を伝えていくには、若い世代を仲間に入れることはもちろんのこと、他のエスニックグループの人々をも魅了できるグループとして生まれ変わることが肝要であった。

若い世代に民芸祭へと関心を持たせるために日系のリーダーたちが試みた方策の一つは、日本舞踊の名取を招いて中年の二世やお年寄りの一世とともに若い三世に日本の舞踊を教えることであった。なぜ日本舞踊になるのかといえば、海外においては日本舞踊が比較的広まっており、師匠としての名取もそれなりに存在するからである。これに対し、それ以外の民族芸能の分野ではその道の専門家を容易には見つけられないのが現状である。いずれにせよ、この名取の数年間にわたる個人的な努力により、三世の娘たちを中心として日本舞踊に関心をもち民芸祭に参加する若者のグループが生まれるようになった。彼女たちにとっては、カリオカ（リオデジャネイロ住民）にとってのカーニバルと同様に、年に一度の晴れ舞台で、その憧れを含めて、他のエスニックにはない日系独自の芸を披露する格好な場であった。他のブラジル人とは異なり、日系ブラジル人であることを顕示する重要な機会だったのである。そして日本舞踊の衣装は確かに美しく誇れるものであった。

しかしこの三世の娘たちも、二、三年を経るとすでに日本舞踊には満足できないようになっていた。サンバやカーニバルのラテン文化の環境で成長したブラジル人である三世たちにとっては、それはあまりにも単調でゆったりとしたものだった。「先生、これダメですよ。もっとテンポの速いもの」と三世は名取に迫った。しかし師匠の名取にしてみれば、「あの娘たちのは日本舞踊じゃないんですよ」となる。日本舞踊にも当然限界があった。かくしてある年、三世の娘たちは自分たち独自の道に進むことを決意し、自分たちだけで振り付けを行い、自分たちの芸を披露した。しかし、それは日本舞踊としては決して成功とは言えず、ブラジル風日本舞踊は残念ながら結実しなかった。いずれにせよ、事実としては、彼女たちは自分たちが望むような方法で自分たちを表現する手段を見い出せなかったのである。

六　「よさこいソーラン」、太鼓との出会い

グローバリゼーションの進展とともに、情報はもとより、衣装や音楽テープ、ビデオやCDといった商品の入手や人の交流が格段に容易になってきた。

民芸祭のイタリア系グループでは、インターネットを駆使してイタリア各地のフォークダンスの歴史

を調査し、衣装や振り付けを調べ上げて新しい演目を増やしている若者や、現地と連絡を取り研修に訪れる者まで現われている。ドイツ系グループでは、年一回ブラジル全土からフォークダンス関係者が集まり、本国から専門家を招いてリーダーたちの研修を行い、そのリーダーたちが地元に戻って指導や普及にあたっている。さらにはポーランド系グループでは、本国から数年おきに振付師が派遣され、年間をとおしてフォークダンスの指導を行っているほか、二年おきに世界各地のポーランド系移民が集いフォークダンスの研修会を行い、ヨコの交流を広げている。こうした地道な活動があるからこそ、イタリア系であること、ドイツ系であること、ポーランド系であることに移民の子孫たちが関心をもつようになっていると考えられる。

しかし、日系においてもグローバリゼーションの進展の影響が見られないわけではない。「よさこいソーラン」がその一つである。「よさこいソーラン」は衛星テレビやビデオによってブラジルにも一九九〇年代後半に紹介された。そして、その結果は際立っていた。三世たちは「よさこいソーラン」にたちまち魅了された。なぜなら、この踊りはテンポの速い「日本の踊り」であるだけでなく、その振り付けも衣装も自分たちで創作することができたからである。「よさこいソーラン」では、どのグループにもわずかな規則を除いて自分たちオリジナルの衣装と振り付けを創作する自由が与えられている。そして何よりも、この踊りでは男女がいっしょに踊ることができるのである。男子が女子と一緒に踊ることを恥じる必要がなくなったのである。

三世の娘たちが自分たちのやり方、存在を表現したかったのは、まさにこのような踊りにおいてだった。そして、これならば非日系のブラジル人が関心をいだいてもおかしくなかった。案の定、時を待たずして非日系ブラジル人が参加するようになった。

福島県人会太鼓保存会のメンバー（1999年）

これと同じような現象を、私たちは一九七〇年代以降の北米に広がったタイコに見ることができる。日本人により伝えられた和太鼓を基礎として、日系三世を中心にして独自の発展を遂げた北米タイコの存在である。そこには、日系アメリカ人あるいはカナダ人としてのアイデンティティを見出すグループや、伝統的な日本文化としてのコミュニティ活動の基礎を見出しているグループなどがある。南米においては、そうした和太鼓の人気やタイコの意味付けに到達したのはごく最近のことである。ブラジルにおいては、日本からの専門家派遣による指導で、急激にタイコ愛好者人口が増加し、二〇〇四年になって初めてブラジル太鼓協会が設立された。今後、北米で見られたような文化現象としての広がりが十分予想される。また、個人レベルでは、ブラジルにおいてもタイコの中に日系ブラジル人としての自分の存在、ニッケイとしてのアイデンティティを見出そうとしている者がいたことは言うまでもない。

踊りのリハーサルを行う日系三世の子どもたち（1997年）

「よさこいソーラン」とタイコが日系人の若者のあいだで受け入れられ、人気を呼ぶようになった背景には、共通した理由がある。ともに日本文化に起源をもちながら、そこにはある種の精神性と適度の独自性を見出すことができる。つまり、常日頃の鍛錬が必要とされていることと、そのリズムや振り付けを創作できることから独自色を打ち出せる特徴が存在することである。それによってニッケイというアイデンティティを作り上げ、表現しアピールすることが可能である。見方を変えれば、ニッケイとは生まれながらにして備わっているものではなく、努力を重ねることによって獲得するものとなったのである。この時点で、人はニッケイとして生まれるのではなく、ニッケイ文化を獲得して初めてニッケイになるのだということが理解される。

七　ニッケイであること

フィールドの現場で日系二世や三世にインタビューを行うと、彼らの多くがそのアイデンティティのあいまいさをしばしば口にするのに出会う。日本人でもないし、ブラジル人でもない。その中間を行ったり来たりする存在としてのあいまい性を告白するのである。それをどのように表現するかは個人により異なり、「半分は日本人でもう半分はブラジル人」という回答もあれば、「日系ブラジル人」という表現の中に押し込んでしまうこともある。しかし、一九九〇年代後半以降、「自分はニッケイ（nikkei）である」とはっきり回答する二世や三世が現われてきたことは注目に値する。この場合、アルファベットで表現される「ニッケイ」には日本で使う日系人の「日系」、漢字で表記する「日系」とは異なる意味合いが込められている。日系人といった場合、それは日本にいる日本人側が便宜的に命名し漠然と抱いているイメージに過ぎず、当の日系人の中には日系人というカテゴリーに含められることを否定する人々も多数存在する。ところがここでいう「ニッケイ」はあくまで日系人自身が、一部とはいえ自己を定義しているものであり、独自なもの、オリジナルなものを意味している。そして、日本人の血統を引いているという生得で受動的な意味を越えた、獲得していくものとしてのより積極的な意味合いを含んでいる。アメリカにおいても、ジャパニーズ・アメリカン（日系アメリカ人）とは異なるものとしてニッケイを捉え、より包括的でオリジナルな意味を見出している人たちが存在する。

グローバル化の進展により日系人同士が交流する機会も増えてきた。海外日系人大会やパンアメリカン日系人大会はもとより、例えば、日系アメリカ人と日系ブラジル人が日本で出会い、一緒にパーティを開くといったような交流も現われてきた。こうした機会に彼らが、国籍は異なっていても互いに通じ合うところを感じ取り、その共通する何かをニッケイ性として捉えることは稀ではなくなってきた。

このことは新たなるニッケイ世代の到来を意味し、その中で踊りやタイコといった芸能が重要な役割を果たしていくことを暗示している。そしてその将来はといえば、非日系の人たちにとっても十分魅力が伝わり共感されるものとなり、その中から参加し伝承していく者が現われるようになってはじめて、ニッケイ文化として受け継がれていくと思われる。ニッケイ世代は、間違いなく自分たちの声を上げ、日系移民の歴史に新たなるページを切り開いていくことであろう。

〈参考文献〉

アケミ・キクムラ＝ヤノ編『アメリカ大陸日系人百科事典』明石書店、二〇〇二年
移民研究会編『戦争と日本人移民』東洋書林、一九九七年
ハルミ・ベフ編『日系アメリカ人の歩みと現在』人文書院、二〇〇二年
細川周平『サンバの国に演歌は流れる』中公新書、一九九五年

アルゼンチンの日本人移民の子孫

――遍歴の中のアイデンティティ志向の可能性――

比嘉マルセーロ

一　現在のアルゼンチンにおける「パロディ」と「ミミクリー」

アルゼンチンでは、近年日本人移民の子孫による音楽活動がささやかなブームを起こしている。二〇〇二年に日本と韓国でサッカーのワールド・カップが開催された関係で、彼らはラジオやテレビ番組にたびたび登場するようになり、型にはまっていない、変わったパフォーマンスを演出することで話題となった。小さなライブハウスを活動の拠点とするアマチュア的なバンドから、一気に全国メディア、そしてアメリカ合衆国の巨大なエンターテイメント産業や日本の音楽業界の注目まで浴びるようになった。

「ロス・パラレニオス」や「ニセターリュウ」はこれらの活動を行なっている代表的なバンドで、それぞれの主なメンバーは沖縄から移住した移民の子孫である。彼らは日本人移民コミュニティという「自然」な環境を越え、これをきっかけにアルゼンチンの公の場において、それまでと異なった「日本人」に対するイメージを普及させた。彼らのパフォーマンスで表象される「日本」は、従来のものと一味違う、移民の子孫たちのアイデンティティ志向の新しい見解を示しているように思われる。

ロス・パラレニオスは、何といってもそのキッチュな格好によって観衆を圧倒する。バンドの名前は、「パラレスの奴等」という意味になるだろうが、これに移民的な余韻は全くなく、メンバーが愛飲する「パラレス」という安ワインに由来しているらしい。音楽は、ラテンアメリカで流行っている若者のダンス・ミュージックの種類で、彼ら自身が「クンビア・サムライ」と呼んでいる。クンビアは聴衆が騒いだり、踊りを楽しんだりする、失業者や労働階級のノン・エリートの若者とよく関連されるリズムで、現在アルゼンチンで最も人気がある大衆音楽の一ジャンルである。このグループのリーダーはキモノを着て、歌舞伎風の厚い白い化粧をしている。オーディエンスは、この「日本的」な容姿を、一九七〇年代に流行ったヘビー・メタルの「ブラックサバス」や「キッス」の系譜、あるいは日本の「ビジュアル系」の延長で捉える（ロス・パラレニオスのオフィシャル・サイトは http://www.parralenos.com.ar/ 二〇〇五年一月閲覧。主なCDは *Diversión Kamikaze* 一二〇〇二年、*Que no decaiga* 一二〇〇四年）。

ニセターリュウは、全く違うスタイルのバンドである。日本で販売されているCDのジャケットをみると、名前は漢字で「青年流」と書き、沖縄の発音で読む。メンバーはカジュアルな姿でステージに立ち、日本や沖縄を思い起こさせるようなきわだった仕掛けを使わない。しかし彼らのレパートリーは古典的な沖縄民謡や現代沖縄音楽の曲が多く、自称「民謡ロック」のグループである。音楽の独特な音色は三線から生まれるが、リズムはむしろロックやレゲエ的な要素が強く、小太鼓のビートはときにカーニバルの行進曲を喚起させる。なお、一番の驚きは、完全な「うちなーぐち」、すなわち沖縄語の歌詞である。これは、むろんアルゼンチンで通じる言葉ではなく、老いた一世の移民しか理解できない内容である（ニセターリュウのデビューCD *Lazos* は、二〇〇二年にアルゼンチンで発売された。その中の二曲は

『沖縄ソングス～ハイサイ！琉球ぬちぐすい』（東芝ＥＭＩ）に採録されている）。

ところで、この二つのバンドのパフォーマンスに見られる「移民的アイデンティティ」の表象が興味深い。彼らは写真主義に頼らず、一方では「パロディ」を、他方ではある種の「ミミクリー」（模倣・擬態）を採用しながら、今まで見られなかった形で自らのアイデンティティを表出している。多彩な要素の不思議なコンビネーションに対して、移民の子孫の間で、衝撃、笑い、恥ずかしさ、戸惑い、拒否反応を示す人がいれば、逆に、郷愁、親近感、記憶、自己認識、驚き、発見との結びつきで受け止める人もいる。いずれの場合にも、アルゼンチン社会の文脈で生じる自らの「差異」を強調するかのように、彼らは移民の系譜と継続性を積極的に表面に浮かび上がらせ、その態度によって新たな位置づけを訴えている。

ロス・パラレニオスやニセターリュウの過去に対する眼差しは、（沖縄を含む）日本的な伝統を誠実に再現しようとする、または、新しい移民的な「本質」を設定する姿勢ではなさそうである。彼らのパフォーマンスでは、アルゼンチンと日本の同化論の影響の下で隠蔽されてきた移民の過去が積極的に表面に引き出されるが、単純にエスニックな思考に基づく優等生的な採掘ではない。ここで表出される日本または沖縄はその移民版、あるいは移民「正史」の海賊版であろう。つまり、彼らのパフォーマンスは、現代的な体験と記憶から再構築された移民的世界なのである。

音やパフォーマンスが引き起こす記憶の響きは、代表性も正統性も正確さも欠けているかもしれない。むしろ長い間沖縄移民コミュニティ内部に閉じ込められていたこれらの音の世界は、「非アルゼンチン的」「非日本的」であり、非沖縄出身の日本人移民の間でさえ共有されていなかった要素を内在している。他方では、移民の地味な、時によって貧しい「遅れた」過去を示すかのように、新しい社会で中産階級の位置を確立しようとする移民子孫たちの価値観から受け入れにくかった要素も含まれている。

しかし、彼らにはおそらく移民の歴史を再現するという目的はない。それより、過去の事柄を現在的な脈絡で引用することによって、「見せられなかったもの」「見せたかったもの」「見せたくなかったもの」「見たいもの」などの微妙な結合と操作を行い、その演出で様々な方向に飛び交うイメージを誘発している。過去と現在との率直な対話から発生するこの多彩な表現は、移民たちの子孫を取り巻く動態を的確に表している。彼らの人気がそれを証明している。

およそ百年間に及ぶアルゼンチンの日本人移民の歴史では、移民の子孫であることと自分たちの中の日本人性との関係は複雑に変遷してきた。彼らはアルゼンチン人、ハポネス・日本人、ニセイ、うちなーんちゅ（沖縄人）、ニッケイ・日系人、ラティーノ・ラテン系など、様々な範疇に収められながら、自らのアイデンティティを模索してきた。これらのカテゴリーは現在その有効性を失ったと言えないが、かつてのように単一的で包括的なアイデンティティの威信と説明力はかなり低下している。本論で、そのいきさつを辿りながら、現在社会における移民の子孫のアイデンティティ志向の広がりについて考えてみたい。

二　アイデンティティが固定された状況——移民の下位世代のアルゼンチン人化

一九六〇年代、日本人移民のコミュニティはほぼ完全にアルゼンチン社会に定着していた。移民の大部分はブエノスアイレスやその近郊に集中し、社会的にも経済的にも順調に適応していた。都市における「洗濯屋」はほとんど日本人移民の独占的職業となり、花作りや野菜作りの分野においても高い評価を受けていた。経済的に大成功を成し遂げた人はいなかったが、日本人は全体的にアルゼンチンの誇る幅広い中産階級に位置していた（賀集　一九五六、アルゼンチン日本人移民史編纂委員会編　二〇〇二）。

第二世代のメンバーはこのような安定を背景に成長した。彼らは公立学校でアルゼンチン国民としての教育を受け、大きな摩擦を経験せずに一般社会に編入していった。移民コミュニティ独特な社会空間を経験していたが、日本はもはや「外国」と化していた。言語をはじめ、生活様式や価値観でも社会の主流とそれほど変わらなくなっていた。自分たちが「アルゼンチン人」であることを主張するのは、定着過程の自然な流れであった（比嘉　二〇〇三）。

第二世代のメンバーは、アルゼンチン人を名乗り、学校、職場、地域社会にスムーズに溶け込んでいた。アルゼンチンの同化論に内在していた根本的な差別を反映して、「ハポネス」（日本人）や「チノ」（中国人）のレッテルを剥がすのは難しかったが、実生活の面で各町内（バリオ）において良好な受け入れ環境が存在しており、そして何よりも当時のアルゼンチンで確実な社会上昇の道が開かれていた。日本人の子孫とはいえ、アルゼンチン人としての主張に対して際立った障害はなく、むしろ周囲からもそのように期待され、奨励されていた。

ところで、移民の下位世代の生活環境において、日本とアルゼンチンの境は、ナショナルな言説で規定されるほど明確なものではなかった。移民たちのネットワークや諸団体で構成されている、スペイン語で「ラ・コレクティビダー」（日本人移民コミュニティの自称）と呼ばれる社会空間で移民の子孫たちはある日本の観念と触れあい、そこで彼らの「ハポネス」が培われた。この環境で日本人移民の生活習慣や価値観がアルゼンチンの文脈に適合され、様々な選択、翻訳、調整を経た後、移民の子孫としてのハポン（日本）になっていった。そしてこれらを身に付けることによって、彼らは「ニセイ・二世」

になっていった。

沖縄出身移民の第二世代にとって、ラ・コレクティビダーはもう一つの役割を果たしていた。すなわち自分たちの「うちなーんちゅ（沖縄人）」としての位置を確認する場でもあった。移民の第一世代の場合、非沖縄出身の日本人との社会的文化的な隔たりが著しかった。彼らは、確かに法的には国籍の同じ日本人であり、アルゼンチン社会側から全体としてハポネスとして分類された。そして状況によって「邦人」という総括的なカテゴリーで自らまとまることがあった。しかし、事実上、両者は日常的に接する機会は少なく、互いの主観的な距離がなかなか縮まらなかった。

ハポンに対する取り組み方は、しばしばナショナルな言説によって左右された。同化の概念が支配的であった時代においては、そもそも「移民」という属性をアイデンティティの一面として受け入れることは難しく、社会的少数派の沖縄出身者を日本人として位置づける作業は単純でなかった。移民の子孫は自分たちの置かれている立場を把握するのに、国家の存在を優先する複数の領域を接合しなければならなかった。結果的に、アルゼンチン社会のナショナルな枠組みに受け入れにくい習慣は徐々に消されていき、同時にコミュニティ内部では日本との関係で対立的とされた沖縄固有の事項も次第に黙殺されていった。第二世代のメンバーにとって、前者はアルゼンチン人として「負」の遺産を意味し、後者は「非日本人」の痕跡を表していた。彼らの「アルゼンチン人」の構築には、二重の否定的行為が含まれていたと言えよう。

一方、ラ・コレクティビダーにおいて、移民の子孫同士の仲間意識が生まれ、ニセイとしての特異な意識が形成されたことは事実である。しかし、アルゼンチン人という国籍が優先的となり、ニセイとは、あくまでもコミュニティ内部のスタンスであった。ニセイとはいずれ乗り越えなければならない一時的なステージとして位置づけられていた。

第二世代の生活的実践には、以上のように異なった系譜が共存していた。しかし、定住が正常な状態とする移民の第一世代にとって、日本人になり得なかったニセイとは日本語のできないハポネスを指し、「外人」や「毛唐」ではないアルゼンチン人を意味していた。単一的ナショナルな考え方からみれば、ニセイたちの示すような、複数の世界を融合する曖昧な属性は、アイデンティティとして展開しにくかった。

一九六〇年代になると全体的な文化変容が進行しており、言語をはじめ、生活様式、宗教や価値観などの面で、移民の第二世代の行動や思考はアルゼンチン社会に受容可能な範囲におさまっていた。こういった状況の下で、日本人移民関係者に限定された空間を閉鎖的に感じる人が増えた。

しかも、社会的上昇を成し遂げ中産階級に定着した移民の子孫は、親のもつ古い価値観からますます離れていった。下位世代にとってアルゼンチン人であることは、単に同化主義の要請に従った選択ではなく、ある種の「近代性」の獲得を意味していた。当時の社会的文脈で、「ハポン（日本）」は、非アルゼンチンのレファレンスであるのみならず、しばしば軍国主義、家父長主義に基づく抑圧的なヒエラルヒーの社会、ジェンダー的差別を固持する保守主義的な考え方、迷信が慢延する古びた生活様式の世界として捉えられていた。したがって「ハポン」は、ナショナルな観点とは別に、「非近代的」な価値観として否定すべきものであった。

一九七〇年代末まで、アルゼンチンにおける日本人移民の下位世代は自らの特性をアイデンティティとして展開することが難しかった。彼らは、日本とアルゼンチンというナショナルな枠組みに阻まれ、ニセイとは過渡的なものとして認識するしかなく、アルゼンチン社会に対してその立場を表現することができなかった。国籍という法的装置の観点からナショナルなアイデンティティは明瞭であったが、その代償として過去が取り消され、ある種の自己否定が生じていた。この固定したアイデンティティ観は、単一的な民族国家という枠組みに規定され、「定住民」を国民とする前提の上で成り立っていたと言えよう。

三　移民の子孫の新しいスタンス――エスニシティ志向の登場

一九八〇年代初頭から、同化の枠組みで練られた「アルゼンチン性」をめぐる言説は、様々な方面で検討されるようになった。政治的に厳しい時代であったが、エスニシティ論の渡来とともにアルゼンチン社会においてそれまでほとんど無視されていた「移民」という過去に対する評価が変わり、ナショナリティ内部の多様性に対するよりオープンな姿勢が見られるようになった。これは同化論で示されていた単純な二項対立的な図式への批判につながり、従来のアルゼンチン人の概念が再考される機会となった。

このような状況を背景に、「完全な」アルゼンチン人になろうとするあまり身近な帰属感を見失いつつあった日本人移民の子孫は、新たな角度で日本と向き合うきっかけをつかんだ。自分たちのハポネスの部分を再考できる条件が整い、自らのアイデンティティの複雑さをより柔軟に受け止められるようになった。この過程で、アルゼンチン人として振舞う際に当惑の原因と見なされていた「日本性」と、新たな形で関わることが可能となった。

日本人の移民については信頼性、洗練、勤勉などの好イメージが定着していたことは確かである。下位世代が活躍するようになった分野においても、ハポネスであることは一つの付加価値となった。若年層は移民関係者に限定された人間関係に不満をもち、アルゼンチン人として自分たちのハポネス（日本性）は悩みのもとであったが、社会的にはかえって好意的に受け止められていた。ハポネスを名乗ることで、有利な立場で社会との交渉に挑むことができた。だからハポネスであることはもはや「負担」ではなく、一つの象徴的資本でもある、という認識が芽生えたのである。

日本に対する接近は単に「戦略的」な思惑から生まれたのではない。エスニシティが注目を浴びる中で、移民の子孫は様々な方法で真剣に自分たちの「ルーツ」や過去に対する関心を満たそうとした。移民の歴史に関するスペイン語の書物はほとんどなかったが、成人の日本語学習が盛んになり、生け花、墨絵、陶器、漆などの教室、あるいは空手や柔道、剣道などを通して、日本の正体をつかもうとした。

しかし、多くの場合、自分たちの「外側」にハポンを求める傾向があった。現実問題として、下位世代のメンバーは個人の独自な体験として日本を捉えることが難しかった。第一世代とスペイン語以外の言葉でコミュニケーションをとることができなくなっており、彼らの生活感覚は第二世代からみて「異文化」となってしまっていた。それゆえ、日本との関係を再構築しようとしたとしても、移民の子孫として「内側」の日本に目を向けることができなかった。

この頃からスペイン語の会話でも「ニッケイ」という表現が聞かれるようになった。日本人ではないが日本の系統を引き継ぐアルゼンチン人という意味で、第二世代を中心とした新しいコミュニティの団体の名前にも採用された。それまでのニセイという世代的な論理から脱皮して、移民コミュニティ内部のみならず、アルゼンチン社会に対しても日本という立場からはたらきかける姿勢になった。しかし、ニッケイは、下位世代のアルゼンチン人としてのもうひとつのあり方というより、成熟したニセイのライフ・ステージに見合った修正にすぎなかった。したがって、一般の移民の子孫にとってそれほどの新味がなかった。ニセイというメンタリティを乗り越えようとした人々は、これまでと同じように、集合性から離れていった。

アルゼンチンにおける日本人移民の子孫の間で日本に対する関心が高まっていく中で、以前から取り残されていた沖縄をめぐる問題が再び浮かび上がってきた。日本と沖縄の文化的な隔たりは、あまり言語化されずに漠然とした形で第二世代に伝わったが、彼らはスペイン語ではハポネスであっても、主観的なレベルで「日本人」という自己認識をもつという問題は未解決であった。少数集団に対する共感が時代の思潮となっていたアルゼンチン社会の雰囲気に後押しされながら、移民の子孫は沖縄の特殊な状況を新たな視点で解釈できるようになった。

移民の子孫はその社会歴史的な経緯の詳細がわからなくても、沖縄と日本とは別々の意味領域だと何となく察知していた。だからアルゼンチン社会から付けられていたハポネスというレッテルと同じように、親が公的に引き受けようとしていた日本人や日本という概念は、レトリックとして受け止めることが多かった。家庭内の日常生活で、沖縄は具体的に実在していたのである。

生活実践の中で見えてくる沖縄は、前述のように長い間アイデンティティの拠り所となることが困難であった。第一に、そもそも親から説かれる「沖縄性」は、公の場で披露するようなものではなかった。その上、非国家としての沖縄は、アイデンティティの基盤として不十分であった。国民国家を単位としたとき、「沖縄人」や「沖縄系」のような概念はアイデンティティの軸にならず、理解不可能な属性であった。

同化論と異なるエスニシティの思想が広がったとき、沖縄出身の日本人移民の子孫は、ハポネスとしてだけでなく、ウチナーンチュとしての自分を見直し、過去と向き合うことができた。しかし、下位世代の世界観はアルゼンチン社会によって規定されていたことも事実であった。沖縄を「生きた」文化として自分たちの生活に取り入れることはもはや不可能であった。自分はアルゼンチン人であるという前提を崩すことはなかったので、日本に対するアプローチと同じように、沖縄は現存の場所としてでなく、概念として固定化され、資源として使用されることになった。

日本や沖縄に対する好奇心は移民としての体験からというより、アルゼンチン社会における関心の広がりから刺激を受けて生まれた部分が大きかった。このように構築されていった「エスニック・アイデンティティ」は、必然的にアルゼンチン社会のフィルターを通して展開されることになった。同化論が求めたまっさらな自己に比べて、移民の歴史性を取り戻すことができたが、その後、再び固定化されてしまう傾向があった。

四　日本への「出稼ぎ」移住の体験

一九八〇年代の後半になると、移民コミュニティの事情が変わった。いわゆる出稼ぎ移住が盛んになり、移民の子孫たちは日本を直接に体験できるようになった。誰も予想しなかったこの展開によってアルゼンチンの移民コミュニティは新たなステージに入った。社会に完全に定着していた移民の下位世代にとって、それまで過去でしかなかった日本は、突然に具体的な生活空間として現れた。

この時期から、日本の中での「日系人」に対する注目と相俟って、ニッケイという語は急速に一般化した。アルゼンチン社会という文脈でだけでなく、日本での生活経験や、他の国に定住した日本人移民の子孫たちとのつながりをとらえる概念としても浮かび上がった。両国を往来する中で、出生地、世代、経験、状況、場所などによってニッケイの内容は多様化したのである（拙稿　二〇〇二a）。

日本人移民の子孫は、両国間の経済格差が拡大していくにつれて、一九八八年頃から続々と日本へ移住するようになった。彼らは必ずしも経済的に追い詰められた人々ではなかったが、たとえ未熟練労働でも、日本で得られる収入はアルゼンチンの普通の給料の数か月分に相当した。アルゼンチンの基準からみてかなり高い教育歴や専門的な職歴を持っていた人でも、借金の返済、資金集め、貯金作りなどの様々な目的を抱えて、半年から一年、長くても二年の計画で移住することを決意した。

アルゼンチン国籍の移民の子孫は、自分たちの意思とは無関係に、日本にきて「日系人」となった。日本国籍をもっていなかった彼らは、日本で合法的に働くために、まず日本国籍所持者の子孫であること、または婚姻関係によって結ばれていること、という条件を満たさなければならなかった。日本人と「血筋」の関係を持っていなかった者も、労働に関しては社会的・法律的に日系人と似たような扱いを受け、日本人移民の子孫と混同されるようになった。

アルゼンチン出身の移民の大半の容貌や名前は、ふつうの日本人とそれほど変わりがなく、「外国人」として目立った存在ではなかった。しかし、アルゼンチンで生まれた彼らにとって日本は「異文化」であった。そして、彼らはアルゼンチンではハポネスやニッケイであったとしても、日本では日系人は日本人ではないことに気づいた。日本滞在中、自分たちはハポネスであるという意識を発展させるどころか、逆にアルゼンチン人であるという意識を強める傾向があった。

もっとも、労働や出稼ぎという目的とは別に、彼らが様々な日本を体験できたことも事実である。例えば、親や祖父母の故郷を訪れる人がいた。特に沖縄出身者の子孫にとって、労働の場であった日本と対比して、沖縄は非常に親しみやすかった。沖縄においては移民の子孫たちは日系人というより「南米帰り」という見方が強く、決して特別な存在ではなかった。何世代経っても村社会に居場所があり、村の一員として承認されるという体験をもった。

一方、日本で暮らすことで、移民の子孫たちは様々な影響を受けた。片言の日本語を覚え、日本の人間関係に親しみ、日本食を楽しみ、子供がいる場合は日本のしつけや教育システムと触れ合う。これらの体験を通してある種の日本性が伝わり、身に付いていった。このように、移民の子孫としての血統とは関係なく、もう一つの日系人が出現したと思われる。

日本への出稼ぎ移住は、いくつかのサイクルを経て現在に至っている。その間、アルゼンチンに帰国した人もいれば、帰国してから再度日本に戻った人もいるし、そのまま日本に定着した人もいる。初めて移住しようとする、出稼ぎを経験した親をもつ若い世代のメンバーもいるし、単独でアルゼンチンに渡ろうとする、日本で育った出稼ぎ移民の子供もいる。

日本への出稼ぎ移住の結果、下位世代は自らのアイデンティティ獲得に向けて、確実な体験を得た。移住する前は観念の世界に属していたハポンで実際に生活することによって、過去の空白や認識の曖昧さを払い、ある種の開放感が得られた。この体験はアイデンティティの構成要素となり、アルゼンチン人、ニッケイ、日系人、ウチナーンチュなどのどのスタンスを取るにしても、自信と説得力を増したといえる。

五　むすびに代えて

日本人の移民がアルゼンチンに上陸するようになってから、ほぼ一世紀経とうとしている。日本への出稼ぎ移住がスタートしてからも、ほぼ一世代経とうとしている。移民の子孫たちは、螺旋のような移住の波に乗り、アルゼンチンと日本を循環しながら、両国にまたがる生活スペースを形成している。

このような状況を考えると、三世代にわたる移民は例外的な存在ではない。アルゼンチンの沖縄出身移民の子孫が移民として日本にやってきて、彼らの子供が再度アルゼンチンに渡って移民になる、というケースは決して珍しくない。彼らは、移住をするたびに別の言語、価値観、生活様式に触れ、自分の暮らしに取り入れながらアイデンティティを構築していく。このような移民の体験をみると、アイデンティティは確かに国籍や出自に規定されるが、それと同じように現在と未来に向けたベクトルをもっていることが明らかである。

アイデンティティをめぐる既存の支配的な言説の枠内で、彼らのこうした体験が捉えられるだろうか。移民体験の多岐にわたる側面を、国籍や出自によって把握することは難しい。移動によって支えられる彼らのアイデンティティの在り方は、物理的な移動に限ったものではないのである。

最近、アルゼンチンでは「私はアイノコです」と言う人が増えている。合の子、間の子、「愛の子」、どういう日本語のレベルなのか定かでない。ただし彼らや彼女らは、「混合」から生まれていることを自覚している。この言葉は、日本語では軽蔑の意味合いを含んでいる。しかし、現代人の根本的な性格をつかんでいるとも思われる。「混合」や「混血」というようなカテゴリーの社会的な意味は、恣意的に決められた二つの異なったグループの血の混じり合いであるが、これは自明なことでもある。生物学的な議論を別として、わたしたちはみな多少はアイノコであることが認められれば、現在の世界に対する認識が深まるのではないだろうか。

このようなアイデンティティの表象こそ、いま問われているのである。冒頭に述べたバンドの模索と実践は、その理解につながる一つの方向を示している。彼らのケースをもう一度取り上げて、この考察を終えたいと思う。

ロス・パラレニオスの場合、現実の「写実的な」描出を捨てて、移民の子孫が置かれている、未完成で、分裂し、流動的な状況を表現するのに、「パロディ」を採用せざるを得ないように思われる。ニセターリュウの場合、その逆の技法、「現実」に対する「ミミクリー」(模倣・擬態)によって、表象の空虚さを引き立たせている。ここで展開されるアイデンティティは、確立したものというより、様々な影響を受けながら形成途上にあるので、単純に土地や血統を基準とする既成のカテゴリーに当てはめることが難しい。

彼らが展開している移民の過去との新鮮な対話は、移民の子孫を取り巻く現在の文脈から発生しており、彼らの作り出す表現は、若い世代のアイデンティティの一つの方向を示している。そこには、もはや「本物」で「正統な」日本や沖縄に取り組むというよりは、自分たちの移民としての経路を通して、音楽的な系譜の中に「オキナワ」または「ハポン」を翻訳し、そして、新しい意味を創出しようとしている。これは現在的なアイデンティティを表象するための、一つの方法を暗示しているのではなかろうか。

（参考文献）

アルゼンチン日本人移民史編纂委員会編『アルゼンチン日本人移民史（第一巻・戦前編）』在亜日系団体連合会、二〇〇二年
賀集九平『アルゼンチン同胞五十年史』誠文堂新光社、一九五六年
比嘉マルセーロa「アルゼンチンにおける『日本人』の諸相について」柳田利夫編『ラテンアメリカの日系人』慶應義塾大学出版会、二〇〇二年
――b「沖縄にルーツ roots／routes をもとめて」『国文学・解釈と鑑賞』六七（七）、至文堂、二〇〇二年
――c「『私はアルゼンチン人です』」『移民研究年報』第九号、二〇〇三年

（コラム）

ペルー日系社会の「運動会」（Undokay）

――「奉祝」から「記念」へ――

柳田利夫

喧噪の巷と化しているリマ旧市街の雑踏から離れ、大学街に隣接する比較的閑静な住宅地域であるプエブロ・リブレ区の一角に、日本の敗戦を受けペルー永住を決意した日本人一世が中心となり、二世青年たちの「健全な成長」を願って一九五〇年代初頭から建設が始められた日系総合スポーツ施設「ラ・ウニオン運動場」がある。既に五〇年以上の歴史を持つ同運動場は、現在では立派なスタンドを備えた陸上競技場、野球場、室内外のプール、テニスコート、バレーコート、ゲートボール場をはじめ、すべての世代が楽しめる各種スポーツ施設が完備した日系人会員制クラブとして、ペルー日系社会における戦後復興のシンボルの一つとなっている。その「ラ・ウニオン運動場」の陸上競技場を中心に、四月末から五月初頭の週末を利用して、毎年Undokay（以下、「運動会」と表記する）が開催されている。日系のエスニックペーパーでは、「伝統ある」という形容詞をつけて表記されるのが常となっているこの「運動会」は、日系社会最大のイベントの一つとして現在に至るまで重要な意味を持ち続けてきている。

「運動会」の歴史

「運動会」は、戦前の天長節に日系社会で開催されていた「天長節奉祝大運動会」に系譜的には繋げることができるものであるが、直接的には、戦後一九五一年四月二九日の日曜日、日系人のための運動場購入資金を集める目的で、「共有運動場購入資金調達のための天皇誕生日奉祝大運動会（二世組織連合運動会）」と名付けられ開始されたものである。翌一九五二年には、五月四日（日）に「天皇誕生日並に独立奉祝大運動会」、五三年には五月三日（日）に「天皇誕生日奉祝大運動会」として、以後例年、昭和天皇の誕生日四月二九日に近い休日が選ばれ開催され、入場料収入、売店における利益などが、同運動場の施設拡張のために利用されてきている。戦前のペルー日系社会では、耕地においてもまた都市においても、天長節は学校、商店、農耕地を含む日本人全体の休日であり、天長節の当日に日本人全体を動員して奉祝運動会が開催されてきたが、戦中から日本人商店も天長節に店を閉めることはなくなり、子供たちもまたペルーの公私立学校で教育を受けており、天皇誕生日に近い休祭日が「運動会」の開催日とされることになったのである。

「運動会」で集められた資金をもとに、五三年にラ・ウニオン運動場の土地の購入契約が結ばれると、一世や二世の若者たちが自主的に運動場の整地作業に参加していった。その後、天皇誕生日奉祝大運動会は、同運動場を会場に、秘露《ペルー》中央日本人会・婦人会・ラ・ウニオン運動場の共催行事として、二世のクラブ対抗と日系人学校の対抗戦という形をとりながら恒常化していった。また、一九五八年七月三日に「三笠宮両殿下歓迎大運動会」、一九六七年五月一四日には「皇太子奉迎大運動会」など、皇族や要人のペルー訪問の機会をとらえ、ラ・ウニオン運動場で臨時の運動会を開催するのも、日系社会の恒例となっていった。

「運動会」の構造

「運動会」のプログラムは、陸上競技と集団体操、遊戯、娯楽を主とする競技から成っており、現在、日本の学校などで行われている運動会とほとんど変わるところがない。

中心を占める陸上競技種目は、リマ市内と周辺にある数校の日系学校間の対抗戦と、日系人により組織されているスポーツクラブ間の対抗戦という形で行われているが、戦前においては、各県人会間の対抗戦と、日本人学校間の対抗戦という形をとっていたものである。このような、戦前・戦後の差違は、戦後の「運動会」再興時に、大部分の県人会はいまだ復活していなかったこと、戦前の日本式の教育を施す日本人学校は戦後皆無になっていたものの、ペルーの私立学校として生き延びた日系校や、いくつかの日本語補習学校が存在していたこと、及び、二世を中心としたスポーツ社交クラブが既にかなり出来上がっていたことなどによるものである。学校間対抗については、戦前のエリート日本人学校「時習寮」の系譜を引きつつ日系子弟の中等教育機関として新設（再興）されたラ・ウニオン校を筆頭に、ラ・ビクトリア校、ヒデヨ・ノグチ校、ワラル学園、そして、ペルーの私立学校として戦争を生き延びたホセ・ガルベス校（旧カリャオ日本人学校）などが充実してゆくなかで、対抗戦も戦前期以上に活発となっていった。一方、五〇年代後半には相次いで活動を再開した県人会は、絶対数が多く戦後移住者を持つ沖縄系の村人会などの例を除き、「運動会」の対抗戦に積極的に参加することはほとんどなくなった。また、「運動会」に参加しているスポーツクラブの中で、日本における出自地域を結集の原理としたものは少なく、ペルーにおける居住地区、学校の同窓生などを基本的な原理として形成されたものが大部分になっている。

遊戯は幼稚園から小・中・高校生、婦人会が行い、日本的な演目とペルーのフォークロアを適当に組み合わせて演じられる。婦人会は日本の民謡を披露するのが常であるが、戦前の教育を受けた二世から戦後ペルー式に教育された二世、三世に構成員が変化するなかで、演目そのものは日本のものであり続けながらも、徐々に衣装、振り付けなどにハイブリッドな演出が加えられつつある。

「運動会」最大の行事は、午後一時から開始される入場行進である。日系学校の行進が中心となるが、少し前まで徴兵制が実施されていたペルーでは学生たちも軍隊式の行進のスタイルを学び、行進のコンクールも行われている。「運動会」でも日の丸とペルー国旗を掲げた学生たちによるペルースタイルの入場行進が学校単位で繰り広げられる。続いて、日秘両国の国旗が「君が代」とペルー国歌の演奏裡に掲揚される。一九五三年に日本の在外公館が復活してからは、在外公館の来賓が音頭をとり、日本に向かって「天皇陛下万歳」が三唱されてきた。その後、諸組織の来賓挨拶があり、高齢者の表彰などが続く。

このような形態の「運動会」は、戦後「運動会」を再興した一世たちが完全に第一線を退き、戦前生まれで日本式の初等教育を受けた二世たちも高齢となり、戦後生まれの二世や三世たちが行事の中心になっていった八〇年代に入っても続けられ、Undokay というスペイン語表記が日常化するなかで、日本語では「天皇誕生日奉祝運動会」と呼び続けられていた。「万歳三唱」もまた、主に歴代の公使（総領事）の音頭で日本に向かって叫ばれ、エスニック・ペーパーでは、競技の熱戦の様子とともに、万歳三唱の写真がキャプション入りで掲載されるのが常であった。

「運動会」の変化

「運動会」の形態に大きな変化が見られるようになるのは、一九八九年のことである。この年の年頭、昭和天皇が逝去し、年号は昭和から平成へと変わった。日系社会の「伝統」行事となっていた「天皇誕生日奉祝運動会」を継続するのであれば、開催日を一二月二三日に近い休日に変えられなければならなかったが、年末の、それもクリスマスを直前に控えた週末に日系社会全体を動員するような行事を設定することは全く非現実的であった。昭和天皇の崩御により、「運動会」の理由づけとしての「天皇誕生日」・「奉祝」を利用できなくなった日系社会にとって、全くの偶然であるが、この年、一九九九年は日本人ペルー移住九〇周年に当たっていた。そのため、この年の「運動会」は、「移民九〇周年記念」として開催されることになった。日本に向かっての万歳三唱が継続される意味も当然失われた。

この時、様々な記念行事が催されたが、当時のペルー大統領アラン・ガルシアは、ペルーのカリャオ港へ日本人集団契約移民が初めて足跡を印した四月三日を「日秘友好の日」とする大統領令を出している。この「日秘友好の日」が翌年から運動会開催の文化資源として動員されることになる。もっとも、戦前・戦後を通じて日系社会が動員してきた「天長節」、「天皇誕生日」、「奉祝」といった文化資源のイメージや痕跡は短時間で消え去るものではなく、ただでさえ過密な日系人社会の行事カレンダーに長年組み込まれていた「運動会」の日程を急に動かすこともまた極めて困難であった。このため「運動会」はその後も「日秘友好の日」の四月三日ではなく、従来通り、昭和天皇の誕生日に近い日祭日に開催され、公式パンフレットの類には「日秘友好の日」「記念」がうたわれたが、エスニック・ペーパーでは、天長節奉祝大運動会や天皇誕生日奉祝大運動会への思い出が、「運動会」のたびにノスタルジーを込めて繰り返し語られ続けていくことになった。

「運動会」は、わずかに残された一世や戦前に日本人学校で教育を受けた高齢の二世たちにとっては、天長節を思い起こし、自らの日本人としてのアイデンティティを再確認（回復）しつつ、永住を決めた国ペルーで、息子や孫たちが健全に成長するのを確認する時間と空間を提供した。戦後生まれの二世たちも、一世の親に連れられてピクニック気分で参加した「運動会」への郷愁を、既に行われることのなくなった万歳三唱の記憶と共に回想していった。一世たちの想いと二世の想いとは、複数の中心をもつゆがんだ楕円が広がるように、三世や四世に向けられていった。新しい三世や四世の若者たちは、それを時間の流れの中で「運動会」を通して「伝統」として受け継いでゆこうとしている。「運動会」の伝統は、その内部にズレとブレを内包し、時の流れの中で変化しつつも、生き続けていっているのである。

むすび

戦前における天長節奉祝大運動会では、「天長節」と「運動会」が「奉祝」という理由付けによって有機的に結びつけられており、そこでは、運動の持つ本質的な娯楽、自己実現といった側面が表現されるのと同時に、「日本人（臣民）」としてのアイデンティティが再生産されていったと考えられる。戦後の天皇誕生日奉祝大運動会でも、在外公館の再設置をきっかけに再開された万歳三唱に象徴されるように、形の上では「奉祝」の意味が一世の郷愁や心情的な日本回帰とともに一部回復されていった。しかし、一世の退場とともに急速に形骸化してゆき、運動の娯楽や社交の側面、及び、「天皇誕生日」という日本を参照項とする「日系人」としてのエスニック・アイデンティティ形成を実現するものとして機能してゆくようになった。これも、一世や、高齢の戦前生まれの二世の退場を背景に、既に日系人自身の間でペルーにおける日系社会そのものの歴史を文化資源とするNikkeiアイデンティティが生成されるようになっていたことから、一九八九年の昭和天皇の逝去を直接的な切っ掛けとして、「運動会」は日本（天皇誕生日）を直接参照項とする「奉祝」という理由付けを失いつつも、「日秘友好の日」の「記念」を動員することで伝統行事として継続されていったのである。そして、日本を直接引用しないNikkeiアイデンティティや、彼ら独自の文化資源が、天長節奉祝大運動会の系譜の中で、その構造と機能の両面にわたって連続と断絶を内包しつつ、日秘友好の日記念運動会の場で今も新たに生成され続けている。

〈参考文献〉

柳田利夫「日系人からLos Nikkeiへ」柳田利夫編『リマの日系人』明石書店、一九九七年

Toshio Yanaguida, *Undokay*, como uno de los recursos socio-culturales para creación de identidad étnica de los nikkei peruanos en Lima.（Memoria del XI Congreso Internacional de la Asociación latinoamericana de Estudios de Asia y Africa en México, 2003. 近刊）

柳田利夫「戦前期リマ市における『奉祝大運動会』——移民社会におけるアイデンティティ生成をめぐって」三田史学会大会報告、二〇〇四年

あとがき

同時多発テロがあった二〇〇一年の九月一一日から数週間後、たまたま私はロサンゼルスの全米日系人博物館へ行った。正面に、白、赤、青のカーネーションをプレートに挿して作った大きな星条旗を見た。幅は三メートルもあったように思う。胸が痛んだ。その十日ほどまえから、チャイナタウンやコレアタウンでは各戸に星条旗が翻っていた。アラブ系の住民への無差別的で不条理な攻撃が懸念されていた時期である。少数民族の人々全員が緊張していた。

テロ直後の『タイム』誌は、ハイジャック犯を「カミカゼ」と書いた。真珠湾攻撃への連想もマスメディアで表現された。すぐさまこれに抗議し、訂正を求めたのは日系の団体であった。日系人のこの対応によって、アメリカ人は次のことに気づいたはずだ。外部からの攻撃に対して国全体が敏感になっている時にこそ、正しい歴史認識と冷静な現状把握が必要で、人種差別のパニックは断じて引き起してはならないということを。このときの日系人博物館前の大きな星条旗、花で作られたロマンチックな星条旗は強く私の記憶に残った。

本書に収められた原稿は、まるで大きなプレートに差し込まれた花々のようだ。描かれたのは、「日系文化」の表象である。執筆者は日系人と日本人の日系研究者の両方で、生きてきた現実か、見て歩いた現実かのどちらかをつかんでいる。研究対象としてだけの「日系」ではなく、ともに生きている日常態の日系を書いた。アメリカ合衆国の日系文学を論じた本は少なくないが、南北アメリカを広く視野に入れ、文化の様相を示した本は、これが初めてではないだろうか。

編者が目指したのは、日系人をひとくくりにしない見方を示すことだった。日系人の執筆者はそれぞれに多様な経験の持ち主で、各国で第一線の学術・文化活動をしている方々だ。祖先が移民したのか自身が移民したのか、またその時期はいつできっかけは何だったかによって、日系として同じ国で同じ活動に携わる同じ年代の人たちでも、観点や考え方に大きな相違があるのだと、本書を読むとよくわかる。一方、日本人の執筆者には、さまざまな分野の専門家をお願いした。文化の全体をカバーするのは所詮無理だが、食文化から歴史、宗教、社会、大衆文化まで目配りし、現在とかかわって「日系文化」のプレートに充実した花を差し込めたことは、編者としてうれしい。

変化に富む花々が並んだ本書に、読者は何を読み取るか知りたいと思う。恐怖と喜びをいちどに表す文化のダイナミズムを感じてほしいと思う。南北アメリカに広がる日系人の文化に、人々の力強いグローバルな動きを感じてもらいたいと思う。

本書は、二〇〇三年五月に立命館大学で行われたシリーズ講義「土曜講座・日系文化の変容」がもとになって計画された。南北アメリカの日系人を対象とした講座は好評で、日本人が日系人の歴史や文化に強い関心を抱いていることを実感させた。

聴衆は広い年齢層に及び、興味の対象も幅広かった。戦中の世代は強制収容所の補償問題や帰米二世のアイデンティティに興味があったし、若い世代は、日系移民が直面した問題と現代の日本にいる外国人が抱える問題を対照させながら、注意深く話を聞いてくれた。家族がアメリカ大陸にいる人も何人かはいたし、国家の対少数民族政策に憤慨している人もいた。そのため、講義後の質問はいつもいろいろな話題に飛躍し活気があった。

この反応を見た山本、赤木、ウェルズの三人は、そのときの聴衆の知的エネルギーを保存する本が作りたくなった。きれいにまとまらなくてもいいから、日系人の鼓動が伝わるような具体的な内容の、文化の本を作ろうと考えた。目的は達せられたのではなかろうか。本書に、私たちはずいぶんたくさんの異なる要素とぶつかり合うエネルギーを感じるから。

出版までにはさまざまな困難があり、計画してから三年半の時間がかかってしまった。完成してほっとしている。この間にも日系文化は動き続けていた。それを追って、次の本も作りたいものだ。

本書の刊行に当たっては、元人文書院の落合祥堯さんにたいへんお世話になった。何度も立命館まで足を運んでいただき、仕事の推進に力をいただいた。執筆を快諾してくださり、なかなか進まない編集作業を辛抱強く待ってくださった執筆者の皆さんと、落合さんに心からの感謝を捧げたい。

二〇〇七年二月一〇日

ウェルズ恵子

執筆者略歴

山本岩夫（やまもと　いわお）
一九三九年新潟県生まれ。立命館大学名誉教授。日系アメリカ人・カナダ人の文学・文化を研究。

ウェルズ恵子（けいこ）
一九五八年神奈川県生まれ。立命館大学文学部教授。アメリカ文学・文化、フォークロアを研究。

赤木妙子（あかぎ　たえこ）
一九六七年神奈川県生まれ。目白大学人間社会学部地域社会学科助教授。中南米への日本人移民史を研究。

山城猛夫（やましろ　たけお）
一九四三年広島市生まれ。大学卒業後、一九七二年尺八家として渡加、以来バンクーバー市在住。NPO隣組のエグゼクティヴ・ディレクターとして日系福祉事業に携わり、二〇〇四年八月引退。

柴田祐子（しばた　ゆうこ）
一九四六年北海道札幌市生まれ。高校卒業後渡米。北アメリカ西部での留学後カナダ永住。カナダ、バンクーバー市在住。ブリティッシュ・コロンビア大学アジア研究所・日本研究センター研究員。文化人類学者。日系カナダ人女性史、第二言語と異文化の認知と修得、言語・心・記憶などを研究。

テリー・ワタダ
一九五一年トロントで生まれ、現在もトロントに住む。セネカ大学教授。詩人、劇作家、小説家、日系仏教の研究者。ミュージシャンとして作曲や演奏活動もおこなってきた。日系カナダ人コミュニティ紙『日系の声』に長年、コラムを執筆。

田中裕介（たなか　ゆうすけ）
一九五一年札幌で生まれる。大学卒業後、一九八六年、カナダへ移住。月刊紙『日系の声』日本語欄編集責任者。ストーリーテリングを通じてカナダ社会に日本の昔話などを英語で伝え、それがどのように次世代に伝わるかに興味を持つ。

山本剛郎（やまもと たけお）
一九三九年兵庫県生まれ。関西学院大学社会学部教授。人口移動、農村コミュニティ、日系人コミュニティ等の研究。

野本一平（のもと いっぺい）
一九三二年岩手県生まれ。本名乗元恵三、一九六二年より在米、元北米毎日新聞社長、現顧問。日本移民学会々員。比較文化、比較宗教を研究。主著『宮城與徳』

平井英夫（ひらい ひでお）
一九五〇年京都市生まれ、京都市内で育つ。大学卒業後一九八二年までメキシコ市に住む。サンフランシスコ市の日系宝石店支店長を経て一九九六年独立、現在に至る。

篠田左多江（しのだ さたえ）
東京都港区生まれ。東京家政大学教授。北米の日系アメリカ人の歴史、文学、文化を研究。

デニス・M・オガワ
一九四三年カリフォルニア州マンザナの日系人強制収容所で生まれる。ハワイ大学教授。ハワイ大学東西センターと科学振興日本協会の上級評議員。日系人の歴史を中心としたアメリカ研究。

権藤千恵（ごんどう ちえ）
一九七五年長崎県生まれ。立命館大学大学院研究生。情報メディア、デジタル・アーカイブ、ハワイの日系コミュニティ文化の保存と活用を研究。

柳田利夫（やなぎだ としお）
一九五二年生まれ。慶應義塾大学文学部教授。近代日本人のアイデンティティ生成とナショナリズムについて研究。

小嶋　茂（こじま しげる）
一九五八年新潟県生まれ。ブラジルでの留学体験から移民研究に関心をもつ。海外移住資料館研究員。移民の文化変容、エスニック・コミュニティやアイデンティティ、民族芸能の研究。

比嘉マルセーロ（ひが）
一九六二年ブエノスアイレス生まれ。日本の大学で日本語と文化人類学を学ぶ。フェリス女学院大学教授。スペイン語教育と文化論担当。アルゼンチン、沖縄、日本、台湾を研究。

南北アメリカの日系文化

二〇〇七年三月二〇日　初版第一刷印刷
二〇〇七年三月三〇日　初版第一刷発行

編　者　山本岩夫
　　　　ウェルズ恵子
　　　　赤木妙子

発行者　渡辺博史
発行所　人文書院
（612-8447）京都市伏見区竹田西内畑町九
電話　〇七五（六〇三）一三四四　振替　〇一〇〇〇・八・一一〇三

印刷　創栄図書印刷株式会社
製本　坂井製本所

ISBN978-4-409-23041-1　C3036

日系人とグローバリゼーション 北米、南米、日本
レイン・リョウ・ヒラバヤシ
アケミ・キクムラ・ヤノ
ジェイムズ・A・ヒラバヤシ 編
A5上五三八頁
価格六〇〇〇円

日系アメリカ人の歩みと現在
ハルミ・ベフ 編
四六並二四〇頁
価格一八〇〇円

人種概念の普遍性を問う 西洋的パラダイムを超えて
竹沢泰子 編
A5上五五〇頁
価格三八〇〇円

日系人の経験と国際移動 在外日本人・移民の近現代史
米山裕
河原典史 編
四六並二六四頁
価格二五〇〇円

ラテンアメリカからの問いかけ ラス・カサス、植民地支配からグローバリゼーションまで
西川長夫
原毅彦 編
四六並三六八頁
価格二四〇〇円

バイリンガル・ジャパニーズ
佐藤真知子 著
四六並二六八頁
価格一八〇〇円

英語圏文学 国家・文化・記憶をめぐるフォーラム
横山幸三 監修
A5並四二六頁
価格三四〇〇円

（2007年3月現在、税抜価格）